享珞珈之灵秀

育书香之稚子

遇见珞珈
悦成长

邓惠颖　主编

WUHAN UNIVERSITY PRESS
武汉大学出版社

图书在版编目（CIP）数据

遇见珞珈　悦成长／邓惠颖主编 . -- 武汉 ：武汉大学出版社，
2024.11. -- ISBN 978-7-307-24739-0

Ⅰ. G617

中国国家版本馆 CIP 数据核字第 2024YL7267 号

责任编辑:郭　静　桑莱丝　　责任校对:汪欣怡　　版式设计:韩闻锦

出版发行:**武汉大学出版社**　（430072　武昌　珞珈山）

（电子邮箱:cbs22@ whu.edu.cn 网址:www.wdp.com.cn）

印刷:武汉邮科印务有限公司

开本:787×1092　　1/16　　印张:15　　字数:281 千字　　　插页:2

版次:2024 年 11 月第 1 版　　　2024 年 11 月第 1 次印刷

ISBN 978-7-307-24739-0　　　定价:79. 00 元

编 委 会

主　编

邓惠颖

副主编

曹晓梅　张　甜

编　委

邓惠颖　曹晓梅　张　甜　陈　晶　邓芳静
许　贝　程晓丽　邢美婷

序言：珞珈之光　烛照未来

东湖之滨，珞珈山下，武汉大学以其深厚的历史底蕴与卓越的学术成就，滋养着一代又一代的莘莘学子。在这片充满智慧与灵性的土地上，武汉大学幼儿园作为武汉大学教育体系中的一颗璀璨明珠，不仅承载着传承知识、启迪智慧的重任，更肩负着弘扬珞珈精神、培育时代新人的崇高使命。《遇见珞珈　悦成长》这本书以"珞珞如石，红种子"和"珈珈如玉，绿生长"为两大主题，生动描绘了幼儿园师生共创园所文化，携手培养时代新人的如诗画卷。

珞珞如石，红种子——根植信念，传承精神

"珞珞如石"，寓意着珞珈山坚如磐石的品质，也象征着武汉大学幼儿园在文化传承与教育创新上的坚定与执着。近十年来，幼儿园深入挖掘武汉大学百年校史中的红色基因，将"自强、弘毅、求是、拓新"的校训精神融入日常教育，以这片红色的土壤为基底，在每一颗幼小心灵中播下信念的种子。

"红种子"，不仅是革命精神的传承，更是孩子们心中那份纯真、勇敢与坚持的象征。幼儿园通过丰富多彩的红色教育活动，如讲述革命先烈的英雄故事、参观爱国主义教育基地、举办红色主题文化节等，让孩子们在耳濡目染中感受历史的厚重，让红色的种子在他们心中生根发芽、茁壮成长。

珈珈如玉，绿生长——润泽心灵，培育新人

"珈珈如玉"，则描绘了珞珈山四季常青、生机勃勃的自然美景，也象征着幼儿园教育环境的和谐与美好。在这里，每一片绿叶都承载着生命的希望，每一次成长都伴随着爱与关怀。幼儿园坚持"以儿童为中心"的教育理念，致力于为孩子们营造一个温馨、开放、包容的学习生活环境，让他们的心灵得以自由飞翔，潜能得以充分释放。

"绿生长",寓意着孩子们在爱的阳光下,如同幼苗般苗壮成长。幼儿园注重培养孩子们的综合素质,通过多样化的课程设置、科学的教学方法、丰富的实践活动,激发孩子们的好奇心、探索欲和创造力,让他们在探索中学习、在游戏中成长、在关爱中学会感恩与分享。同时,幼儿园还积极构建家园共育的良好机制,携手家长共同参与孩子的成长过程,形成教育合力,共同促进孩子的全面发展。

"绿生长",寓意着武汉大学幼教人在教育视野上的高站位,他们的目光始终投向学前教育研究的最前沿,在专业领域上"致广大而尽精微",用日复一日、年复一年的自省自觉,坚守平凡育人的初心。她们薪火相传,一篇篇日常记录、一段段心路历程、一次次反思悟透,都是教育者铿锵的时代足音,是立德树人的努力践行。她们的故事真实而亲切,文字平实而朴素,但思想却熠熠闪光,犹如时光穿越,与陶行知、陈鹤琴、蒙台梭利等中外学前教育家实现了精神的通联,也促成了幼儿最美的生命成长。

面对新时代的召唤,特别是秉持"合育当下,奠基未来"的理念,以更加开放的心态、更加创新的思维、更加务实的行动,不断深化教育改革、优化教育资源、提升教育质量,努力培养德智体美劳全面发展的社会主义建设者和接班人。一切过往,皆为序章。

我们相信,在这片充满希望的热土上,通过全体师生的共同努力和社会各界的关心和支持,武汉大学幼儿园定能绽放出更加璀璨的光芒,为培养更多具有家国情怀、国际视野、创新精神和实践能力的时代新人贡献力量。

《遇见珞珈 悦成长》一书,不仅是对这一美好愿景进行探索的生动记录,也是对幼儿园文化实践的回眸与展示,更是对未来教育事业发展的美好憧憬与期待。祝愿武汉大学幼儿园在珞珈精神的引领下,书写新时代学前教育事业的辉煌篇章!

傅华强 教授

湖北省教育科学研究院

2024 年 8 月 18 日

目　　录

第一部分　珞珞如石　红种子

第二部分　珈珈如玉　绿生长

珞珞如石　红种子

东湖流深，珞珈苍茫。2023 年 11 月 29 日，武汉大学迎来 130 岁生日。从闻一多先生改定山名为"珞珈"开始，"珞珈"二字已然成为武汉大学的代名词。珞珞如石，语出《老子》第三十九章，"不欲碌碌如玉，珞珞如石"。碌碌，指玉有光泽的样子，珞珞，是形容石头坚硬的意思。已故的武汉大学人文社会科学资深教授、美学家刘纲纪曾这样诠释："珞珞如石，光辉如玉。既要有石的坚强，甘于做最普通平凡的工作，又要有玉的光辉，不小视自己，任重道远、自强不息。"这是珞珈人对"珞珈"最朴素的诠释。

珞珈山，埋下的是一颗有燎原星火之威的红种子。武汉大学从 1893 年的自强学堂开始，到选址珞珈山，"披荆棘，拓荒野，化荒郊为学府"。1937 年 12 月 31 日，周恩来第一次来到武汉大学，发表《现阶段青年运动的性质与任务》的演讲。1938 年武大校舍二期完工后不久，随着抗日战争爆发，武汉大学师生将个人命运同国家和民族命运紧紧联系在一起，与民族共存亡，与国家共进退，开始了一场背负着国家希望的大转移，西迁四川乐山。"身无半文，心忧天下。"武汉大学师生在乐山延续了长达八年的珞珈故事，弦歌不辍，薪火相传。1947 年发生在武汉大学校园内的"六一"惨案唤醒了更多青年投入伟大的爱国民主运动，激励他们朝着反帝反封建的目标继续前进。中华人民共和国成立前，武汉大学已经成为武汉地区党员最多、革命民主势力最强大的革命堡垒。

珞珈人，愿意做一粒粒初心如磐的红种子。中华人民共和国成立后，珞珈人更是将"教育报国，科技报国"刻进了自己的"DNA"里。著名数学家李国平教授参与了周恩来总理主持制定的我国《十二年科学技术发展规划》，为我国计算机研究奠定了基础；武汉大学生物系植物遗传学毕业生朱英国投身于水稻雄性不育与杂交水稻的研究，经过团队几十年的努力，培育出红莲型杂交水稻，截至 2020 年，红莲型杂交水稻在全球累计推广种植面积超过 5 亿亩，为保障中国和世界粮食安全作出了巨大贡献。刘胜教授急国家之所急，从早期研究航空复合材料转向研究芯片封装，锁定自己的研究方向；唐长孺先生主持"吐鲁番出土文书整理组"，十易寒暑，抱着把"冷板凳坐穿"的坚定信念，终于让沉睡千年的十六国至唐代的官私文书、古籍残卷、佛道文献公之于世……"国家之所需，虽艰难困苦吾往矣"，珞珈人始终与国家和民族同频共振，始终把个人的命运与国家兴亡紧密相连。

带着珞珈基因的烙印，山下的幼儿园从最初的教授夫人互助式的托儿所到今天四所分园千余名幼儿的规模，一代又一代珞珈幼教人，用自己的行动印证了"珞珞如石"的训诲：他们低调谦逊，像石头一样朴实无华；他们品质坚韧，用柔弱双肩，挑起生活与工作中的种种重压；他们坚守原则，用爱和纯善面对幼儿和家长；他们知足常乐，珍惜生活中的简单和平凡，如同石头一般"天然去雕饰"；他们更注重内心的从容与坚定，坦荡面对浮华世界；他们努力践行着新时代幼儿教师的行为准则，在孩子幼小的心灵里种下一颗又一颗红种子，把"珞珞如石"四个传递给一批又一批蒙童稚子，让珞珈精神落地生根。

　　有诗为鉴：

青山绿水映斜阳，珞珈秀丽入眼旁。

山色湖光相映照，美景如画触心房。

书声琅琅稚子音，墨香浓郁润童心。

稚子好学勤思考，智慧如花开满庭。

书香浸润心田畔，稚子欢歌传远山。

卷卷经典润童真，生命中最美风景。

教育精神传千年，珞珈之上有渊源。

春风化雨润桃李，代代相传永向前。

（作者：李婧）

引言　有一所这样的幼儿园

　　珞珈山下有这样一所幼儿园，一园四址，分布在山南山北、东湖水滨。四所分园规模大小不尽相同，但具有共同的道德规范、行为准则、管理理念和文化氛围。幼儿园具有独特的办园理念"享珞珈之灵秀，育书香之稚子"。无论你走进哪一所分园，那些有个性的环境创设、有活力的教师团队、活力满满的孩子们，都彰显了高校附属幼儿园的独特魅力。这里，早就烙上了"珞珞如石"的印记，传承着珞珈山的文化基因。

　　这是一所有"书香气"的幼儿园。珞珈山下学人接踵而至，幼儿园的家长群中人才辈出。幼儿园自 2017 年开始举办"珞樱读书汇"活动，家长、幼儿、教师全员参与，在草长莺飞的四月天里，稚子孩童"寻花迎春""种花探春""赏花绘春""咏花颂春"，"让书香伴随一生"已经成为家园共识，孩子们生活中的每一天都浸润着满满的诗书气。

　　这是一所有"灵趣"的幼儿园。我们希望教育能够更加回归本性、返璞归真，真正为孩子营造自主学习的氛围，让孩子在主动的探究之中培养灵活的思维，成为充满活力与智慧的生命个体。各分园结合课程开展的各项活动如一颗颗玉石般璀璨夺目。一分园数十年进行"融合美育"课程研究，其中"珞珈"主题活动、"童梦"主题活动得到了孩子们的喜爱，妈妈日、樱花日、玩水日、帐篷日等活动，给每一个孩子都留下了有趣的童年记忆；二分园着力于开展"四季七节"生态教育，在孩子们心里种下了"爱东湖、爱珞珈、爱自然"的种子；三分园的"五健互融"特色课程熠熠生辉，在家校社协同育人的教育主张下深挖课程资源，发挥教育合力；四分园将"大健康"课程融入游学、研学元素，在走出园门的实践行动中带孩子们认识社会。四所分园都在为实现"聚是童梦园里的星，散是珞珈山上的光芒"的儿童培养方向而砥砺前行。

　　这是一所"美"的幼儿园。向美是人的天性，美是教育的最高境界，如果美像空气一样弥漫在孩子们的生活之中，那将是教育最舒展的姿态。为儿童提供风采展示舞台的"童梦艺术节""花儿朵朵达人秀""绘本童话剧"等已经成为幼儿园的品牌活动；生活体验为主的生活劳动课程，让孩子们体验生活中的创造之美；单一运动功能为主的户外场地被改造成有小桥流水、鱼儿嬉戏、野营游戏、虫鸟吟唱的儿童心灵栖居地……我们希望通过我们的教育，让孩子对美好的事物产生强烈的内在需求和向往，从而产生外在行为的自觉和主动，让每一个孩子努力成为有爱心、有上进心、有美行、善思考的珞珈儿童。

这是一所有"思想"的幼儿园。我们通过多层次、多途径地实施教师队伍建设的模式，建立了幼儿园骨干教师发展序列。从新手教师到成熟教师、骨干教师，每一个人在其中都得到了成长和发展。过去的五年，我们培养了省级骨干教师 2 名，市级名园长 1 名，市级学科带头人 1 名，市级优秀青年教师 2 名。目前，幼儿园有区级学科带头人 13 名，区级优秀青年教师 15 名，区级教坛新秀、教学能手、百优班主任等共 30 余名。教师踊跃承担教育教学研究任务，现有省级规划课题 2 个，市级教育规划课题 1 个，幼儿园形成了良好的科研氛围。幼儿园参与了武汉市学前教育教师发展共同体、武汉市学前教育游戏共同体的研究任务，出版了《幼儿园教研组长管理工作指导手册》《玩美幼儿园》《生态启智　书香珞珈》等专著，特别是 2023 年《珞珈灵秀书香稚子——武汉大学幼儿园文化建设理念与实践》一书的问世，标志着我们在办园思想上的新起点。

这是一所"开放"的幼儿园。我们致力于课程内容选择上的开放，教师在课程设计上拥有了更多的自主权。每学期一次的"珞珈"主题活动交流，让我们看见了教师在自主选择课程内容、自主设计课程进度、自主把控课程实施上的"真智慧"。我们致力于课程实施场所上的开放，偌大的一座珞珈山，是我们的课程"基地"。防空洞、运动场、艺术馆、图书馆……我们在珞珈山上看到了孩子们的"真生长"。我们也致力于同行之间的开放和互动，秉承"牵手牵心、研学交流"的宗旨，多渠道、多层次地与省内同行们进行交流活动，与武汉市滠口镇中心幼儿园的牵手行动已持续了十五年，与应城市黄滩镇中心幼儿园的结对帮扶活动每学期举行 1~2 次，与武昌区中科幼儿园结对共建，不断加大示范引领力度，充分发挥出示范性幼儿园的作用，受到同行们的一致好评。我们还整合资源，构建了与社区联动的 0~3 岁婴幼儿早教模式，确保社区内 0~3 岁婴幼儿每年接受至少 2 次高质量的科学育儿指导，并积极与社区街道开展 0~3 岁散居婴幼儿早期教育指导服务活动，定期向社区开放我园的早教活动。

道阻且长，行而不辍。我们将继续坚守"享珞珈之灵秀，育书香之稚子"的办园理念，以人为本，回归教育本质，进一步挖掘和发挥高校研究资源的优势，大胆创新，筑梦未来，为培养更多具有珞珈精神的儿童而砥砺前行。

第一章　基因　种下一粒红种子

在东湖碧波的轻抚下，荆楚大地孕育了一所承载着无数梦想与希望的学府——武汉大学。这里，不仅孕育了无数学术精英，还滋养了一方独特的幼儿教育净土——武汉大学幼儿园，这里是珞珈精神在幼儿教育中的实践地。

在浩瀚的文化长河中，每一颗种子都承载着生命的希望与未来的梦想。而在珞珈这片充满历史底蕴与学术氛围的土地上，珞珈精神犹如一颗红色的种子悄然生根发芽。在珞珈精神的引领下，武汉大学幼儿园正逐步构建起一个自然灵秀、书香浓厚的教育生态环境，践行"享珞珈之灵秀，育书香之稚子"的办园理念，为孩子们提供一个充满爱与自由的成长空间。

珞珈精神，是一种文化的基因，是武汉大学幼儿园的精神之源。"珞珈"二字不仅仅是一个地理名词，它早已超越了物质层面的意义，成为一种精神的象征。它不仅指代武汉大学所在的山川形胜，更承载着深厚的文化底蕴和精神内涵。它代表着一种追求卓越、勇于探索、不懈奋斗的精神状态。自武汉大学成立以来，"自强、弘毅、求是、拓新"，这八个字的校训便如一座灯塔，照亮了武大人前行的道路，也成为武汉大学幼儿园教职工心中不灭的信仰。这八个字，不仅是学术追求的指南针，更是教育实践的行动纲领，引领着一代又一代武大幼教人在教育的海洋中遨游，在人生的道路上砥砺前行。

晨曦初破晓，当第一缕温暖的阳光穿透薄雾，轻轻拂过珞珈的每一个角落，万物似乎都在这柔和的光线中苏醒。我们踏上了"初识珞珈"的旅程。这里，是每位员工心灵的栖息地，是他们对珞珈精神及珞珈文化深刻认识与理解的起点，是每个人心中那颗红色种子开始觉醒的地方。在这里，不同岗位的武大幼教人，如同散落在文化田野上的点点星光，以自己的方式探索着珞珈精神的奥秘，解读着珞珈文化的独特魅力。

他们中，有人是初来乍到的新员工，带着对教育世界的好奇与憧憬，小心翼翼地触碰着珞珈的每一寸土地；有人则是深耕教育多年的老教师，以岁月积淀的教育智慧和丰富的教育经验，为后来者指引方向。他们共同穿梭于历史的长廊，挖掘那些被时光珍藏的故事。他们讲述着武汉大学悠久的历史与辉煌的成就，赞叹着幼儿园在时光洗礼下依旧熠熠生辉的文化之光。

"初识珞珈"也是一场关于未来的对话。武大幼教人在这里不仅回顾过去，更展望未来，思考如何在传承珞珈精神的同时，为幼儿园的发展注入新的活力与创意。他们深知，文化的传承并非简单的复制与粘贴，而是要在理解的基础上进行创新。只有深刻理解自己的文化根源，才能更好地在传承中创新，在创新中发展，让文化之树常青。

如果说"初识珞珈"是基因的觉醒阶段，那么"走进珞珈"则是基因绽放的华丽篇章。在这里，我们不再仅仅停留在对文化的认知与理解层面，而是深入教育生活的每一个细节，用心去感受那份由内而外的美好与温暖。

"走进珞珈"里，充满了武大幼教人基于对幼儿园园所文化核心概念的认同所写下的生动故事。这些故事如同一幅幅细腻的画卷，缓缓展开在我们面前，让我们看到了教育最真实、最动人的一面。

管理人员是这片土地上的智慧守护者。他们秉持着人性化管理的理念，用心去发现每一位员工的闪光点与潜力所在。在他们的带领下，幼儿园不仅成为一个教书育人的场所，更成为一个充满爱与关怀的大家庭。教职工们在这里感受到了家的温暖与力量，也更加坚定了为幼儿园发展贡献自己力量的决心与信念。教师们是这片土地上最美丽的风景线，他们与幼儿之间的故事，如同一首首动人的诗篇，讲述着教育的真谛与美好。在唤醒孩子心灵的同时，他们也被孩子纯真的笑容和闪烁的智慧火花所感动，共同书写着教育之美的传奇。这种相互成就、相互滋养的关系，正是珞珈精神在教育领域中的生动体现。而保健医生、保安人员、食堂师傅等后勤人员，则是这片土地上默默无闻的英雄们。他们虽然身处幕后，却用自己的实际行动诠释着责任与奉献的真谛。无论是守护幼儿园的安全与秩序，还是保障孩子的健康与成长，他们都始终坚守在自己的岗位上，用行为之美点亮珞珈的每一个角落。

"走进珞珈"里，我们不仅看到了教育的力量与美好，更感受到了人与人之间那份纯粹而真挚的情感。这里的故事虽然平凡却感人至深，它们如同一颗颗璀璨的珍珠串联在一起，构成了珞珈文化中最宝贵的精神财富。

回望过去，"初识珞珈"与"走进珞珈"共同见证了珞珈文化的成长与蜕变。从最初的觉醒到如今的绽放，这颗红色的种子已经深深扎根于每一位员工的心中，它不仅仅代表着对珞珈精神的传承与发扬，更寄托着每个人对未来的美好憧憬与期待。如今，在武汉大学幼儿园的每一寸土地上，这抹红色更是绽放出教育之美、人性之美与和谐之美。

珞珈精神是武汉大学幼儿园的灵魂所在，是每一位珞珈人共同的信仰与追求。然而，文化的传承与发展并非一蹴而就之事。面对未来，我们需要更加努力地去呵护这颗红色的种子，让它在新时代背景下继续茁壮成长、开花结果。我们要在传承中创新，在创新中发展，不断为珞珈精神、珞珈文化注入新的活力。

教育是国之大计、党之大计。作为一名教育工作者，我们肩负着培养社会主义建设者和接班人的重要使命。在传承与发展珞珈精神与珞珈文化的过程中，我们将携手并进、共同努力，在珞珈这片蕴含深厚文化底蕴的土地上继续播种希望、收获梦想，让这颗红色的种子在岁月的长河中生生不息、永远璀璨！

第一节　初识珞珈

轻启"初识珞珈"的篇章，如同漫步于春日清晨的武大校园。在这里，珞珈精神如同温暖的阳光，穿透云层，照耀着武汉大学幼儿园的每一个角落。这里是心灵交流的起点，从教师到保育师，从行政人员到后勤团队，每一位教职工都是珞珈精神的传承者。他们讲述着对武汉大学幼儿园文化的认识与理解，那是一种对珞珈精神深刻领悟后真情的自然流露。在他们眼中，珞珈精神不仅是自强不息的奋斗精神，更是弘毅致远的情怀担当；不仅是求是拓新的学术追求，更是对教育事业无尽的热爱与奉献。那是一段段关于传承与创新的记忆，串联起武汉大学幼儿园文化的发展脉络。正是这份对珞珈精神的共同信仰与坚守，让武汉大学幼儿园的文化之树根深叶茂，绽放出独特的魅力与光彩。

1. 我心中的理想教育画卷

文化如水、如空气，它包裹着你、伴随着你；它在你眼前耳边，你可以感受到，但摸不着；它无时无处不在。人是文化的核心，好的幼儿园文化能培养教师团队精神，让幼儿、教师和家长获得成长，它是幼儿园发展的基石，是幼儿园值得传承的内在气质和深厚底蕴。武汉大学幼儿园的孩子和教师要浸润在什么样的"水"和"空气"中呢？那就是：珞珈苍苍，东湖汤汤，这样养天地之气、结青云之志的武汉大学给孩子和教师提供的是一种文化氛围。

教育的根本是关注人的精神世界，是生命影响生命的过程，如果老师们生活在高压状态下，每天满脸疲惫地、被驱赶着完成陪伴孩子以外的各项工作；如果老师们每天在园时间超过8小时法定工作时长，晚上都是眉眼耷拉着走在回家的路上；如果老师们不能换位思考，不能与家长真诚对话……如此这般我们怎么能给孩子好生活、好环境、好教育，乃至好文化？

清晨的武汉大学幼儿园传来了沙沙的扫地声，门卫师傅正在打扫校园，老师迈着轻盈的步伐微笑着走进大门，保健医生从容地准备晨检设备，野花小草顶着露珠摇曳着，阳光被操场边的大树分割成一根一根的金线，洒落在孩子脸上……从这一刻起，在这个园子里，是我们和孩子幸福的开始。

宽敞整洁的班级活动室里，小朋友们有的三五成群小声地说着什么，有的在落地灯下翻书，有的正专注地对付水果拼盘；户外沙池中，一座小岛正在建设、一条沟渠已经贯通；骑行场里"快递员们"蹬着小车来回穿梭，一不小心互相撞上，检查一下小车和自己撞疼的地方，欢快地挥挥手继续前行；一位老师就在旁边，一边和孩子玩耍、一边观察周围的孩子；另一位老师正温柔地在解决一场"争端"……

教师之家，有的老师在整理活动方案，有的老师在软软的沙发里小声聊着什么，咖啡的香味充满了整个房间。"教师健康加油站"里的奶粉、麦片、杂粮饼干、咖啡等，随时可以提供给教师们补充能量。

电话铃响起，不论是哪位老师接电话，都是亲切的"您好！这里是武汉大学幼儿园三分园，请问您有什么事吗？"面对幼儿园门口的来访人员，不论是保安还是路过的老师，都这样做："您好！请问有预约吗？请您在这里登记信息，我来联系×××老师，请您稍等！"

老师们认同并践行这样的思想：幼儿个体成长的过程充满了复杂性和不确定性，老师如果不能以一种平等、理解、接纳的态度走近孩子，可能会影响他的未来人生。有一句话说，"没了脾气就有了教育"，幼儿园应该是一个温柔等待孩子成长的乐园。

幼儿园干净整洁、处处好玩，老师不急不躁，家长淡定、不焦虑，这样的环境最适合孩子成长。让我们在武汉大学这座百年名校里，珞珈山下、东湖之滨，一起追寻生命的纯真。

（作者：武汉大学幼儿园三分园　魏莹）

2. 珞珈精神的幼儿版图

在武汉这座英雄的城市里，武汉大学如同一颗璀璨的明珠镶嵌在东湖之畔，其独特的学术氛围与人文精神，不仅滋养着万千求知若渴的学子，也为武汉大学幼儿园赋予了与众不同的文化灵魂。作为一名在武汉大学幼儿园工作近三十载的教师，我有幸见证并参与了这所幼儿园与武大精神的共生共荣，深切感受到"自强、弘毅、求是、拓新"的珞珈精神如何在幼教领域生根发芽，绽放出独特而灿烂的花朵。

在珞珈山的巍峨身影下，武汉大学不仅是知识的圣殿，更是精神的灯塔。"自强、弘毅、求是、拓新"的珞珈精神，如同山涧清泉，滋养着每一个在此成长的灵魂。在这片充满智慧与活力的土地上，武汉大学幼儿园犹如一颗璀璨的种子，扎根于这片沃土，以独特的方式诠释教育的真谛，传承与创新并重，为孩子们绘制出一幅绚丽多彩的生命画卷。

回望历史，武汉大学幼儿园始终与武汉大学同呼吸、共命运。从最初的职工子弟托管所，到今天融合国际先进教育理念与本土文化精髓的现代化幼儿园，每一步成长都印刻着时代的印记。幼儿园文化的演进，不仅是教育理念的更新迭代，更是对"自强不息、追求卓越"精神的坚守与传承。在时间的长河中，幼儿园始终将人文底蕴与教育实践紧密结合，通过丰富多彩的文化活动、亲子共读时光、传统节日庆典等，让孩子们在文化的熏陶下，体验传统与现代的和谐交融，培养他们成为具有深厚文化底蕴和时代精神的新时代小公民。

在幼儿园这片小天地中，珞珈精神焕发出新的生命力。自强，体现在孩子们每次跌倒后的勇敢站起，是他们在学习与探索中不屈不挠的坚韧。弘毅，则体现在我们对孩子们品格培养的重视，是孩子们面对挑战时所展现的远大志向与坚强意志。在幼儿园的每一个角落，都能看到孩子们在游戏与学习中，逐渐建立起对自己的信心，对未来的憧憬，这份坚毅，正是他们人生旅途中最宝贵的财富。求是，是在日常教育中培养他们的探索精神和实事求是的态度。我们注重科学的教育方法，鼓励孩子们观察、思考、提问，培养他们的批判性思维和解决问题的能力。在幼儿园的科学探索区、自然角，孩子们通过亲身体验，学会了如何用理性的目光审视世界，如何在探索中求真知。拓新，则是鼓励孩子们勇于尝试、敢于创新，拥有不断探索未知世界的勇气。在武汉大学自由包容的学术环境下，幼儿园不断探索符合儿童发展规律的新教育模式，引入国际先进的教育理念，让他们成为适应未来社会的小小开拓者。

通过游戏化学习、情境教学、社会实践等多元化教学方式，孩子们在玩乐中学习，在探索中成长，逐步塑造出自信、独立、创新的个性。通过引入多元的文化体验、前沿的教育技术、贴近儿童天性的课程设计，培养孩子们成为具有全球视野、深厚人文底蕴、创新思维能力的未来领导者。通过组织参观武汉大学校园、聆听武汉大学校友故事等活动，在孩子们的心中种下了梦想的种子，对知识的渴望和对未来的向往油然而生。在传承中创新，是我们不变的追求。

展望未来，武汉大学幼儿园将继续在珞珈精神的照耀下，探索更符合儿童身心发展规律的教育模式。在传承中创新，在创新中发展，深化家园合作，构建一个更加开放、包容的教育生态环境。在这片充满希望的土地上，我们不仅播种知识的种子，更是在孩子们的心田里，栽下梦想的幼苗。在未来的日子里，让我们携手并肩，以爱为媒、以文化为壤，共同见证每一个幼小生命在珞珈精神的照耀下茁壮成长，绽放出属于自己的独特光彩。

（作者：武汉大学幼儿园一分园　刘蓉）

3. 做珞珈精神的传播者

武汉大学，一所历史悠久、底蕴深厚的百年名校，始终与国家和民族同呼吸、共命运，汇集了中华民族近现代史上众多的精彩华章，积淀了厚重的人文底蕴。武汉大学幼儿园坚守珞珈精神基底，秉持"享珞珈之灵秀，育书香之稚子"的办园理念。作为幼儿园的一员，我深感荣幸与责任重大。因为我们不仅是孩子们的老师，更是珞珈精神的新一代传播者。我们始终牢记初心和使命，以武汉大学幼儿园四分园"健身健心、悦享童年"的"大健康"课程理念为指导，不断创新教育方式，开拓多元的教育空间，让每一个孩子都能自由地生长，成为最好的自己。

一、巧设活动　珞珈精神根植童心

珞珈精神，是武汉大学百年历史的精髓，包含"自强、弘毅、求是、拓新"的深刻内涵。一代又一代的武大幼教人用智慧和情怀滋养着孩子们幼小的心灵，让他们成长为具有深厚文化底蕴和时代精神的珞珈儿童。

清明节，我们带领孩子们缅怀李四光爷爷，通过讲述故事，让孩子们感受到他自强不息、为国奉献的精神力量；国庆节，我们邀请武汉大学国旗班的哥哥姐姐们参与幼儿园的升旗仪式，让孩子们在庄严肃穆中增强民族自豪感；建军节，我们一起探秘中山舰，让孩子们懂得珍惜和平、勇担责任的道理，体验作为中国人、珞珈儿童的荣誉和责任。

日常的学习与游戏中，我们巧妙地融入珞珈精神。通过游戏化的教学方式，激发孩子们自主探究、勇于创新的兴趣，培养他们独立思考和解决问题的能力。这些看似简单的活动，实则是在为孩子们的心灵土壤施肥，让珞珈精神之根深深扎下。

二、游学珞珈　探寻传承精神之魂

精神是有魂的，需要我们弘扬传承。为了让孩子们更直观地感受珞珈精神，我园特别设计了社区游学课程。在武汉大学的校园里，孩子们仿佛穿越时空，与历代学者对话。

他们寻找雕塑，聆听历史。孩子们在校园里寻找那些承载着历史记忆的雕塑，每一尊雕塑背后都藏着一个动人的故事，激励着孩子们向先贤学习，追求卓越。他们探索建筑，感受美好。武大的建筑风格独特，既有古典韵味又不失现代气息。孩子们在老斋舍、宋卿体育馆等标志性建筑前驻足，感受其气势恢宏、布局精巧之美，同时也激发了他们对美的追求和对知识的渴望。

陶行知先生说："千教万教教人求真，千学万学学做真人。"在武汉大学幼儿园，我们始终坚持教育的本质，即培养具有健全品格、独立精神和社会责任感的未来栋梁。在武汉大学幼儿园这片充满活力、开放和包容的土壤中，我们将继续秉持"享珞珈之灵秀，育书香之稚子"的办园理念，做珞珈精神的忠诚传播者，为培养更多具有深厚文化底蕴和时代精神的珞珈儿童而不懈努力。

(作者：武汉大学幼儿园四分园　肖丽娟)

4. 我的珞珈梦

珞珈山下梦初扬，书香萦绕润稚子。
百年学府育英才，珞珈精神伴成长。

自强之路始阅读，弘毅光芒映经典。
求是之心坚如铁，拓新之志梦不摧。

梦想启航自书扉，稚子欢声伴书啼。
阅读如光照前路，袅袅书声共悠长。
亲子共读时光美，家园同心育新晖。
珞珈灵秀润桃李，书香稚子向阳生。

稚子心怀凌云志，书香为伴未来追。
启航逐梦书为舵，扬帆破浪向天翔。
珞珈之梦舞婆娑，璀璨如诗入画屏。
愿君共赏此间美，书香珞珈共前行。

（作者：武汉大学幼儿园二分园　蒋曾晶）

5. 传承珞珈精神　我辈自当努力

正所谓"山不在高，有仙则名；水不在深，有龙则灵"。百余年来，青翠的珞珈山因为有黉门碧瓦的相伴，愈发显得苍劲巍峨。无数求知若渴的学子从四方纷至沓来，于自强学堂里长成学贯中西的大才。

珞珈山下的求是大道，由西向东蜿蜒而去，东侧起点处坐落着一座朴素典雅的院子，砖混结构的建筑沿西边大门向南北两侧合围，从天空中看，仿佛面朝东方张开的一双巨大臂膀，纳珞珈之灵气，拥朝阳与霞光，只为一群在院中学习玩耍的孩童，于无形中浸润求是崇真、兼容并蓄的学术气质。

去年此时，我来到了武汉大学幼儿园三分园，这隐于珞珈山脚下的方寸小院，成为我接续奋斗的新的天地。新的平台拓开新的眼界，新的岗位要有新的作为。受"自强、弘毅、求是、拓新"的武大精神熏陶十余载，我已然成为武汉大学幼儿园的"老人"，亦伴随"享珞珈之灵秀，育书香之稚子"的理念不断成长。但作为三分园的"新人"，则要以"小学生"的空杯心态孜孜以求，重新对五健课程的深刻文化内涵用心品读。

一年来，我深切感受到三分园遵循科学教育理念和方法，重视家园协同，整合教育资源，尊重幼儿成长规律；以游戏为基本活动，坚持"五育"并举，通过"健体""健德""健智""健美""健劳"的五健课程，为幼儿提供符合他们年龄和发展特点的教育内容；保障幼儿的权益，满足幼儿身心发展的基本需求。我在信息管理员的岗位上脚踏实地，认真工作，像新播的种子一样用力向下生长，努力扎根在三分园这一隅热土。自1956年起，一代代三分园人，将珞珈精神作为核心文化基底，不断传承其实质内涵，结合幼儿教育的特殊性进行开拓创新，形成适合幼儿成长和发展的教育理念和实践方法。

新时代里，作为三分园乃至武汉大学的一分子，我们将继续秉承"师德为先、幼儿为本、能力为重、终身学习"的基本理念，找准自身定位优势，在传承珞珈精神的道路上阔步迈向未来。

（作者：武汉大学幼儿园三分园　王珊君）

6. 珞珈灵秀间，书香健身伴成长
——幼儿园工会组长的情感与使命之旅

在珞珈山畔，武汉大学这所百年学府的历史如同一条悠长的河流，深深影响着我们的幼儿园——武汉大学幼儿园。作为武汉大学幼儿园四分园的工会组长，我深知自己不仅是在组织活动，更是在传承与践行那份独特的珞珈精神。"享珞珈之灵秀，育书香之稚子"的办园理念如同晨曦中的一缕温柔阳光，照亮了我前行的每一步，而"健身健心、悦享童年"的园所文化与特色，则如同春日里的一阵清新微风，拂过我心灵的每一个角落，带来无尽的温暖与感动。

漫步于珞珈山下，我仿佛能听见历史的低语，感受到自强不息、厚德载物的珞珈精神。这种精神，不仅体现在武大师生的严谨治学、追求卓越上，更是融入我们幼儿园的日常管理与教育实践。

春日里，我们举办"书香满园"阅读节活动，邀请教职工与孩子们共读经典，让书香与花香交织，弥漫在珞珈的每一个角落。我们不仅仅是在阅读，更是在传承文化，培养孩子们对知识的渴望和对生活的热爱。那一刻，我仿佛看到了珞珈精神的种子，在孩子们心中生根发芽，绽放出智慧的光芒。

夏日炎炎，我们组织"珞珈亲子运动会"，让家长们与孩子一同奔跑在绿茵场上，享受运动的快乐，增进亲子关系。汗水与笑声交织，不仅锻炼了身体，更凝聚了人心。我深知，这正是珞珈精神中团结协作、勇于挑战的体现。

秋风送爽，我们开展"珞珈文化体验日"活动，通过手工制作、传统游戏等活动，让孩子们近距离感受中华文化的魅力。教职工们也纷纷参与其中，用他们的智慧和爱心为孩子们编织了一个个五彩斑斓的童年梦。那一刻，我仿佛看到了珞珈精神的火炬在我们手中传递，照亮了孩子们前行的道路。

冬日雪后，我们举办"珞珈暖阳"教职工交流会，大家围炉而坐，分享工作中的点滴与感悟。我们共同探讨如何更好地践行"享珞珈之灵秀，育书香之稚子"的办园理念，如何将珞珈精神融入日常教学的每一个细节。那一刻，我深刻体会到，珞珈精神不仅是我们行动的指南，更是我们心灵的归宿。

在这条践行珞珈精神的旅途中，我见证了教职工们的成长与蜕变，也见证了孩子们在书香与健身中快乐成长的足迹。作为工会组长，我深感荣幸能够成为珞珈精神传承的一分子。我将继续以满腔的热情和不懈的努力，引领教职工们共同前行在"享珞珈之灵秀，育书香之稚子"的征途中，让珞珈精神在我们幼儿园这片热土上绽放出更加绚丽的光彩。

（作者：武汉大学幼儿园四分园　肖亚芬）

7. 环境浸润童心　文化滋养成长

在绿意盎然的珞珈山脚下，坐落着一所承载着梦想与希望的幼儿园——武汉大学幼儿园一分园。这所拥有 80 年历史的幼儿园，不仅是孩子们游戏学习的乐园，更是武大精神与现代教育理念相融合的乐园。在这里，"自强、弘毅、求是、拓新"的武大精神与"享珞珈之灵秀，育书香之稚子"的办园理念交相辉映，共同编织出一幅幅生动而富有深意的文化画卷。

踏入幼儿园一分园的大门，一股浓郁的文化气息扑面而来，仿佛置身于一个天然的氧吧，让人瞬间忘却尘嚣、心旷神怡。这里不仅自然环境得天独厚，更在每一处细节中融入了武大的文化底蕴。从设计到布局，无不体现出对孩子们成长的深切关怀与对文化的传承。园内的小菜园是孩子们探索自然的第一站。春种秋收，四季轮回，孩子们在这里亲手种植、浇水、采摘，体验劳动的乐趣，感受生命的奇迹。夏季，黄瓜、西红柿挂满枝头，孩子们在欢声笑语中品尝自己的劳动成果；秋季，柿子金黄、桃香四溢，一场场别开生面的采摘和美食品鉴活动，让孩子们在品尝美味的同时，也学会了感恩与分享。穿过长廊，来到孩子们的"战场"——一个充满挑战与乐趣的户外游戏区。在这里，孩子们化身为勇敢的战士，时而登高远眺，时而合谋布局，用智慧和勇气演绎着属于他们的"战争"故事。在树屋下的游戏活动区域，小班的孩子们则沉浸在"娃娃家"的游戏世界里，模拟着大人的世界，体验着生活。

我们深知"环境是教育的隐性课程，是文化传承的重要载体"。因此，在幼儿园的各个角落，都能感受到武大精神与现代教育理念的深度融合。沙池区里，孩子们挖沙建渠，探索水的奥秘；表演区里，孩子们化身小演员，自信地在舞台上绽放光彩；涂鸦区和泥巴区，则是孩子们发挥创意、释放天性的自由天地。在这里，每一个孩子都能找到属于自己的舞台，勇敢地追求梦想，快乐地成长。

武汉大学幼儿园一分园就是这样一所充满文化底蕴和人文关怀的幼儿园。在这里，孩子们不仅能在优美的环境中快乐成长，更能在文化的滋养下逐步形成自信、坚韧、求知、创新的良好品质。我们相信，每一个从这里走出去的孩子，都将带着武大的精神烙印，勇敢地走向未来，成为社会的栋梁之材。

（作者：武汉大学幼儿园一分园　韩静）

8. 融健于行　育康于心

——幼儿园课程理念在工作中的践行

在武汉大学幼儿园这片充满灵性与书香的沃土上，我作为一名教育工作者已经默默耕耘了十个春秋。这段旅程，如同一条细流汇入大海，我的教育之心在与孩子们共同成长的时光里，渐渐丰盈而深邃。

"理念"是园所发展的灵魂，"课程"则是实现教育目标的桥梁。在"享珞珈之灵秀，育书香之稚子"的办园理念引领下，我园结合社区与家长资源，不断丰富着"健身健心、悦享童年"的"大健康"课程理念。通过园领导的引领和自身的课程实践，我逐步认识到，要从课程实施、班级管理、家长工作三个方面深入践行这一理念。

一、拓宽"健康"视野　践行"求是"态度

时代的发展赋予了"健康"更丰富的内涵。我深入挖掘生活中的"健康"教育资源，设计了一系列跨领域的"健康"主题课程活动。记得那是一个春意盎然的日子，我着手设计了一次别开生面的科学活动——"细菌大作战"。实验室里，孩子们小小的眼睛里闪烁着好奇的光芒，他们小心翼翼地操作着显微镜，仿佛正在揭开自然界最微小的秘密。当屏幕上清晰地显现出细菌的模样时，孩子们惊呼连连，那一刻，我知道，"求是"的种子已在他们心中悄然生根。而"武汉因为有你更温暖"活动，更是将这份探索精神推向了情感的深处。孩子们通过视频连线与医护家长对话，那份对生命的敬畏、对健康的珍视，在他们幼小的心灵中悄然绽放。

二、筑牢"健康"基石　弘扬"自强"精神

班级环境作为隐性课程的重要组成部分，对幼儿的影响深远。我注重创设趣味互动的物质环境和分层递进的心理环境，让环境成为孩子们健康成长的摇篮。在大班教室里，孩子们自信地站在"健康"播报站前，用稚嫩的声音传递着健康小知识；在中班教室里，墙壁上一幅幅口罩使用步骤图，引导着孩子们学会自我保护；在小班教室里，儿歌与墙面装饰交织成一首首关于洗手和饮食的温馨歌谣。这一切，都是我精心打造的"健康"环境，它无声地讲述着成长的故事，滋养着孩子们的心田。在这里，每个孩子都能感受到被尊重、被理解，他们学会了在挑战面前自强不息，勇往直前。

三、传递"健康"理念　坚守"弘毅"情怀

幼儿的身心健康离不开家长的参与和支持。杨杨的故事，是我心中最柔软的部分。那个曾经内向害羞的小男孩，在我和家长的共同努力下，逐渐绽放出属于自己的光彩。从最初的羞涩不善言辞，到最后的勇敢表达自己的想法，每一个微小的进步都凝聚着我们的心血与汗水。家长会上的每一次交流，都是心与心的碰撞；家园联系册上的每一页记录，都是爱的传递。我们共同守护着杨杨的成长，也见证了"弘毅"情怀在家长心中的生根发芽。

四、坚守"健康"追求　拥抱"拓新"未来

在持续深化健康教育的过程中，我不仅关注孩子们当下的身心健康，更着眼于培养他们适应未来社会的能力。我认识到，随着时代的快速发展，健康教育的内涵和外延也在不断拓展。因此，我们积极拥抱"拓新"的理念，不断探索和实践新的健康教

育模式。

　　"融健于行，育康于心"这不仅仅是一句口号，更是我每日工作的指南针，引领我在教育的田野上播种希望、收获成长。"大健康"课程理念为我指明了前行的方向，珞珈精神给予了我前行的力量。每一次的成功和挑战都让我更加坚信，让幼儿"健身健心、悦享童年"是我永恒的追求。我将继续陪伴着孩子们在健康与快乐的道路上越走越远。因为我知道，每一个孩子的笑容，都是对我最好的奖赏。

（作者：武汉大学幼儿园四分园　丁雯婕）

9. 灵动珞珈美　书香满园春

　　文化，是一种信仰。有了它，老师们的工作目标更加明确，不断提升自我的动力更加强大；有了它，家长们育儿的理念更加先进，在育儿的路上不再焦虑；有了它，孩子们的童年更加丰富，成长的空间更加广阔。文化如同春风化雨、润物无声，滋养着每一个孩子、每一位教师与家长的心田。

　　武汉大学，这座百年老校，其悠久的历史和丰厚的文化底蕴如同一股用之不竭的源泉，滋养着我们的幼儿园。漫步在园中，仿佛能听见历史的回响，感受到那份跨越时空的庄严与肃穆。这份荣耀与自豪，不仅激励着每一位教师不断追求卓越，更让孩子们在潜移默化中，种下了对知识的渴望和对文化的尊重。在珞珈文化的熏陶下，幼儿园将"灵秀""书香"作为幼儿园的核心文化。幼儿园内桂花飘香，四季常青，每一处细节都透露着自然与和谐之美。孩子们在这里，不仅得到了视觉、嗅觉上的享受，更在心灵上得到了滋养。班级里，琳琅满目的绘画作品、温馨的阅读角，无一不彰显着"灵秀"二字的真谛。老师们用微笑和问候，安抚孩子们初入陌生环境的不安，让爱与温暖在这里传递。通过班级阅读角的设立，我们努力营造浓厚的阅读氛围，鼓励孩子们爱上阅读，享受阅读的乐趣。亲子读书会和教职工读书会，更是将这份书香之气延伸至家庭和社会，让阅读成为一种生活方式和一种精神追求。我们深知，只有让书香伴随孩子的成长，才能培养出有思想、有情怀的未来栋梁。

　　我们开启了幼儿园课程建设的探索之旅。通过班级主题活动的开展、体验日活动的丰富以及班级环境的变化，我们努力为孩子们打造一个充满创意与活力的学习环境。在这里，孩子们不再是被动接受知识的容器，而是主动探索、积极创造的主体。

我们尝试走在孩子的后面，观察他们的需求，支持他们的探索，让他们的童年充满色彩与梦想。在践行幼儿园文化的过程中，我们教师团队也在不断成长与进步。我们深知，"灵"与"秀"的实现需要我们具备敏锐的观察力和深厚的专业素养。因此，我们不断学习、反思、提升自我，努力成为孩子们成长路上的引路人和守护者。同时，我们也积极与家长沟通合作，共同为孩子的成长撑起一片蓝天。

"享珞珈之灵秀，育书香之稚子"不仅是幼儿园的文化理念，更是我们每一位教师的心声与追求。在这片充满爱与智慧的土地上，让我们携手前行，为孩子们的成长撑起一片更加广阔的天空。

(作者：武汉大学幼儿园一分园　张思玉)

10. 幼儿园里的成长旋律

在武汉大学这片融合了学术殿堂与自然美景的独特之地，珞珈精神如一股隐形的力量，不仅激励着万千青年学子勇攀学术之巅，更以一种温柔而深刻的方式，渗透至武汉大学幼儿园的每一个角落，为孩子们纯真无邪的心灵注入活力。作为幼儿园教育的一线工作者，我亲身经历并见证了珞珈精神如何与幼儿园文化深度融合，共同铺设孩子们成长的坚实基石。

珞珈精神的精髓——"自强不息、厚德载物"，在幼儿园的日常教育中得到了生动的诠释。

自强不息，体现在我们不断探索教育创新的道路上。幼儿园积极引入国内外先进的教育理念，结合本土文化特色，精心策划了一系列富有创意的主题活动。比如，"四季七节"特色课程中的"快乐寻宝科技节"，通过动手做科学实验，鼓励孩子们探索科学的奥秘，激发他们的好奇心和探索欲，让他们在尝试与失败中学会坚持与自我超越，这正是珞珈精神中自强不息的生动写照。

厚德载物，则深深烙印在我们对待每一个孩子的态度上。记得班上曾有一个性格内向的孩子，他在集体活动中总是显得格格不入。我主动与他建立信任关系，通过一对一的交流和游戏，耐心引导他融入集体。这个过程虽然漫长且充满挑战，但当我看到孩子脸上绽放出自信的笑容时，我深刻感受到作为教育者，我们的责任不仅仅是传授知识，更重要的是用我们的厚德去承载每一个孩子的梦想与未来。

此外，幼儿园还充分利用武汉大学丰富的自然资源，组织孩子们进行户外教学活动，如樱花节期间的赏花写生、文明赏樱行动以及生活环保小卫士活动等，让孩子们在亲近自然的同时，学会关爱环境、尊重生命。同时，结合中国传统节日，开展了一系列富有民族特色的庆祝活动，如中秋节的月饼制作、端午的赛龙舟插艾草习俗、春节的剪纸艺术活动等，让孩子们在欢乐的氛围中感受中华文化的博大精深，培养他们的民族自豪感和文化认同感。

在珞珈精神的照耀下，武汉大学幼儿园不仅是一个学习知识的地方，更是一个充满爱与关怀的大家庭。我们用心呵护每一个孩子的成长，让他们在快乐中学习，在探索中成长，在关爱中绽放。这里，是孩子们梦想起航的地方，也是他们人生旅途中一段难忘的旅程。

幼儿园里成长的旋律，记录着孩子们在珞珈精神的滋养下茁壮成长的每一个瞬间，也见证了我们作为教育者的辛勤付出。

（作者：武汉大学幼儿园二分园　鄢梦媛）

11. 珞珈山下好读书，稚子无忧阑珊处

2016 年秋，我有幸踏入武汉大学幼儿园，成为一名陪伴孩子们成长的老师。八年的时光，如同细水长流，从初识到熟稔，我与一届又一届的珞珈小宝贝们相遇、相知，共同编织了一段段温馨而美好的记忆。他们的纯真与可爱，如同阳光般照亮了我的成长之路。

"享·珞珈灵秀"中与珞珈百年共生共长

百年沧桑的历史与改革创新的现实相互交融，令武汉大学呈现历久弥新的风采。"珞珈一号"在太空翱翔，"珞珈人"的足迹也留在了南极的冰原上；恋爱心理学讲座在网络上悄然走红，而"万里千年——敦煌石窟考古特展"更是让人叹为观止。新时代的珞珈，正以其独有的魅力，焕发着勃勃生机与无限活力。而我，也在这里找到了作为幼儿园教师的特殊使命——将这份珞珈文化精神，像种子一样播撒进孩子们的心田，促使它生根发芽、茁壮成长。珞珈文化精神，它是百年积淀下厚重的红色文化底蕴，是春有百花秋有月、夏有凉风冬有雪的人文精神，也是薪火相传、继往开来的开拓精神。

"人生百年，立于幼学"。在依山傍水的武汉大学幼儿园里，我们秉持着"立德树人"的人文精神，用爱与智慧滋养着每一个珞珈稚子。他们在这里学会了知识，更学会了如何做人，如何在未来的道路上勇敢前行。

"育·书香稚子"中承载万物情感

在武汉大学幼儿园里，"享珞珈之灵秀，育书香之稚子"的教育理念是我们每一位教职工的共识和行动指南。在教育的田野上，我们用心耕耘、用爱浇灌，只为让这片土地上的花朵更加鲜艳夺目。

记得那次"红色小萌新——寻史珞珈"的主题活动吗？孩子们用稚嫩的声音讲述着革命先烈的英勇事迹，他们的眼神里闪烁着对历史的敬畏和对未来的憧憬。在"超级宝贝秀——说出你的故事"活动中，孩子们更是大显身手，用自己的方式讲述着中华大地的精彩故事。那一刻，我仿佛看到了珞珈文化的血脉在他们身上流淌，感受到那份薪火相传的力量。在课程的探索与实践中，我们创造了"一核两翼三生四方五融合"的五健课程体系，让阅读成为孩子们生活的一部分。从阅读角的静谧时光到读书分享会的热烈讨论；从绘本故事中的奇妙世界到游戏课程中的欢乐体验；从辩论会上的唇枪舌剑到儿童座谈会上的畅所欲言……每一次的尝试与创新都让孩子们在快乐中成长，在成长中收获。

在这里，武汉大学幼儿园就是孩子们心中最美好的书香乐园。他们可以在大自然的怀抱中自由奔跑与探索；在每一次的活动中勇敢尝试与挑战；在每一次的失败与成功中学会坚持与努力。而我们作为"护根者"则始终陪伴在他们身边，用爱为他们撑起一片天空，让他们在这片天空下无忧无虑地成长。

如果生活是一条河流，那么教育就是那股静静流淌的溪水。它滋养着每一个孩子的心灵，让他们在未来的道路上更加坚定与勇敢。而我愿意一直站在这里做那个默默守护孩子们的人，为孩子们的生命底色添上一抹亮丽的色彩。

珞珈山下好读书，稚子无忧阑珊处！愿珞珈山下永远书香四溢，愿每一个稚子都能在这里无忧无虑地享受属于他们的美好时光。

（作者：武汉大学幼儿园三分园　李灵）

12. 幼教花开珞珈山

我是武汉大学幼儿园四分园的一名教师，站在这片被"自强、弘毅、求是、拓新"的珞珈精神深深浸润的土地上，我的教育生涯已悄然走过了六个春秋。这六年，是我在园领导悉心指导下从青涩到成熟的蜕变之旅，也是我与武汉大学幼儿园共同成长、见证辉煌的珍贵时光。珞珈精神如同山涧清泉滋养着我的心田，也启迪着我的教育之路。

武汉大学是中国著名的高等学府之一，其深厚的文化底蕴和历史积淀，如同珞珈山一般巍峨而深邃。我时常被这种"自强不息，勇于探索"的精神所震撼，它激励我在教育工作中不断追求卓越，勇于面对挑战。作为武汉大学的一部分，武汉大学幼儿园将"享珞珈之灵秀，育书香之稚子"的办园理念融入日常教学的每一个细节中。

在武汉大学幼儿园四分园工作的六年时间里，我有许多与武汉大学幼儿园的办园理念、文化特色密切相关的教育经历和故事。

"春之乐——书香文化季"活动中，我深刻感受到珞珈精神中"求是"的力量。我们引导孩子们分享自己喜欢的绘本，在游戏中扮演故事中的角色。同时，我们邀请家长参与阅读活动，与孩子们一起分享阅读的乐趣，增进亲子关系。孩子们在阅读中探索真理，尝试独立思考，这是对"求是"精神的最好诠释。每当看到孩子们沉浸在书海中，眼中闪烁着求知的光芒，我深知这正是珞珈精神的生动体现。"夏之炫——多彩艺术季"活动中，珞珈精神的"拓新"则鼓励孩子们大胆尝试、勇于创新。无论是绘画、手工还是音乐，鼓励孩子们打破常规，用自己的方式去表达内心的世界。这种对创新的追求，不仅让孩子们的艺术作品充满了生命力，也让我在教育工作中不断寻求新的方法和途径，更好地促进孩子们的发展。"秋之趣——趣味运动季"活动中，孩子们运用走、跑、跳、爬等多种运动技能，在运动中感受快乐。运动场上，孩子们通过团队合作，不断挑战自我、超越极限，这正是"自强"精神的生动展现。"冬之乐——快乐感恩季"活动中，孩子们通过制作贺卡、送礼物、表演节目等方式向自己的同伴、身边的家人、社区中为大家服务的人表达感谢。在感恩活动中，孩子们学会了感恩与回馈，懂得了珍惜与关爱，这正印证了"弘毅"精神在孩子们的心中生根发芽。

这些教育经历让我深刻体会到，珞珈精神不仅是我个人成长的灯塔，更是我教育工作的灵魂。它让我在教育的道路上不断前行，不断追求更高的目标。同时，我也意识到，作为一名教师，我有责任将这份精神传递给每一个孩子，让他们在未来的道路上能够自信、勇敢地面对一切挑战。展望未来，我将继续以珞珈精神为指引，不断提升自己的专业素养和教育能力，为孩子们的成长和发展贡献更多的智慧和力量。我相信，在武汉大学珞珈精神的滋养下，武汉大学幼儿园将绽放出更加璀璨的光芒，为孩子们创造更加美好的童年。而我，也将在这个过程中不断成长和进步，与幼儿园共同书写幼教事业的华章。

（作者：武汉大学幼儿园四分园　王靖雯）

13. "一珞一珈"诞生记

导　　语

我是小易，一名在武汉大学幼儿园工作的幼儿教师，同时也是同事们眼中的"设计师"。你可能会好奇，教师与设计师之间有何交集？那就请跟随我的步伐，一同揭开这个故事的序幕。

"一珞一珈"的诞生

自从踏入武汉大学幼儿园的那一刻起，我就被孩子们纯真的笑容深深吸引，爱上了这份充满爱与责任的工作。尽管日常十分忙碌，但我心中的绘画梦想从未熄灭，在幼儿园环境创设中，我找到了释放创意的舞台。

2019 年的夏天，一个转机悄然降临。魏园长微笑着对我说："小易，我们打算为幼儿园设计一个独特的卡通 IP 形象，你美术功底扎实，不妨思考一下应该怎样设计。"这句话，如同一粒种子，在我心中生根发芽，最终孕育出了"一珞一珈"这个独特的卡通 IP 形象。

在我看来，幼儿园的卡通形象不仅是视觉上的符号，更是园所文化和教育理念的载体。我们的办园理念——"享珞珈之灵秀，育书香之稚子"，深深根植于珞珈山的自然美景与深厚文化底蕴之中。珞珈之美，不仅在于其山水之秀，更在于那份浸润心灵的文化气息。

为了设计出既符合园所气质，又能传承珞珈精神的 IP 形象，我进行了大量的资料查阅和手稿修改。在一次次的尝试与调整中，我逐渐明确了设计方向，我理想中的 IP 形象也日渐清晰了：用最简单富有生命力的线条，勾勒出两个充满童趣与文化的角色——一珞和一珈。

一珞，是一个圆脸活泼的小男孩，头顶三根卷发，象征着无限的活力和探索精神；一珈，则是一个恬静的小女孩，梳着两条辫子，宛如珞珈山下的清泉，温柔而纯净。他们一动一静，相互映衬，共同展现了孩子们在学习与游戏中的不同面貌，鼓励每一个孩子都能在自由的环境中自我成长、自我发现、自我构建。

结合幼儿园健康、运动的办园特色，我又在原始形象的基础上创作出不同运动形态的运动小人，他们或骑着脚踏车在绿茵草地上飞驰，或摇甩着彩带在阳光下跳跃，或恣意飞奔冲向终点……四年的时间，96 种不同形态的小人分别散落在幼儿园的 21 处。随着时间的推移，"一珞一珈"逐渐成为幼儿园的一张亮丽名片。他们不仅出现在公共环境中，还以各种形态融入文创作品，陪伴着孩子们度过了许多快乐的时光。而我也与"一珞一珈"共同成长，不断在学前教育的道路上探索前行。

　　在设计过程中，我深刻体会到珞珈精神的内涵——追求卓越、勇于创新、注重文化传承。这种精神不仅体现在一珞一珈的形象设计上，更贯穿于我日常的教学工作中。我在工作中观察孩子，感悟教育的意义，挖掘珞珈精神的深刻内涵并将其融入教学。同时，不断丰富和完善"一珞一珈"的故事，让他们成为连接家园的桥梁，传递更多的爱与智慧。

后　记

　　盛夏时节，草木茂盛，一切都充满了蓬勃的生命力。在珞珈山下的幼儿园里，一珞和一珈如同初生的花苗般在阳光雨露的滋养下茁壮成长。他们勇敢地探索着这个世界，在幼儿园这片充满爱的土地上绽放出属于自己的光彩。而我也将与他们一同前行，继续书写属于我们的教育故事。

（作者：武汉大学幼儿园三分园　易欣然）

14. 悟珞珈　悦成长

　　闭上眼，深呼吸，珞珈里的樱，和着甜甜的春风，从琉璃瓦间扑面而来；珞珈里的桂、银杏、梧桐，还有那红色的枫，与朝霞薄雾一道孕育着秋的希望；珞珈里的梅，伴着深冬里的雪，暗香盈袖；珞珈山下的孩子，与一缕清风、一纸墨香相伴，善思善学善读。"珞珈灵秀郁葱葱，武大稚子书卷浓。"

　　在珞珈山的轻抚与东湖的细语间，武汉大学幼儿园仿佛一幅未完成的写意长卷，静待时光的笔触，细细勾勒。这里，是自强与梦想的交织，是弘毅与童真的共鸣，是求是与创新的轻舞，是拓新与未来的对话。我作为一名幼儿教师，在这片灵秀之地，与孩子们一同漫步于灵魂的田野，感受着珞珈精神的无尽韵味。

自强之基，生生不息，如晨曦初照，温柔而坚定。我与孩子们并肩，在成长的道路上，学会了坚韧与勇敢。我们共同面对挑战，不畏艰难，如同珞珈山巅的劲松，屹立不倒，向着阳光奋力生长。

弘毅之魂，深沉而博大，它融入幼儿园的每一个角落，也深深烙印在孩子们的心中。在这里，我学会了以宽广的胸怀去包容每一个孩子，用温柔的目光注视着他们。孩子们的笑容，如同珞珈山上的清泉，洗涤着我的心灵，让我感受到生命的纯净与美好。我们相依相偎，共同编织着童年的梦。

求是之路，漫长而充满未知。在武汉大学幼儿园，我始终秉持着求是的态度，与孩子们一同探索世界的奥秘。我们观察自然，感受生命的律动；我们阅读书籍，汲取智慧的甘露；我们动手实践，体验创造的乐趣。在求是的道路上，我们不断前行、不断超越，让知识的光芒照亮彼此的心灵。

拓新之翼，为梦想插上翅膀。在珞珈精神的引领下，我鼓励孩子们勇敢追求自己的梦想，敢于尝试、敢于创新。我们共同设计游戏、创作故事、搭建模型，让想象力在自由的空间里翱翔。在拓新的过程中，我们学会了尊重差异、包容多元，让每一个生命都绽放出独特的光彩。

光阴似箭，日月如梭。在武汉大学幼儿园这片充满诗意的土地上，我与孩子们共同走过了数个春夏秋冬。如今，当我再次回望这段旅程时，心中充满了感激。感激珞珈精神给予我们的力量与指引，感激与孩子们共度的美好时光。我知道，无论未来我们身在何方，珞珈之光将永远照亮我们的心灵之路，让我们在人生的旅途中继续前行、继续探索、继续创造属于自己的辉煌篇章。

（作者：武汉大学幼儿园二分园　李春）

第二节　走进珞珈

踏入武汉大学幼儿园四分园，仿佛步入一方温馨而纯净的教育天地。在这里，教育不仅是知识的传授，更是心灵的触碰与共鸣。管理人员以人性为墨，描绘着团队的和谐画卷，他们发现了每一位员工独特的品质之美，让爱与尊重在细微处流淌；教师们以爱为笔，书写着他们与幼儿之间温馨的小故事。他们用智慧唤醒沉睡的梦想，在不经意间，被孩子们的纯真无邪深深感动，体验着教育最纯粹的美好；而保安人员的坚守、保健医生的细心，更是珞珈园中不可或缺的风景线，他们用行动诠释着责任与奉献。每一个小故事，都是对武汉大学幼儿园园所文化的深情诠释，它们汇聚成一股温暖的力量，让红色的种子散发更加耀眼夺目的光芒。

1. 毕业童言　稚语情深

在时光的温柔笔触下，珞珈的四季悄然更迭。三年的光阴如梭，又逢盛夏。在一个被阳光与希望拥抱的日子，我参与了一场关于成长的盛宴——武汉大学幼儿园四分园大班孩子们的毕业专题活动。在这片被"享珞珈之灵秀，育书香之稚子"办园理念滋养的土地上，我倾听了孩子们最纯真的心声，见证了他们从稚嫩走向成熟的华丽蜕变。

回望往昔，童声绘变迁

随着照片与视频的播放，一幕幕成长的足迹跃然眼前。孩子们兴奋地诉说着自己的变化。

> 畅畅："我感觉自己长高了不少，我能跳得很高了。"
> 美子："小班的时候我还不会跳绳，我现在都可以花样跳绳了。"
> 黑黑："小班的时候我不会打篮球，我现在已经会打篮球了。"
> 悠悠："小时候我不会画画，我现在会画美丽的珞珈山了。"
> 月月："我变得勇敢了，上次还上台参加了'花儿朵朵达人秀'的表演。"

同伴相伴，星光共璀璨

在孩子们的世界里，每一个同伴都是夜空中最亮的星。

> 达达："张博会打架子鼓，超级帅。"
> 梓轩："甜甜跳舞跳得很好看，像高傲的白天鹅。"
> 昀昀："小雪老师的眼神好温柔。"

筱筱："我觉得昀昀懂很多的知识，编钟的故事讲得真好。"

琪琪："我们都很厉害，共同制作的故事书超级好看！"

师恩难忘，温暖如家

除了朋友们，孩子们心中还有一群默默守护他们的天使——老师、食堂伯伯、医生阿姨、门卫爷爷。

佳佳："我最难忘的是小卢医生，在我受伤的时候，他给我涂药。"

芒果："我喜欢园长妈妈，她笑起来很美，她的声音也很好听。"

菲菲："食堂伯伯每天给我们做最好吃的饭菜，我最爱吃葵花馍。"

楚楚："我最喜欢门卫爷爷，下雨天爷爷推动移动雨棚把我们送进教室。"

朵朵："我最难忘的是我们班的三位老师，还有所有的好朋友们，我们每天玩得很开心。"

味道记忆，甜蜜于心

幼儿园的味道，是孩子们心中最独特的印记。

美美："我觉得是开心的味道，因为在幼儿园里能玩许多好玩的游戏。"

楠楠："是甜蜜的味道，因为幼儿园里有爱我的张老师，有我的好朋友甜甜。"

昀昀："我觉得幼儿园的味道是香香的，甜甜的。"

笑笑："是书香的味道，我最喜欢到帐篷故事屋听故事！"

文文："是亲切的味道，每天早上进幼儿园，老师和小朋友们在向我问好！"

满分评价，情深谊长

当被问及如何给幼儿园打分时，孩子们的回答充满了爱意与不舍。

沐成："我给幼儿园打100分，我爱我的幼儿园。我还会告诉弟弟妹妹以后都要来幼儿园。"

怡承："我也给幼儿园打100分，因为幼儿园有很多好看的图书，我很开心！"

筱筱："我要打1000分，没有为什么，在我心里幼儿园就是最棒的！"

绘梦未来，珞珈永存

离别之际，孩子们用画笔勾勒出心中最美的幼儿园。教学楼、大一班教室、户外游戏区……每一处都承载着他们闪闪发光的回忆。春之悦、夏之炫、秋之趣、冬之乐，四季更迭中，孩子们如向阳花般茁壮成长。

再见了，亲爱的孩子们，武汉大学幼儿园四分园永远是你们温暖的家。愿你们带着在这里收获的爱与智慧，在未来的道路上熠熠生辉，继续书写属于自己的精彩篇章。珞珈绮梦，未完待续……

（作者：武汉大学幼儿园四分园　王兰平）

2. 幼儿园里的暖暖身影

我在教师岗位上已经工作33年了，回望这条漫长而又充满意义的道路，心中总有一股暖流涌动。最初引领我踏上这条道路，并鼓励我坚定不移走下去的，是那位在魏巍先生散文《我的老师》中描绘的蔡芸芝先生。她的形象，如同电影中的一帧帧画面，鲜明而生动。

记忆最深刻的是"蔡老师假装生气"的那一段："她从来不打骂我们。仅仅有一次，她的教鞭好像要落下来，我用石板一迎，教鞭轻轻地敲在石板边上，大伙笑了，她也笑了。我用儿童的狡猾的眼光察觉，她爱我们，并没有真正要打的意思。孩子们是多么善于观察这一点啊！"

轻轻挥落的教鞭，以及那"从来不""仅仅有一次"的温柔，让我深刻体会到，教育不仅仅是知识的传授，更是爱的传递。那一刻，我仿佛看到了自己心中的理想教师形象，在我心中种下了爱的种子。

在武汉大学幼儿园三分园工作的日子里，我幸运地遇到了许多像蔡老师一样温暖的老师们。

笑笑老师，个子小小的，比大班的男孩子们高不了一点，她声音很清亮，就算生气皱着眉头，看起来还是像个和小朋友闹了矛盾的小姐姐。春日的操场上她和孩子们追逐嬉闹；夏日的水池里她和小朋友一样穿着连衣雨裤啪啪踩水；秋天里她带着小朋友挖土豆、收集种子；冬天里精心伺候水族箱里的小鱼儿。她像一块吸铁石，吸引小朋友在她身边。

青青老师，总带着柔和的微笑，每天早早来到幼儿园，清理消毒各类物品，准备好温水、毛巾，对每个孩子都极有耐心。仔仔是个调皮的男孩，把种植园的小苗都拔出来"晒太阳"，青青老师"虎"着脸说："快来，我们一起把它们种进土里。"阳光穿过玻璃，落在他们头发上、笑容里，一棵棵小苗被种好，他们俩镀了金的笑容一直刻在我心里。

天已经黑了，小朋友们都回家了，幼儿园也安静下来。教室里，萍萍老师在备课，朵朵的妈妈还没来，朵朵在摆弄各种游戏材料自娱自乐。朵朵一点也不着急，萍萍老师偶尔会和朵朵说几句话，朵朵有时候会到萍萍老师的身边贴贴脸、笑一笑。

还有保安郭爷爷，每天早上在大门口笑眯眯地迎接每个孩子，一会儿夸子琪今天按时来园，一会儿摸摸睿熙的头说他今天看上去心情真好。碰到下雨下雪天，他早早搬出一排小椅子，安排小朋友们换雨鞋和雨衣。全园近 300 个孩子，他几乎能叫出所有孩子的名字！

冬天的中午，幼儿园里静悄悄，太阳暖暖地照着，娟娟老师把孩子们的小鞋子放到太阳底下晒着，这样他们起床后能穿上干燥热乎的鞋子。

在这些暖暖的老师们身边，我时常反思自己：我爱孩子，但我的爱足够吗？我是否能像他们一样，给予每个孩子最真挚、最温暖的爱？我深知，教育是一场爱的接力赛，在未来的日子里，我愿继续以爱育爱，让这份温暖与光明，永远照亮孩子们前行的道路。

（作者：武汉大学幼儿园三分园　魏莹）

3. 让书香与安全同行

在武汉大学幼儿园一分园这片被珞珈山温柔环抱的小天地里，每一天都编织着属于孩子们与我们的独特故事。作为后勤园长，我不仅是孩子日常生活的守护者，更是他们安全成长的引路人。

那是一个阳光明媚的下午，幼儿园里弥漫着孩子们银铃般的笑声。然而，在这份宁静与和谐之中，一场特别的"风暴"即将来临———一场精心策划的防拐演练即将拉开序幕。而我，作为这场"风暴"背后的策划者之一，心中既充满期待又略带紧张。看着操场上无忧无虑玩耍的孩子们，心想：面对今天的"考验"，他们会有怎样的表现呢？

几周前，我们后勤团队已经开始紧锣密鼓地筹备这场活动。我们深知，这不仅仅是一场简单的演练，更是对孩子们安全教育的一次重要实践，是对我们园所文化"享珞珈之灵秀，育书香之稚子"理念的深刻践行。随着演练日期的临近，整个幼儿园都弥漫着一种既紧张又兴奋的氛围。老师们忙着向孩子们讲解安全知识，模拟各种可能遇到的危险情境。而我们后勤团队，则忙着检查每一个细节，确保演练过程的安全与顺畅。

随着演练信号的发出，"陌生人"们开始悄悄接近孩子们。他们有的扮作和蔼可亲的叔叔阿姨，用甜美的声音和诱人的玩具试图引诱孩子们；有的则假装寻找走失的宠物，企图引起孩子们的同情和关注。面对这些突如其来的"挑战"，孩子们的反应各不相同，有的立刻警觉起来，大声呼救；有的则显得有些迷茫。就在这时，我注意到宸宸，一个平时活泼好动的小男孩，正被一个"陌生人"用糖果引诱着。我的心猛地一紧，但随即又冷静下来。我知道，这是孩子们成长路上必须经历的一课。于是，我悄悄观察着，等待合适的时机介入。就在"陌生人"即将得手之际，宸宸突然停下了脚步，他抬头看了看远处的老师，又低头看了看手中的糖果，眼中闪过一丝犹豫。就在这时，我迅速上前，轻声对他说："宸宸，记得我们学过的安全知识吗？"宸宸听了我的话，立刻点了点头，犹豫了一会后，把糖果还给了"陌生人"，并跑回了老师的身边。那一刻，我悬着的心终于放了下来。我意识到，这场演练不仅仅是对孩子们的一次考验，更是对我们后勤团队工作的一次检验。我们不仅要为孩子们提供一个安全、舒适的环境，更要教会他们如何在危险面前保持冷静和警觉。

演练结束后，我召集全体后勤人员进行总结。我们分享了各自在演练中的观察和感受，也提出了许多改进的建议。我深知，只有不断地学习和进步，我们才能更好地守护孩子们的成长之路。

这场防拐演练让我意识到：在珞珈山下，我们不仅要享受自然的灵秀之美，还要用心培育每一个稚嫩的生命。只有这样，我们才能让书香与安全同行，让爱与责任在孩子们的心中生根发芽。

（作者：武汉大学幼儿园一分园　杨庆蕊）

4. 参观武大校史馆随想

在这个寒冷的冬日，我怀揣着满腔热情踏入了武汉大学校史馆。校史馆的每一幅图片、每一件物品，不仅勾勒出武汉大学130年的辉煌历程，也触动了我对幼儿园这片小小天地的无限感慨与思考。

武汉大学校史馆，这座坐落于狮子山顶的地标性建筑，仿佛是时间的守护者，静静地诉说着过往。步入馆内，我仿佛穿越了时空隧道，每一幕都让人心潮澎湃。在这里，我不仅见证了武大从创办初期的艰辛到如今的辉煌，更深刻体会到那份代代相传的"自强、弘毅、求是、拓新"的武大精神。这种精神，如同灯塔一般，照亮了我对幼儿园教育工作的理解与追求。

在"百年风华"和"群星璀璨"展区，我被那些为武大和国家做出杰出贡献的院士和校友们深深吸引。他们不仅是武大的骄傲，更是激励我们前行的榜样。联想到幼儿园里每一位教师、每一个孩子，他们都是园所文化中不可或缺的星星。我们共同编织着梦想，传承着爱与责任，努力让这片小天地成为孩子们快乐成长的乐园，让"以爱育爱，以智启智"的教育理念在实践中熠熠生辉。

在"华章日新"展区，我感受到武大在科研、教学、社会服务等方面取得的卓越成就。这些成就背后，是无数武大人不懈的努力与追求。这让我联想到幼儿园的教育创新与发展，同样需要我们不断探索、勇于实践。从课程设置的优化到教学方法的革新，从家园共育的深化到对儿童全面发展的关注，每一步都凝聚着我们的心血与智慧。

此次参观让我更加坚信，无论是武汉大学这样的高等学府，还是我们温馨的幼儿园，都承载着培育未来、传承文化的重任。幼儿园的园所文化体现在每一个细节之中，如教师温柔的话语、孩子们纯真的笑脸、家园共育的和谐氛围……这些都是构成我们园所文化不可或缺的元素。

未来的日子里，我将继续秉承珞珈精神，将这份感动与启发融入幼儿园的教育工作，努力为孩子们营造一个更加美好、更加富有文化底蕴的成长环境。让幼儿园的园所文化，在时间的洗礼下，更加璀璨。

（作者：武汉大学幼儿园二分园　刘运艳）

5. 做孩子们的安全守护者

我叫郭建平，今年 52 岁，是武汉大学幼儿园三分园的一员，孩子们都喜欢叫我"保安爷爷"。因为幼儿园工作环境较为特殊，幼小的孩子需要被保护，而且大多数员工以女性为主。所以我认为保护师生和财产的安全是非常重要的，只有认真做好安保工作，才能让家长放心、老师安心，领导省心。

"享珞珈之灵秀，育书香之稚子"是幼儿园的办园理念，我认为这一办园理念不仅是对教育的追求，更是对安全环境的高标准要求。我深知，作为幼儿园安全的第一道防线，我的工作不仅关乎孩子们的身体健康，更与园所文化的传承与发扬紧密相连。在日常工作中，我始终将园所文化融入我的安保实践，力求在每一个细节中体现对孩子们的关爱与保护。我坚信，精良的教育与安全的环境是相辅相成的，所以我始终从细微处关注他们的安全教育，全方位多渠道为他们的身心健康保驾护航。

一、全心全意　服务园所

平时，我在自己的工作和生活中树立为人民服务的思想，只要是对幼儿园、对幼儿有益的事我就会主动去做。我每天七点半前到幼儿园，先打扫幼儿园的卫生，然后开门迎接家长和孩子们。开展活动时，我会主动帮助老师搬桌椅、布置场地、清洗整理器械等，确保每一次活动都能顺利进行。

二、脚踏实地　守护安全

我认真地履行门卫工作的职责，勤勤恳恳、求真务实。每学期进行专项培训，做好安全演习、消防演习、地震演习等，增强忧患意识，提高防控能力。

工作中，我严格遵循幼儿园的安全管理制度，将"安全第一，预防为主"的理念深植于心。无论是外来人员的登记、周边环境的巡查维护，还是日常的卫生消毒工作，我都力求做到尽善尽美。通过这些细致入微的工作，我为孩子们筑起了一道坚实的安全防线，传递着我对安全的重视与坚持。

三、笑脸相迎　传递温暖

我希望给孩子们开启快乐的一天。每天早上我都会笑着对每个孩子道一声早上好，300 多个孩子都会收到我亲切的问候。每天下午，我也会站在门口，对每个孩子道一声再见。同时，我也成为家长与老师之间沟通的桥梁，传递着彼此的关怀与嘱托。这份看似平凡的工作，蕴含着我对幼儿园的爱。

这就是普通的我。今后在平凡的工作岗位上，我将继续做到"对家长热心、对孩子暖心、对安全有责任心"，为幼儿园筑起一道更加坚实的安全防线，为孩子们的健康成长保驾护航！

（作者：武汉大学幼儿园三分园　郭建平）

6. 点亮健康星光

在幼儿园这片充满童真与希望的土地上，保健医生不仅仅是孩子们健康的守护者，更是园所文化的重要践行者。我们的工作，不仅仅在于医疗护理的层面，更在于通过细致入微的关怀与教育，将健康理念与园所文化深度融合，为孩子们营造一个全方位、立体化的健康成长环境。

作为保健医生，我深知健康课堂的重要性。这不仅仅是一个传授知识的场所，更是孩子们习惯养成的摇篮。我精心设计每一堂课，从保护耳朵、牙齿到爱护眼睛，每一项内容都旨在让孩子们从小养成良好的卫生习惯。特别是保护眼睛的方法，我们强调户外锻炼的重要性，保证每天户外活动不少于2小时，在自然光线下适度运动可以预防近视，让眼睛成为他们探索世界的明亮窗口。在教学方法上，我们采用多样化的手段，如运用视频、儿歌、情景剧等，将枯燥的健康知识转化为生动有趣的互动体验。孩子们在欢笑中学习，在体验中成长，每一次课都成为他们健康旅程中难忘的一站。

在健康课堂之外，我还积极将园所文化融入日常工作。园所文化，是幼儿园的灵魂所在，它包含了教育理念、价值取向、行为规范等多个方面。我注重培养孩子们的社交情感能力，通过团队合作游戏、分享会等形式，让孩子们学会关爱他人、尊重差异、勇于表达。这些活动不仅有助于孩子们形成积极的情感态度，也是园所文化"以人为本、全面发展"理念的生动体现。

在工作的过程中，我深刻体会到，教育的美好往往隐藏在那些看似微不足道的小事之中。每一次与孩子们的交流，都是对我专业知识和沟通能力的考验，也是自我提升的机会。我学会了如何用孩子们能够理解的方式传递健康知识，如何激发他们的好奇心和求知欲，如何在他们心中播下健康的种子。同时，我也时刻关注着孩子们的情感变化和心理需求。当孩子们遇到困难或挑战时，我会及时给予他们鼓励和支持，帮助他们建立自信、克服困难。这种用心发现与引导的工作方式，不仅赢得了孩子们的信任，也让我的工作更加充满意义和价值。

作为幼儿园的保健医生，我的工作不仅仅是医疗护理那么简单，我更是孩子们健康成长道路上的引路人、园所文化的践行者。在未来的日子里，我将继续用心去发现教育的细微之美，用爱去唤醒孩子们内心深处的美好，用智慧去引导他们走向更加光明的未来。因为我相信，只要我用心去做，教育的美好就会如同珞珈山上的点点星光，虽然微弱，却能照亮整个世界。

（作者：武汉大学幼儿园一分园 唐亚琴）

7. 珞珈书香伴食香

走进珞珈，满满的书香气萦绕心间，让人沉醉、让人痴迷、更让人成长。以前，我总觉得生活就是柴米油盐，书看多了，才发现原来还有那么多美好的东西等着我去发现——琴棋书画、诗酒花茶，每一样都让人心生欢喜。

我是武汉大学幼儿园四分园的白案师傅，我在幼儿园已经工作了八年。刚来的时候，我连在朋友圈发个感想都很困难，现在却可以写出一篇篇的小文章。这都是因为书看得多了，心里有了想法，手也就不自觉地跟着动了。

我的老家在丹江口，小地方出来的我，刚工作时见人都不好意思开口。但在这里，领导和同事们都那么亲切，工会活动也很多，让我慢慢学会了和人打交道。现在，我不仅能大声说出自己的想法，还能站在大家面前分享我的心得，这感觉真好。刚来上班的我只会发面做馒头包子，通过幼儿园每年组织的技能大赛，每月的新品研发，我自发在网络上、书上学习趣味面点制作。现在的我能做出各种花样、精致可口的面点造型。看着孩子们吃得开心，我心里别提多满足了。这一切的改变，都离不开珞珈山下的这股子学习劲儿。我深切地领会到了"活到老，学到老"的意义与快乐。

"我对母校一直有着刻骨铭心的爱，我今天取得的小小成绩，都跟当年母校的培养密不可分，也正是从武大开始，我走向了科技探索之路。"这句话大家听着一定很耳熟吧？这是小米的创始人雷军在武汉大学130周年校庆演讲中的一句话，这句话我一直记在心里。他捐了那么多钱给学校，还那么谦虚，真是让人佩服！我也想像他一样，虽然我做不了什么大事，但我会尽我所能，为孩子们做点好事，让他们在这里快乐成长。

校庆的时候，我们每位教职工都收到了特别珍贵的礼物——《130周年校庆特刊》和邮票纪念册。看着这些礼物，我心里头热乎乎的。这不仅仅是一本书、一本邮票册那么简单，它们代表着武大的精神和传承。我要把这些宝贝好好收藏起来，将来讲给我的孩子们听，让他们也感受到这份来自武大的力量和温暖。

作为武汉大学幼儿园的一分子，在这里的每一天我都觉得自己特别幸运。这里的环境好、人好、氛围也好。我会继续努力读书、学习新的技能提升自己，为孩子们提供更好的服务和照顾。希望他们在这里能够健康快乐地成长，将来也能成为武大的骄傲！

（作者：武汉大学幼儿园四分园　张红波）

8. 绿意童心绘生命之彩

在这片被绿意笼罩的幼儿园种植乐园里，每一棵植物都承载着孩子们纯真的梦想与无尽的希望。孩子们，如同一群快乐的小精灵，用他们稚嫩而充满魔力的双手，轻轻拨开泥土，将五彩斑斓的梦想种子——绚烂的小花、昂首的向日葵，还有周美君心尖上那抹独特的绿意——一株稚嫩的红薯苗，温柔地安置在这片充满生机的土地上。

当第一缕晨曦温柔地洒在幼儿园的每一个角落，周美君，那位小小的守护者，满怀期待地奔向她的"红薯宝宝"。她轻手轻脚地为它浇灌生命的甘露，用指尖温柔地拨开周身的杂草，她眼中闪烁的光芒，比清晨的露珠还要晶莹剔透，那是对未来的无限憧憬，也是对生命成长的深切关怀。风起时，红薯苗轻轻摇曳，她呢喃着："红薯宝宝，你要勇敢地向上生长，就像我一样坚持不懈，因为每一天的努力，都会让我们离梦想更近一步。"

我站在一旁，蹲下身，与这位小小园艺师对视，心中涌动的情感如同春日暖阳，温暖而明媚。"美君，你对红薯苗的这份深情，让老师感到无比动容。能告诉老师，是什么让你如此珍爱它吗？"我轻声细语，生怕惊扰了这份美好的宁静。她抬头，眼眸中闪烁着比星光还要耀眼的光芒，用稚嫩却坚定的声音说："老师，您看，红薯苗每天都在努力向上，不管遇到什么困难，它都不放弃。我觉得它就像是我的好朋友，告诉我只要坚持不懈，总有一天，我也会像它一样，长得高高的，变得很强大。"

那一刻，我的心被深深触动，孩子们的世界，竟是如此纯净而深邃，他们用最质朴的语言诠释了生命最本真的意义。作为教师，我更加坚信，教育的真谛不仅仅在于知识的传授，更在于引导孩子们去发现生活中的每一份美好，培养他们拥有一颗细腻的心，去感知世界的温暖与力量；培养他们拥有深度思考的能力，去探寻生命的奥秘与价值；更重要的是，培养他们拥有积极向上的生活态度，无论面对何种挑战，都能勇往直前，永不言败。在幼儿园的每一天，我都更加用心地去感受每一个孩子的成长，不仅仅是关注他们的身体健康，更致力于探索他们心灵的深处，成为他们成长路上的引路人和同行者。在每一次与孩子们的亲密互动中，我都努力让自己成为他们最信赖的朋友，倾听他们最真挚的心声，理解他们最细腻的情感，与他们一同走在成长的道路上，留下串串欢笑与泪水交织的足迹。

在日复一日的幼儿园生活中，这些简单而温馨的瞬间汇聚成孩子们成长路上最宝贵的财富。每当看到孩子们眼中闪烁的星光，听到他们纯真无邪的笑声，我都深感作为一名幼儿教师的幸福与责任。我愿在珞珈山下这片充满爱与希望的土地上，用心呵护每一颗幼小的心灵，陪伴他们茁壮成长，让生活中的小智慧如同种子般，在孩子们的心田生根发芽，绽放出最灿烂的花朵。在未来的日子里，我期待见证更多孩子们如红薯苗般，不畏风雨，坚韧不拔，茁壮成长！

（作者：武汉大学幼儿园二分园 黄青青）

9. 走近书香 走进孩子的故事表演

"享珞珈之灵秀，育书香之稚子"是武汉大学幼儿园的办园理念，它如同指引方向的明灯，让我在教育道路上坚定前行。我始终秉持这一理念，与孩子们在书香萦绕的环境中共同成长。让我们一同走进这片充满故事表演的世界。

一、书香健智，遇见故事表演的挑战

作为一名幼儿教师，我见证了武大三分园七年的变革，深切感受到"珞珈文化"

的深厚底蕴。我园依托"五健"课程体系，每学期都精心策划各类活动。在"让我们一起读书吧"健智节活动中，孩子们积极参与、亲子共制童书、演绎故事，其中故事表演环节尤为引人注目。然而，在筹备与表演过程中，孩子们遇到了不少挑战。

筹备初期，虽然孩子们对装扮和表演充满热情，但如何准确表达角色情感、如何流畅衔接剧情成为一大难题。比如，在演绎《三国演义》时，张飞、关羽、刘备等角色的性格差异较大，孩子们对台词的把握和动作的控制上显得力不从心。此外，道具的制作与场景的布置也考验着孩子们的动手能力和团队协作能力。

二、依托环境，沁润故事表演中的困难克服

面对这些挑战，我们并没有退缩，而是激励孩子们勇往直前。我们共同商讨，不断优化班级环境，让"读呀读"的图书室与"演呀演"的户外小舞台紧密相连，为孩子们创造了一个既温馨又充满创意的表演空间。

在环境的熏陶下，孩子们开始尝试解决表演中的难题。他们通过反复练习，逐渐掌握了角色之间的对话节奏和动作要领。同时，我们也鼓励孩子们发挥创造力、自制道具和设计场景，将表演变得更加生动有趣。在这个过程中，孩子们不仅克服了表演中的困难，还培养了他们的团队合作能力。

三、助力游戏，赋能故事表演中的成长

为了进一步提升孩子们的表演能力，我们制订了详细的游戏课程计划，并通过一系列活动推动游戏的生成性发展。

前期准备阶段，孩子们遇到了选角、服装道具准备等难题。我们设立了班级议事组，让孩子们自己讨论、决策，并学会了用图画记录、分享和投票。在道具制作过程中，孩子们遇到了材料不足、设计不合理等问题，在教师的引导下，他们学会了如何变废为宝、如何优化设计。

表演过程中，孩子们又遇到了台词记忆、动作协调等挑战。我们召开了小组议事会，制作了表演任务板，从台词设计、动作表情、服装道具三个方面入手进行改进。孩子们还学会了用简单图示绘制台词条，帮助自己更好地记忆和表达。最终，在全体师生的共同努力下，《后羿射日》故事表演取得圆满成功。

这场活动不仅让孩子们体验了表演的乐趣，更让他们在克服困难的过程中学会了坚持与合作。从"书香"到阅读，从故事到表演，从游戏到课程，我们一直在践行"珞珈文化"的道路上坚定前行。

（作者：武汉大学幼儿园三分园　潘雯萍）

10. "小小主播"点亮童心

在东湖之畔，武汉大学幼儿园四分园里，一场关于童心与成长的奇妙旅程悄然开启。这是一段关于游戏的记忆，更是一次心灵与智慧的碰撞。"小小主播"活动以一种独特的方式点亮了孩子们纯真的世界，也诠释了我对幼儿教育的思考与对园所文化的理解。

进入中班后，孩子们的户外游戏内容越来越丰富，激发了他们无限的好奇心与探索欲。在这片充满魔力的土地上，每一个孩子都像是找到了自己的小宇宙，他们兴奋地交流着、分享着。然而，在这群活泼的小身影中，有一个叫橙橙的孩子，她静静地坐在一旁，那份安静中藏着一份不易察觉的渴望。正是这次细微的观察，让我开始思考：如何让每一个孩子，包括那些安静的孩子，都能成为自己故事的主角？一次偶然的机会，在线上分享会上我惊喜地发现，那些平时不善表达的孩子也积极地在视频里大声地介绍着自己的作品。原来，每个孩子心中都藏着一个等待被点燃的舞台梦。于是，"小小主播"的想法应运而生，它不仅仅是一个简单的游戏环节，更是孩子们勇于分享、展现自我、自信表达的窗口。

在户外活动区，我精心设置了"主播座位"，邀请孩子们轮流坐在座位上，用镜头捕捉他们每一个精彩瞬间，孩子们用稚嫩却坚定的声音传递内心的喜悦与发现。那一刻，变化悄然发生。曾经安静的孩子们，在镜头前找到了属于自己的光芒，他们或兴奋地介绍着新发现的沙雕造型，或自豪地展示手中的工具，甚至勇敢地邀请小伙伴加入，共同编织着属于他们的故事。这份自信与活力，如同初升的太阳温暖而耀眼，让整个户外活动区洋溢着前所未有的热情与欢乐。

随着"小小主播"概念的引入，孩子们的分享会呈现出前所未有的活跃与热情。在分享会上，孩子们的语言表达越来越丰富，从简单的讲述到生动的描绘，他们的进步让人惊喜。他们不仅学会了如何更好地表达自己，还学会了如何倾听他人、理解他人。孩子们每一次的进步都让人惊喜不已。他们在游戏中学习，在学习中成长，用快乐编织童年，用成长点亮未来。而这一切，都与我们"健康、快乐、和谐、进取"的园风紧密相连，是我们的教育理念在孩子们身上的生动体现。此外，"小小主播"活动与我们"健身健心，悦享童年"的办园特色相得益彰。在户外活动的欢声笑语中，孩子们不仅锻炼了身体，更丰富了精神世界，培养了他们乐于分享的品质。这种身心

并重的教育模式，正是我们幼儿园特色教育的精髓所在。

如今，"小小主播"活动已成为我们班一道亮丽的风景线，它不仅点亮了孩子们的童心，更让我们的园所文化在孩子们心中生根发芽。而这正是我们作为教育者美好的愿景与期待。

（作者：武汉大学幼儿园四分园　严哲）

11. 种植节里的生命教育

在武汉大学幼儿园二分园里，每一个季节都孕育着不同的故事，而种植节，则是其中最温馨且富有教育意义的一个节日。我作为一名教师，见证并参与了每年一度的种植节活动，它不仅仅是一场季节性的活动，更是我与孩子们共同探索生命奥秘、培养责任感的重要舞台。

春风吹拂，万物复苏，种植节如约而至。孩子们围坐在操场上，眼睛里闪烁着对未知世界的好奇与渴望。不同于传统的教师主导模式，今年的种植节活动给予孩子更多自主选择的权利——通过投票决定种植的内容。我欣喜地看到他们学会了倾听与尊重他人的意见。投票结果揭晓，孩子们兴奋地挑选着自己心仪的种子，小心翼翼地将其埋入土壤中。那一刻，他们仿佛是在播下一个个小小的梦想，期待着生命的奇迹。这一行为，无声地唤醒了孩子们对生命的敬畏之心，让他们意识到每一个生命都值得被尊重与呵护。

种植的过程并非一帆风顺，它需要孩子们持续的关注与付出。从浇水、除草到施肥，每一个环节都充满了挑战与乐趣。孩子们在我们的引导下，亲手照料着这些幼小的生命，体验着从播种到收获的艰辛与喜悦。他们学会了坚持，也懂得了责任与担当。

记得有一次，连续几天的暴雨让幼儿园的小菜园遭受了重创。面对这一突发状况，孩子们没有选择放弃，而是与老师们一起为菜园搭起了简易的遮雨棚。那一刻，我看到了孩子们眼中的坚定与不屈，那是对生命的执着追求，也是对自然挑战的勇敢回应。

经过几个月的精心照料，小菜园终于迎来了丰收的季节。孩子们看着自己亲手种植的蔬菜瓜果一天天长大，心中充满了无比的自豪与满足。他们采摘下成熟的果实，与同伴们分享着劳动的喜悦。在品尝着自己种植的美味时，孩子们的脸上洋溢着幸福的笑容。更重要的是，种植活动让孩子们深刻体会到了生命的意义与价值。他们意识到，每一个生命都是独一无二的，都值得我们去珍惜与呵护。同时，他们也学会了感恩——感恩大自然的馈赠，感恩老师的辛勤教导，感恩同伴的相互支持。

作为教师，我深感荣幸能陪伴孩子们度过这样一段难忘的时光。我会继续以珞珈为荣，以教育为傲，用心点亮孩子未来的灯塔。

（作者：武汉大学幼儿园二分园　陈慧敏）

12. 米粒保卫战

午餐时间一到，孩子们像往常一样兴奋地围坐在餐桌旁，吃饭的时候，米粒偶尔会调皮地跳出碗沿，落在地上。这些掉落的米粒会在光滑的地板上跳起欢快的舞蹈，留下一串串让我们头疼的"足迹"。但今天，事情有些不同。

我坐在萱萱旁边，正准备和她说话，突然发现她正低头忙着什么。原来，萱萱正一粒一粒地捡起那些"离家出走"的米粒，轻轻地放进桌上的盘子里。我心里一暖，不由得夸了她一句："萱萱，你真细心，小米粒不再跑到地上，它一定很开心，而且教室的地板也干净了。"萱萱抬头，眼睛里闪着光，笑得特别甜。被夸奖后，她似乎更来劲了，吃饭也更认真了，生怕再有米粒"逃跑"。其他孩子见状，也纷纷效仿。大家你一言我一语："我也捡回来了！""我的碗最干净！"……看着宝贝们认真用餐的身影，以及那干净整洁的桌面与地面，我的心中充满了温暖，感到非常欣慰。

这场小小的"米粒保卫战"，虽然简单，却让我感触颇深。原来，有时候一句简单的表扬，就能让孩子们变得如此不同。他们不仅学会了珍惜粮食、爱惜教室环境，更重要的是，他们感受到了被关注和被肯定的喜悦。

在武汉大学幼儿园一分园里，这样的故事每天都在发生。这不仅仅是孩子们良好行为习惯的体现，更是武汉大学幼儿园"享珞珈之灵秀，育书香之稚子"办园理念在日常生活中的生动写照。我们相信，每个孩子都是独一无二的，他们需要的不仅仅是知识的传授，更是情感的滋养、心灵的引导与品德的培养。让我们用最朴实的方式，给予他们最真挚的关爱和鼓励，让他们体会到被尊重、被认可的喜悦，激发他们内心的责任感。

未来的日子里，我们将继续秉持初心，坚持正面教育与引导，用更多样化、更具体化的方式激发孩子们内在的潜能，培养他们的美好品质。我相信，在这片充满书香与爱的环境中，每一位宝贝都能绽放出属于自己的光彩，而这一切的起点，就藏在那场关于小米粒的奇妙旅程之中。

（作者：武汉大学幼儿园一分园　杜雅琪）

13. 剥豆豆

阳光正好，微风不燥，又到了幼儿园开展悦享劳动日的时候。这次劳动日的主题是"童心'豆'趣，巧手趣剥剥"。阳光洒满操场，大班的孩子们正专注地剥着金黄的玉米粒，小班的宝贝们则小心翼翼地剥开圆润的豌豆荚，而我们中班的孩子们，则围绕着翠绿的蚕豆，展开了一场别开生面的剥豆竞赛。

活动开始前，我领着孩子们围坐在蚕豆旁，轻声细语地向他们介绍蚕豆的外形特征："看，蚕豆宝宝穿着绿色的外衣，摸起来凉凉的、硬硬的，它们正等着我们用小手去叫醒呢!"孩子们听得津津有味，眼睛里闪烁着兴奋的光芒。接着，我示范了剥蚕豆的小技巧，告诉孩子们："蚕豆虽然硬，但我们有办法让它乖乖脱下外衣。试试从中间轻轻掰断，看，是不是就容易多了?"孩子们跃跃欲试，小脸蛋上写满了认真与专注。

剥豆开始了，孩子们的小手忙碌起来，有的小心翼翼地剥，有的则用力拧、掰、挤，各种方法齐上阵，只为让那一颗颗蚕豆宝宝露出笑脸。我穿梭在他们中间，时而指导他们如何更省力地剥豆，时而鼓励他们坚持下去，不轻易放弃。空气中弥漫着孩子们的欢声笑语，还有蚕豆特有的清新气息。看着盘子里逐渐堆满的蚕豆，孩子们的脸上洋溢着满满的成就感，争先恐后地指着说："老师，这是我剥的!""看，我剥了好多呢!"那份纯真的喜悦，感染了在场的每一个人。

剥豆结束后，我们没有忘记培养孩子们的责任感与环保意识。大家齐心协力清理起"战场"，将蚕豆米小心翼翼地送到厨房，期待着它们变成美味的午餐，而蚕豆皮则被细心地收集起来，送进了垃圾桶。这一刻，我看到了孩子们的动手能力和那份难能可贵的责任心。午餐时分，当一盘色香味俱全的蚕豆米菜肴端上餐桌，孩子们的脸上洋溢着难以言喻的幸福与满足。他们品尝着自己亲手剥出的果实，那份甜蜜与成就感，比任何言语都要来得更加真切。

这次"童心'豆'趣，巧手趣剥剥"活动，不仅让孩子们学会了技能，更让他们体会到成功的喜悦与劳动的价值。作为保育师，我深感欣慰，因为我知道，这样的活动正是孩子们成长路上最宝贵的财富，也是我园"健身健心、悦享童年"办园特色的生动展现。

（作者：武汉大学幼儿园四分园　石海燕）

14. 珞珈岁月里的书香情愫

我生在武大，长在武大，这片土地承载了我所有的记忆与梦想。自幼，母亲便以"生在东湖边，长在珞珈下"教会我们自尊自爱。父亲虽非饱学之士，却深知知识的力量，他以"见字如面，字如其人"的古训，引领我们步入书法的殿堂，而母亲则以私塾的教育理念塑造我们为人处世的品格。

记忆中的珞珈，充满了温情与智慧。祖父辈中，有一位生物系的老教授，他不仅是父亲敬仰的长辈，更是我们童年的良师益友。他的博学和幽默，如同山涧清泉，滋养着我们幼小的心田。他留下的满室书籍，成了我童年最宝贵的财富，引领我走向更广阔的知识世界。

在我的求学之路上，遇到了许多难忘的老师。小学时，汤老师的草书如诗如画，让我初次领略到文字的魅力；中学时，历史老师带领我们穿梭于校园的每一个角落，用生动的故事讲述着珞珈的悠久历史与文化底蕴。那些关于樱花盛开、老图书馆、"十八栋"别墅的记忆，至今仍历历在目，成为我心中永恒的风景。

记得学校曾有一个小小的书店，那是我购书、看书的唯一去处。每到周日，书店便门庭若市，人们趁着休息日为家人孩子选购书籍。而我，则常常趁着营业员无暇顾及之时蹭书看，抄录解题方法、好词好句。现在，昔日的小书店，虽已不复存在，但它留给我的精神食粮却永远镌刻在心。那里，我曾偷偷翻阅《艳阳天》《青春之歌》《红岩》等名著，感受文字的力量，体验情感的共鸣。随着时代的变迁，武大新图书馆为更多学子提供了更广阔的阅读空间，它不仅是知识的海洋，更是文化的殿堂，让每一位珞珈学子都能在书海中自由翱翔。

转眼间，五十余年过去了，我从未离开过珞珈。在这里，我学习与生活直至退休。如今，我又被返聘到武大幼儿园一分园工作，实现了我儿时做老师的梦想。在这里，我见证了孩子们的成长与欢笑，感受到教育的力量与美好。从一名新手到成为一名有经验的保育师，我始终在不断学习。园里的每一位工作者都是我的老师。他们稳重干练的工作作风、自信满满的微笑都深深感染着我。珞珈的每一寸土地、每一片树叶都承载着厚重的历史与文化。在这里，孩子们享受着得天独厚的自然资源、学习资源和环境资源。我深信，这段在珞珈度过的时光，将成为他们一生中最宝贵的记忆。

回望过去，我不禁思考人生的意义究竟是什么？或许就在于享受这个过程吧！在这个过程中最值得留恋的莫过于爱——爱自己、爱他人、爱珞珈、爱祖国！这份爱将伴随我走过人生的每一个阶段，成为我最宝贵的财富。

（作者：武汉大学幼儿园一分园　戴桂新）

15. 岁月如歌，向坚守致礼

2009年6月，我走进充满童真童趣的武汉大学幼儿园四分园。那时的我笑容明媚，懵懂青涩。幼儿园的一切对初入社会的我来说都是那么新鲜。这里有活泼可爱的孩子们，有慈爱温柔的园长，还有一群团结友善的同事们。在四分园这段日子里，既没有走着走着就飞到月球上如诗歌般的奇妙，亦没有走着走着就掉进水里如小说般的曲折，似乎就只是这样从容淡定地行进着。但回首那些点缀其中的温暖瞬间，就是我一直坚守的力量。

还记得第一次给小朋友们做晨检时，有个帅气的小男生好奇地盯着我的脸，细瞧了好一会儿后问道："医生姐姐，你的脸上怎么长了好几颗红痘痘？"童颜稚语如微风般拂过我的心田，我不仅没有觉得尴尬，反而被孩子们的可爱萌化了。弹指一挥间，初来时脸上的痘痘不知不觉间已然褪去，而唯一没有褪色的，是记忆，是孩童们一张张稚气灿烂的笑脸，是那份想要守护幼儿健康成长的初心。

大家一直说熟悉的地方没有风景，却常常忽视了风景其实就在身边。比起我的平凡坚守，让我时常感动的还有身边这群优秀靓丽的"最美教师"，以及在各自岗位上默默奉献的其他同事们。

43

他们怀揣着童心，轻抚一张张纯真的笑脸，解答一个个探寻的疑问，回应一双双清澈的眼眸，观察一丝丝细微的变化，从"爱"出发，用"心"触碰。每带完一届孩子们，老师们都会经历孩子两次流眼泪的时候。第一次是九月相识，这一次只有孩子们哭。来到陌生的环境里，孩子们哭着抱着妈妈的脖子不肯松手、不肯上幼儿园。然后是哭着抱着老师，一个个地爬到老师们的身上，有的孩子说："老师身上有妈妈的味道"，有的孩子说："老师你把我抱紧吧，妈妈就是这样抱着我的"……第二次是七月离别，孩子们哭，老师们也哭，这一次，我知道他们都满怀不舍。三年的相处，老师们与孩子们成了最亲密的伙伴、最信赖的朋友，彼此之间，建立了最真挚的感情。而这样的相识与别离，在日复一日的平凡岁月里轮回，它点亮了时光，也见证了老师们的坚守。都说最美的教育最简单，而"喜欢"二字的呈现却一点也不简单，他们用似水的柔情，呵护着孩子们的成长，也在诠释着职业的幸福。

今天我倾听了大家对教育、对孩子们最真的心声，真的很感动，请接受我发自内心的致敬！二十年、三十年的坚守，值得礼赞！三年、五年、十年的摸索，也值得骄傲！资深年长者身上，我学到了坚守和责任；中坚骨干们身上，我看到了传承和开拓；刚加入幼儿园不久的年轻老师身上，我感受到了热情和活力！淡泊名利、执着坚守是你们的精神品质，甘于平凡、无私奉献是你们的高尚情操。你们是园所文化的传承者，是温暖故事的续写者，是坚守力量的接力者，祝福你们！同时也祝愿我们都能心怀梦想，砥砺前行！

（作者：武汉大学幼儿园四分园　卢其芝）

16. 珞珈印记　心之歌

珞珈晨光里，我悄然苏醒。
初闻珞珈，我还是个娃娃。
樱花飘舞，如诗如画，忍不住心驰神往。
珞珈之美留下深刻印记。

漫步珞珈间，岁月悠悠流转。
再逢珞珈，师者如云，照亮我前行方向。

自强、弘毅、求是、拓新。

珞珈之魂，在我心间静静吟唱。

步入珞珈，教书育人使命在肩。

稚子眼眸，闪烁着求知的渴望与纯真。

稚子如苗，燃我青春热情。

珞珈的怀抱中，找寻生命的意义与深远。

书香四溢，笔下诗篇，为珞珈而赞。

每一砖一瓦，都镌刻着时光的温柔与坚韧。

未来的路，或许漫长且充满未知。

但有珞珈情，伴我勇敢去闯。

就让这诗篇，随风轻轻飘扬吧。

告诉世界，珞珈的美好与无尽的希望。

珞珈之歌，永远回响在我心上。

珞珈印记，深刻心间留存，历久弥新。

感恩有你，珞珈，伴我度晨昏。

我将继续沐浴在珞珈独有的书香中。

追求教育的真谛，感受生活的美好。

愿永远做那珞珈的少年，心怀梦想，勇往直前。

（作者：武汉大学幼儿园二分园　许贝）

第二章　书香　珞珈山下好读书

　　身在珞珈山下，最不能忽视的事情就是读书。论读书，珞珈山下有天然的资源优势。武汉大学有历史悠久、藏书丰富的图书馆，学科覆盖文、法、理、工、农、医等各个领域。在全国文献资源调查中，有 21 个学科的藏书被评为"研究级藏书"。珞珈山名师荟萃、英才云集，这里不仅是一座学府之山，还是一座学人之城。生活于其中，行走于斯，耳濡目染的都是求知、求学、求进的故事，读书已然成为珞珈山人的一种生命状态、一种生活方式、一种精神寄托。

　　2016 年，我们将"书香"二字定位为办园理念的关键词之一。"育书香之稚子"饱含着对下一代的深情，希望孩子们能传承珞珈一脉书香，成为爱读书、乐读书、会读书之人，更希望能以"书香"为基，给孩子们的人生铺就爱与哲理的底色。"脚步不能到达的地方，文字可以"，我们期待孩子们能以书为翼，插上创造的翅膀，在广袤宇宙间遨游。为师者，当"学高为范"。幼儿园全园教职工在办园理念的共识下，将"读书"作为共同的精神追求，从教师个体的自发读书，到形成小组结盟的"悦读社"，由自上而下开始的"每月读书笔记"撰写，到自下而上呈现的"每月读书金句"。围绕"书香"开展的各类读书活动丰富而精彩，"珞珈山下好读书"是我们共同的价值认同。

　　本章收录的都是全园教职工在读书活动中的所思、所想、所悟，他们的语言平实而质朴，读书故事真挚而生动，读后感想清澈而深邃。从这一篇篇小短文里不难看出，他们对幼儿教育事业爱得热忱，对凡尘烟火爱得深厚，对情绪与灵感爱得敏锐。人与人千人千面，书与书各不相同，沉浸到卷帙之中，在获得心智成长的同时，我们看到了读书让我们可以居小小珞珈山下，看广袤无垠的世界。

　　我们读专业书，开阔视野，少一些"坐井观天"，多一些"登高望远"。一个教师想要发展，必须进行专业阅读。长期待在一个狭小的"世外桃源"，所见、所闻、所思、所想必然受到局限，久而久之，"问今是何世，乃不知有汉，无论魏晋"。读万卷书，行万里路。经历是一个人成长道路上不可替代的宝贵财富。在物质条件受限的情况下，读书无疑是一个人丰富经历的快捷路径。时代在变，学生在变，教师既要立足当下，又要着眼未来。试想，一个教书人，连坐在面前的这些孩子们此时此刻在想什么，关注点和兴奋点在哪里都一无所知，我们的教育初心和使命又何以能履职尽责？阅读，推动着大家不断拓展自己的专业视野，从《保育的灵魂》里认同职业的核心词"爱"，从《给童年"留白"》中悟出"教育留白，诗意栖居"的至简大道，从《正面管教》中找到开启儿童心灵密码的钥匙……认真品味这些文字，无疑能让我们站在一个新的高度，建立起"会当凌绝顶，一览众山小"的专业自信。

我们读原典，修人文底蕴，少一些"孤陋寡闻"，多一些"博闻强识"。关于读哪些书，钱理群先生曾经说过，真正的原典的东西是不多的，任何一个文化里面原典的东西是不多的。必读《论语》《孟子》《老子》《庄子》，中国人是儒道的混合体，真把这两家的书读懂了，也就悟透了。读原著的过程中，让自己更具有历史眼光，丰富自己的心灵世界，厚实自己的精神底色，把现实放到历史的长河中去对照，就会发现自己的浅薄和无知，会有进一步探究的好奇和冲动，越发让自己对这个世界多一些敬畏。大家读《红楼梦》，为贾宝玉、林黛玉和薛宝钗三人的爱情唏嘘，也为以贾家、史家、王家、薛家四大家族的兴衰荣辱为背景展现出来的历史画卷而深省；读《平凡的世界》，会为主人公颠沛流离的人生而顿足，也会看到在滚滚洪流中小人物的命运总是与时代牵系；读《瓦尔登湖》，在不懂之中反复咀嚼、慢慢理解、细细品悟……"读书切戒在慌忙，涵泳功夫兴味长。未晓不妨权放过，切身须要急思量"。在阅读过程中，我们慢慢地变得更加谦卑，心灵逐渐安放，面对工作、学习和生活中的一切，也拥有了更笃定的宁静。

我们读诗词，修诗意灵魂，少一些"柴米油盐"，多一些"风花雪月"。中华文化里有很多瑰宝，诗词是中华文化里非常重要的一部分。一分园的南门通道边，有一排晚樱树，樱花绽放的时节，花朵灿烂夺目。有一天早上，有个小女孩站在花下，脱口而出："黄四娘家花满蹊，千朵万朵压枝低"，这就是诗的魅力。诗不仅有画面感、有情境感，更有想象力。读诗词，常常会与我们的教育教学实践产生"连接"，获得许多关于教育的启迪。"危楼高百尺，手可摘星辰"，多么富有冲击力的画面，这一句诗，衍生出了毕业典礼的主题"聚是童梦园里的星，散是珞珈山上的光"。读《山居秋暝》时，不由惊叹作者王维有一双画家的眼睛，有一对音乐家的耳朵，还有一颗禅悦的心。"明月松间照，清泉石上流"，帐篷日从炎炎夏日的晚上调整到了中秋夜之前，孩子们在朗朗秋月下，打着灯笼猜谜语、玩游戏……在与诗词的亲密接触中，我们常常获得具有诗意的"点子"，文学充斥着我们和孩子们的幼儿园生活。

苏轼有诗曰："粗缯大布裹生涯，腹有诗书气自华。"毋庸置疑，一位满腹经纶、幽默风趣、人文底蕴丰厚的老师，他一定是光芒四射，深受学生拥戴的。我们读书很多时候是"功利"的：不是为了解决精神思辨的问题，就是为了解决思维、路径的问题。庆幸的是，在珞珈山下，好读书；在珞珈山下，也能读好书。读有用之书，养有为之身。让阅读成为我们的第二双眼睛，给我们带来更广袤的视野。

第一节　读书　阅文悦心

读书，是教师生命觉醒的起点。当我们翻开书页，我们就拥有了一个广阔无垠的精神世界。在书籍的滋养下，我们尝试着去学习、去突破、去融入、去挑战，我们拥有了更开放的胸襟、更广袤的视野，不再拘泥于汲汲营营的世俗生活，而是去容纳不同的意见，去汲取不同的智慧。作为教师，我们要想获得生命的觉醒、专业的成长、职业的幸福，读书无疑是最佳途径。

让我们一起拿起书本，放下手机，养成买书、藏书、读书的习惯。让我们把读书变成自己的生活方式，变得和吃饭、睡觉、呼吸一样自然。

读书吧，让我们一起在阅读的过程中见天地、见众生、见自己。

1. 书卷常开成长路

在上次培训中，曹园长提及了"知识恐慌"一词，让我不禁联想到阅读这件事。很多人可能有类似经历，学生时代为了考上大学而努力读书，入学初期还会认真学习，但后来看到周围人沉浸于恋爱、网络、游戏，自己也不自觉地成为其中一员，对知识的追求逐渐淡化。工作之后，时间更自由了，却更没有心思去阅读，觉得人生似乎就这样了。等到结婚生子后，被生活琐事缠绕，对读书更是毫无念想，甚至都没有意识到自己正处于这种无知的状态。有时看到那些知识渊博的人，也会心生感慨，"要是我当时多读书就好了""要是我当时选择多阅读就好了"……这或许便是缺乏阅读带来的"知识恐慌"吧。

"恐慌"是一种感觉，更是一种提醒，而做出改变才是关键。优秀的人始终在不停地阅读，追求更高的知识境界。每次看到同龄人或比自己小的人知识渊博，都会深感惭愧。与其焦虑不安，不如从现在开始，选定一个领域开始读书。当拥有丰富的知识储备时，就会发现很多事情变得相对容易。幼儿园里有许多知识丰富的优秀老师，和他们近距离接触，就会发现他们都是在通过持续不断的阅读提升自己。他们往往会从书中汲取力量，改变自己，并将所学运用到工作和生活中。

每一双手都是生长的力量。如果自己是小齿轮，那就把小齿轮的作用发挥到极致，同样可以闪耀光芒，没有小齿轮，大齿轮也难以良好运转。虽然我只是一个平凡的保育师，但我觉得保育师也有适合自己的发展道路，阅读会帮助我找到书本与实践之间的桥梁，找到我的成长之路。

（作者：武汉大学幼儿园一分园　范云飞）

2. 读书是最好的修行

书籍是人类文明里最璀璨的星河。读书，不仅是为了获取知识，更是一种心灵的历练和成长，它让我在字里行间感受智慧的火花，产生思想的碰撞，从而成为更好的、更具魅力的自己。

阅读改变生活。在众多的书籍中，对我影响最大的一本书是《简·爱》。自幼父母双亡的主人公简·爱那坚韧不拔的性格和她追求平等的精神深深打动了我。这本书不仅影响了我对自身的认识，更让我明白了生活的意义和价值。刚刚工作不久的我，遭遇到一种从理论到实际的落差。书本上说，要"以孩子为中心""注重孩子个体差异"，可明明这些孩子们一句都听不进我的话，刚入职时的挫败感远远大于成就感。而《简·爱》教会了我如何面对生活中的困境和挫折，如何坚守自己的信念和尊严。"关关难过关关过，前路漫漫亦灿灿"，遇到问题我们就去想办法克服它，让书本中的知识变成自己手中的方法。对于不熟悉的教学内容或教学方法，我通过查阅专业书籍、在线资源等方式进行学习。有次教学活动过程中，我发现部分孩子在阅读方面存在困难，于是我引入了小组讨论和角色扮演等教学方法，以游戏的形式激发孩子的兴趣，有效提高了孩子的阅读理解能力，这次活动的成功给我带来了极大的信心。

当我们静下心来阅读时，往往会发现书中已经有了答案或者启示。也正是那些读过的书激励我再次整装待发，让我豁然开朗，也让我更加坚信读书的力量。

通过读书，我们可以获取智慧、寻求启示。读书是一种享受，更是一种修行。感谢珞珈山，有浩如烟海的资源，让我可以在书海中遨游。感谢这份教师职业，让我能够在读书的过程中汲取经验，奋勇前进。

我想，这就是"享珞珈之灵秀，育书香之稚子"理念背后的精神所在。我期待，在这片书香土地上，与更多的孩子们一起，书写属于我们的精彩故事。

（作者：武汉大学幼儿园二分园 贾佳莹）

3. 保育的灵魂

"鸟欲高飞先振翅，人求上进先读书"，一个人读书越多，胸怀越是广阔，越能理解这个世界，发现世界的美好。一个人越是想要精进，越需要书本的沉淀和文化的加持。一本好书就像一粒幸福的种子，可以在阅读者身上开出美丽的花朵。

身为一名保育老师，记得我刚入职保育员工作时，为了尽快熟悉保育各项工作和掌握保教专业技能，我阅读了日本作家仓桥物三的《保育的灵魂》一书。《保育的灵魂》是一本关于"儿童之心"的书，是一本可以触及"教育灵魂"的书。作者笔下的"保育"就是我们常提及的"教育""养育"，是一种温和、前瞻的教育理念，其内容不是深刻的教育理论，而是基于孩子的视角记录孩子真实生活的方式，用尽可能生动、易懂的语言，深入浅出地传达自己对教育的理解和体会，引领着幼儿教师教育改革的方向。书中通过大量真实的案例，分析介绍了儿童的不同心理表现以及成人应该有的认知和行为，为我们答疑解惑了各种育儿烦恼。在字里行间，我看到了贯穿其中的"灵魂"——爱心，对于孩子的爱是一切的出发点，没有爱，就谈不上教育。

这本书就像一粒饱满的种子，落到我的心底。岁月匆匆而逝，似乎只是弹指一挥间，我在幼儿园保育员岗位上工作四年了。四年的工作实践让我深深认识到幼儿园是一个保教结合的地方，保育工作是幼儿园工作的重要组成部分之一。孩子是祖国的花朵，祖国的未来，更是一个家庭的未来和期望。作为保育员的我们肩负着神圣的使命，责任之重备感压力。读了这本书，我更加坚定做一名优秀的保育老师，时刻牢记教育的初心和终点是孩子，教育的灵魂就是要用爱触及孩子的心灵，助力孩子的成长，呵护孩子的善良心性。

回顾这四年来所经历的过往，有心酸、有委屈，甚至有时还会有泪水，但更多的是与孩子相处的快乐和幸福。一天工作下来，说实话很忙、很累，但也倍感充实，更多是被孩子的天真无邪所感动。

保育的灵魂，是爱。爱始于辛苦，归于平凡。"为了每个孩子都有进步"，是我为之不懈努力的动力。我将不忘初心、坚守童心、多学习、多思考、多研究，努力做一名有担当、有爱心、有温度的保育老师。

（作者：武汉大学幼儿园三分园　方莉军）

4. 我们班里的书香味儿

阳光透过树梢斑驳地洒在珞珈山下的青石小路上，这里是知识的殿堂，也是我梦想的起航之地。自从我踏入这片土地成为一名幼儿教师起，我便深深地爱上了这里，爱上了与孩子们共同度过的每一个瞬间。在珞珈山下，书香之味弥漫在校园的每个角落。我希望，在我任教的班级里，除了有童真有欢笑，更应该有书香的陪伴。我致力于在班级里营造一种"珞珈之美，书香之味"的环境，希望孩子们能在这样的环境中茁壮成长，感受阅读的魅力，培养终身阅读的习惯。

为了让孩子们更深入地了解更多书籍，我在班级里设置了一个"图书角"，这个角落摆放着各种书籍和绘本。我精心挑选了适合孩子们阅读的书籍，既有经典的童话故事绘本，也有富有启发性的科普知识读物。我还鼓励孩子们将自己的藏书带到班级里与大家分享，这样既能丰富图书角的藏书量，又能增进孩子们之间的友谊。在"图书角"的旁边，我放置了一张大大的地毯，供孩子们席地而坐，享受阅读的乐趣。在自主时间里，孩子们会迫不及待地跑到图书角，挑选自己喜欢的书籍，然后坐在地毯上静静地阅读。他们时而皱眉思考，时而露出会心的微笑，仿佛已经融入书中的世界。

除了提供丰富的阅读资源外，我还注重引导孩子们深入理解书籍内容。我会定期组织一些阅读活动，如"早期阅读""角色扮演""看图讲述""故事接龙"等，让孩子们在互动中更好地理解故事情节和人物形象。记得有一次，我们读了一本关于环保的绘本。为了让孩子们更深刻地理解环保的重要性，我组织了一次"小小环保使者"的活动。孩子们分成几个小组，每个小组都负责一项环保任务，如捡拾垃圾、制作环保宣传海报等。通过这次活动，孩子们不仅学会了如何保护环境，还培养了他们的团队合作精神和责任感。

我鼓励家长周末带孩子到图书馆借阅书籍，拓宽知识面以及丰富视野。同时，我也会在集体活动中分享一些有趣的书籍和故事，激发孩子们的阅读兴趣。渐渐地，我发现孩子们越来越热爱阅读了。他们不仅在健智节中积极参与阅读活动，还在家里主动要求父母陪伴阅读。看到孩子们在书籍的陪伴下茁壮成长，我感到无比欣慰和自豪。

班级里有一个孩子，他原本是一个内向、害羞的孩子，不喜欢与人交流。但是自从我们班级开始营造"珞珈之美，书香之味"的环境后，他逐渐变得开朗起来，他开始主动参与阅读活动中，与同伴分享自己的阅读感受与发现。有一次，他带来了一本关于恐龙的科普书籍与大家分享，他生动地描述了恐龙的生活习性和特点，还带领大家一起制作了恐龙模型。这次活动让他赢得了同伴们的掌声和尊重，他也变得更加自信和勇敢。看到孩子们这样的变化我感到非常欣慰，这正是因为我们班级营造了一种积极向上的阅读氛围，让孩子们在阅读中找到了快乐和自信，也让他们更加热爱学习和生活。

在这个过程中，我也收获了很多。我发现自己越来越热爱阅读了，每当读到一本好书时，我都会迫不及待地与孩子们分享。同时，我也从孩子们身上学到了很多，他们天真无邪的笑容、对知识的渴望以及对生活的热爱都给了我很大的启示和鼓舞，在与孩子们的相处中，我不断地学习和成长，也感受到了教育的美好和幸福。我们一起探索知识、品味书香，共同营造了一个充满爱和智慧的小小世界，我相信在未来的日子里我们会继续携手前行，让"珞珈之美，书香之味"成为我们班级永恒的主题和追求。

（作者：武汉大学幼儿园三分园　丁璇）

5. 用文学的耳朵倾听花开的声音

阅读，是我灵魂的羽翼，带我翱翔于世间。它让我一袭轻衫，穿梭于宋朝烟雨巷陌，聆听那声声清脆的杏花叫卖；它借我一叶扁舟，让我在烟花三月中领略唐朝扬州的繁华风韵；它载我骑上骆驼，深入大漠，欣赏汉朝那缕孤烟的苍凉。书中的世界，犹如一幅幅绚丽多彩的画卷，让我欣赏到一生都无法目睹的风景，感受着人生的酸甜苦辣。

在孩提时代，母亲的双手如同温暖的港湾，轻轻牵着我步入那个梦幻的童话世界。那里，我遇见了历经风霜，最终化身优雅白天鹅的丑小鸭；遇见天真无邪，为爱勇敢付出的海的女儿；我曾在心中为那位隆冬中衣不蔽体，只能依靠微弱火光取暖的小女孩默默祈祷；也曾为那位被狡猾骗子玩弄于股掌之间的皇帝捧腹大笑。童话的世界里，有阳光普照下的美好与纯洁，也有阴影中的黑暗与荒唐。但每一个故事中的角色，都仿佛是一个个舞动的仙子，他们用魔法般的笔触，为我绘制出一个又一个绚丽多彩的梦境。他们携我之手，在这仙境般的童话世界中自由漫步，让我感受到了生活的多彩与美好。

在青春的日子里，我们热衷于那些充满活力和激情的书籍，它们激发我们的斗志，点燃我们的梦想。我们在书海中畅游，与书中的人物悲喜共享，感受他们的情感波动，体验他们的人生历程。随着年岁的增长，我们的阅读品味也发生了变化。我们开始欣赏那些富有哲理和智慧的书籍，它们如同一位位智者，与我们分享人生的经验和感悟。我们在书中寻找答案，找寻人生的真谛，学会如何在复杂多变的世界中保持内心的平静和坚定。

在失意之时，我回首五千年的华夏文明，寻找那份沉淀下来的意气风发。我听见李白高吟"大鹏一日同风起，扶摇直上九万里"，那份傲气与自信，如同旭日东升照亮我前行的道路。我看见关羽在荆棘丛中，坚守着"非栖鸾凤之所"的志向，如同北斗星辰，指引我努力的方向。我感慨于杨慎笔下的"滚滚长江东逝水，浪花淘尽英雄"，那份对历史的敬畏与感慨，让我更加珍惜现在。就这样，我推开了唐诗宋词的大门，遇见了陆游诗中的那枝凌寒傲骨的梅，坚韧不屈；觅得了朱熹笔下那方清澈见底的潭，智慧纯净；寻到了柳宗元文中那条悠然自得的鱼，自由逍遥。他们给予我力量，继续前行。

在珞珈山的怀抱中，书香传承更是一种深入骨髓的精神追求。一代代学人孜孜不倦，共同铸就和传承着珞珈山独特而深厚的文化基因。武汉大学幼儿园始终致力于办一所有"书香气"的幼儿园，让孩子们在浓厚的文化氛围中茁壮成长。我深知，"享珞珈之灵秀，育书香之稚子"不仅仅是一句口号，更是一份沉甸甸的责任和使命。"珞珈苍苍，东湖汤汤。山川壮美，泱泱兮养天地之气；澄岚秀润，昂昂兮结青云之志。"作为新时代的武大幼教人，我希望用一双"文学的耳朵"倾听孩子们"花开的声音"，让娇美的"花儿"展露笑颜。浸润在独有的珞珈文化下，必将养天地之气，结青云之志，我们肩负着时代交付的重托，在知识的海洋中航行，也在这片文学的土壤中播种未来。

（作者：武汉大学幼儿园三分园 沈婧怡）

6. 不负这《人世间》

最近，我阅读了梁晓声先生的长篇小说《人世间》。小说讲述包括周家三兄妹周秉义、周蓉、周秉昆在内的十几位平民子弟，从 20 世纪 70 年代到 2016 年近五十年时间内所经历的跌宕起伏的人生，全面呈现了中国社会的巨大变迁，展示了平民百姓面对生活困境，始终坚韧拼搏、积极奋斗的美好品质。这本小说对我的影响非常大，让我对生活、对人性有了深刻的认识。

爱是人世间最温暖的底色。小说中的周母是一个非常善良的老人，她总是用自己的绵薄之力帮助街坊乡亲，照顾生病的老人、给刚生产的年轻母亲送鸡蛋、调节家庭矛盾等。周母的言传身教也影响着主人翁周秉昆的成长。周秉昆也是一个非常善良热心的人，他从小帮家人、帮同事，哪怕是陌生人有困难，他也会毫不犹豫地去帮忙。他的一生磨难与幸福并存。他先后经历两次牢狱之灾，好在妻子对他不离不弃，帮他照顾全家老小；他对朋友肝胆相照、无私奉献，却惨遭背叛与诋毁；无论命运多坎坷，他依然用善良与仁爱之心对待身边的每一个人。他把房子赠予朋友居住、不求回报；这种种大爱善举深深触动了我。生活中我们会发现，那些看似平凡的人，总能在他人最需要的时候给予帮助，积极伸出援助之手，展现出真诚和善良的品质。

从职业角度出发，作为一名幼儿教育行业的从业者，在面对着来自不同家庭的孩子时，我们更应该心存善良与仁爱之心，用爱去温暖每一个孩子幼小的心灵。我在保健医岗位更是需要对特殊体质的孩子予以更精心的照护。比如给过敏体质的孩子制作替代食谱，加强对肥胖儿童的体重管理等。当我听到家长们赞赏我们工作细致时，听到孩子们甜甜叫我一声"朱医生早"时，我愈发坚信"勿因善小而不为"，心有爱，行向善，人间尽是坦途。

活在这烟火鼎沸的人世间，或许我们会经历一些风雨；活在这纷纷攘攘的人世间，或许我们也会经历挫折和苦难。蹚过岁月冷暖，才知生命厚重。在困境中伸出援手，才不负这人世间。若我们心中有爱，必将前路灿灿。

（作者：武汉大学幼儿园二分园　朱海英）

7. 目光　沐光

　　《目光》这本书的作者是眼科医生陶勇。他是国内顶尖的眼科专家，他曾经用一双手拯救了无数眼病患者，为他们带去了光明。但他却在 2020 年的一天，被他亲自治疗的患者持刀砍伤，导致左手骨折，神经肌肉被切断。这本书记录了陶勇在康复期间的心路历程。从这本书中，我看到了陶勇面对突如其来的人生转折，无畏困难，坚韧前行。

　　古罗马一位哲人说："苦难是美德的机会。"在苦难之下，一个人原本就具有的美德，放出了夺目的光芒。医学是陶勇的信仰，这信仰源自爱：一是对科学和专业的爱，二是对众生和病人的爱。因为这两种爱，行医成了他挚爱的事业。在经受伤痛折磨的日子里，占据他心灵的是这两种爱，他一心惦记着科研计划和公益计划的完成。这两种爱支撑他渡过了人生的难关，包括心理上的难关，使他不再为无辜遭此厄运而纠结。如他所说，把厄运当作一块客观存在的碰伤他的石头，搬开它继续前行。一个有信仰、真爱、事业心的人，是世间任何力量都无法打败的。

　　在读完这本书之后，我专门上网搜索了陶勇医生的微博，那天陶医生正好发了一个视频，向大家介绍眼病知识。我很开心见到他积极向上的样子，仿佛这就是他在我心目中应有的样子。他是他自己的英雄，也是我们的榜样，我们要向他学习，在不同的领域，坚守我们各自的初心。书中那些真实的人与故事，让我不止一次地感恩自己所拥有的一切。虽然我不是医生，但是教师和医生在某种意义上却是那样的相似。医生给病人的一个鼓励会让病人重燃生的希望，感动一生。教师给学生的一句安慰会让孩子重拾信心，成就自己。

　　对于陶勇来说，《目光》这本书的出版，不仅仅是为了那些关心和鼓励他的人，也是为了他自己。人生无常，不可挽回的事太多，如果只记得那些伤痛，就会始终沉浸在无尽的负能量里。工作十年的我在有时候面对家长的苛责、不理解时也会销蚀我对职业的热情。幸而遇见《目光》这本书，读到一位医生的执着与坚守，读到一位医生在职业上不灭的热情。书中他和病人的点滴故事感动了我，他对病人的那份热情与关爱打动了我，他对职业的责任与担当震撼了我，他对"天下无盲"这一理想的坚持与追求更是让我折服。这些让我不禁反思自己的职业热情与坚持，让我的职业初心再次如星辰般明亮。

读《目光》，更沐光，温暖如阳。一个人带着热爱走进一个领域，自然会绽放光芒。愿自己像陶勇医生一样，做一个眼里有光的人，目之所及，皆有暖光，温暖他人，也幸福自己！

（作者：武汉大学幼儿园二分园 李凤萍）

8. 领悟《活着》的真谛

转眼间，这是我来到武汉大学幼儿园的第六年。我爱珞珈独有的"味道"，春天生命的气息、夏天的蝉鸣、秋天的桂花香、冬天教室里的灯光，当我站在播放"百卅珞珈正青春"庆祝武汉大学130周年校庆青春歌会的大屏幕下，内心不禁感叹道：我的青春是如此幸福！在这个荟萃着书香灵气的校园里，读书也成了我生活中重要的一部分。

我很喜欢余华的作品《活着》。这本书描写了主人公福贵的一生，读者不仅能感受到他的坚强与乐观，更能深刻领悟到生命的可贵和人性的复杂。合上书的时候，那些让人或心酸、或温暖的细节仍在脑海中萦绕：年少的有庆献血救人，却被抽干血当场死亡；福贵亲手埋葬了有庆，瞒着家珍天天到有庆坟上痛哭；二喜被两排水泥板夹死的时刻，还大喊儿子苦根的名字。苦难、鲜血、死亡，仿佛无穷无尽，悲剧一桩桩上演。生命的黄昏，一切过往的人都已不在了，只剩下老了的福贵伴着一头老牛，在阳光下回忆着那些为活着而不懈努力的往昔。一幕幕在眼前闪现，让我忍不住泪流满面……

有时候我在想，我们活着的意义是什么？很幸运我在这本书中找到了答案，正如余华说的一样："人是为了活着本身而活着，而不是为了活着之外的任何事物而活着。"当我读这本书时，曾为了书里面的情节哭红了双眼，我感受到了生命的厚重与脆弱，让我明白了生活的真谛，它并不总是充满了欢笑和快乐，而是伴随着痛苦与挣扎。然而，正是这些痛苦与挣扎，让我更加珍惜生活的每一个瞬间。活着就是一种奇迹，无论生活多么艰难，我们都应该珍惜每一天，感恩生命赐予我们的一切。

在书本中我们会渐渐领悟到生活的真谛，看到成长的意义。年轻的我，曾经彷徨、迷茫，也有过困惑、挣扎，正因为《活着》这本书，燃起我对未来生活的期待，感受忙碌的教育生活带给我的职业幸福感，"择其善者而从之，其不善者而改之"，让读书成为生活常态，活出生命的更高境界。

（作者：武汉大学幼儿园二分园　刘畅畅）

9. 墨香珞珈岁月长

珞珈山是一片被学术与梦想滋养的土地。生活和工作在珞珈山下，享其灵秀，浸润书香。阅读不仅是对知识的汲取，更是对灵魂的滋养，它引领我们穿越时空的长廊，与古人对话、与未来相遇，在诗、文、史的海洋中，找寻生命的意义与价值。

读诗，品味千年风雅，悟人生哲理。诗是心灵的低语，是情感的流淌，它在唐风宋雨中悠扬，又在现代的呢喃中回响。从王维的"明月松间照，清泉石上流"中，我们读到了淡泊明志，宁静致远；从苏轼的"问汝平生功业，黄州惠州儋州"中，学会了笑对人生风雨的洒脱。从杜甫的"致君尧舜上，再使风俗淳"中，感受他忧国忧民的情怀，烽烟中求一封报平安的家书，乱世中不改爱国的决心，让我们的心灵与历史的脉搏同频共振，体会那份跨越千年的家国情怀。作为中华儿女，情牵华夏，续易安灯火，得唐宋薪传，继静安绝学，是我们共同的追求。在珞珈漫步时，一花一世界，一叶一枯荣，是否都藏着诗词的故事？诗是心灵的灯塔，照亮我们前行的路，让我们在珞珈的每一处风景中，都能感受那些古老诗句的轻抚，仿佛历史与现实在此刻温柔地交叠。

读文，洞察人间烟火，理解世间万象。文学是生活的镜像，是情感的容器。在《人世间》的字里行间，我们不仅看到了普通人的酸甜苦辣，更感受到了他们在困苦中坚守善良与希望的强大力量。《茶花女》的爱情悲剧，让我们痛惜美好被世俗摧毁的同时，也反思社会的偏见与人性的复杂。而《老人与海》的波澜壮阔，让我们明白了坚持与勇气的重要性，"人生就像是一场旅行，我们必须学会忍受孤独和疲惫，然后坚定地向前走"。文学让我们在别人的生活中看见自己，也让我们在自己的故事中找到共鸣，将人生虚构成故事，又在故事的结尾重新窥见人生，我们与世界深情对话，与自己和解。生活的每一个阶段，都应有书做伴，珞珈的每一个角落，都应有书香缭绕。

读史，洞悉兴衰更替，传承文明火种。历史是时间的河床，沉淀着人类智慧的金沙。"以史为镜，可以知兴替"，大秦"振长策而御宇内，吞二周而亡诸侯"。在秦朝的兴衰中，我们学会了以史为鉴，知晓苛政猛于虎而更知"以民为本"的治国之道；

在周朝的礼乐文明里，我们体会到了和谐与秩序之美，理解了"海纳百川，兼收并蓄"的文化精神。历史，让我们站在巨人的肩膀上，看到更远的风景，它告诉我们，每一个今天都是过去的选择，每一个未来都需要今天的智慧。在珞珈山的怀抱中，我们不仅传授知识，更是传承文明。让孩子们明白，他们的每一步成长，都将汇入历史的长河，成为推动时代前行的一股力量。中华文明从过去走来，筚路蓝缕而又亦步亦趋；中华文明向未来走去，薪火相传而又生生不息。而如今，在这片土地上教书育人的我们的一点一滴，也将被写进珞珈的历史之中。

杨绛曾说："年轻的时候以为不读书不足以了解人生，直到后来才发现如果不了解人生，是读不懂书的。读书的意义大概就是用生活所感去读书，用读书所得去生活吧。"读书，它不在于你记住多少知识，而在于它如何改变了你的生活态度，塑造了你的世界观。正如杨绛所言，读书与生活相辅相成，每一次翻阅，都是对生命的又一次深刻理解。

在珞珈的每一寸土地上，我们愿与孩子们一同，手捧书卷，心向远方，让不朽的书香伴随着成长的脚步，一路繁花相送。岁月悠长，书香为伴，我们在阅读中遇见更好的自己，在珞珈的每一缕晨曦与星光下，书写属于自己的人生篇章。

（作者：武汉大学幼儿园一分园　刘蓉）

10. 读书是人生最恒久的底气

在武汉大学浓厚的书香底蕴之下，我们的幼儿园也氤氲着浓浓的书香气韵。作为一名幼儿教师，我曾千万次地追问自己：你最缺少什么？底气，知识的底气！在理想和现实的挣扎中，烦琐的工作让我们觉得静下心来读书是一种奢侈，而读书则让我们陶冶身心、发现真我，尤其是面对一双双天真无邪的眼睛时，我深知我所拥有的是多么贫乏与肤浅。作为教师，我期待着"读书"能成为我人生最恒久滋养的底气之源。

学历进修中，我研读各种教育学专著，试图解读大师的思想。日常工作中，我阅读幼儿教育专业刊物，多年来幼儿教育课程改革风起云涌、气象万千，我一路走一路看，边看边思，且思且行，乐在其中。闲暇时，我读杂书，余华、海岩、王安忆……他们开阔了我的视野，丰富了我的知识，启迪了我的心智，为我打开除教育之外的另一扇窗。读能固本，读能活源，读能养气。阅读已经成为我生命中的一种习惯。

也正是因为读书，让我面对孩子时充满了热情，日常工作更有动力，克服困难更有勇气，解决问题更有底气。我不仅是他们的老师，更是他们的朋友和伙伴。每天清晨，当第一缕阳光洒进幼儿园，我便迎来了一天中最期待的时刻，我们一起画画、玩游戏、讲故事。我与他们一起在知识的银河中探索，每一个小小的瞬间都如同璀璨的星辰，照亮我们前行的道路。午睡时，我陪伴孩子们入睡，为他们讲述着温暖的睡前故事，唱着熟悉的摇篮曲。我能感受到他们入梦的温馨与满足，在心底里感叹着这平凡而又美好的时刻。我们一起去樱花树下欣赏春天的美景，一起去校园内的图书馆阅读有趣的书籍，一起去校园的草地上放风筝、捉迷藏……我见证了孩子们的成长与变化，他们从对世界的好奇到学会探索，从一点一滴积累到逐渐形成独立思考的能力。看着他们从胆小害羞的小家伙变成自信、开朗的幼儿，更让我体会到读书赋予我和孩子们共同的底气。

"读书不是为了某一刻熠熠生辉，而是为了人生的每个时刻都有自己的底气。"这种底气来源于丰富的内心世界、优秀的思维能力以及对世界的清晰认识。珞珈山的书香书韵仿佛暗夜星辰，照亮我前行的路。

（作者：武汉大学幼儿园二分园　卞丹丹）

11. 追求属于自己的不平凡

在我记忆的长河中，书是最璀璨的星辰。犹记得童年时，我第一次看的书是一本五彩斑斓的童话绘本。那精美的插画和充满奇幻色彩的故事，仿佛为我打开了一扇通往神秘世界的大门。稍大一些，我迷上了各类小说。在课余时间，总是迫不及待地翻开书本，与书中的人物一同经历风雨。我会为了主角的成功而欢呼雀跃，也会为主角的挫折而黯然神伤。那些文字仿佛有魔力一般，牵动着我的每一根神经。再后来，随着年龄的增长和知识的积累，我开始阅读哲学、历史、科学等领域的书籍。每一本经典著作，都像是一位智慧的长者，向我娓娓道来人类的智慧和经验。在翻越书山的过程中，我不断地思考、质疑、探索，逐渐形成了自己的价值观和世界观。

在我的读书历程中，路遥的《平凡的世界》一书对我的影响最为深远。这本书描绘了普通人在大时代历史进程中所走过的艰难曲折的道路，孙少安和孙少平兄弟俩在生活的重重压力下，依然坚守着内心的追求和梦想，他们的坚韧与不屈深深触动了我。孙少安扎根农村，凭借着勤劳和智慧，努力改变家庭的贫困状况，他面对失败和挫折时的勇气，让我明白了担当和责任的重量。孙少平则怀揣着对外面世界的向往，在艰苦的环境中坚持读书，不断追求精神的富足，他的经历让我懂得无论身处何种困境，都不能放弃对知识的渴望和对理想的追求。书中众多人物在平凡生活中展现出的不平凡的精神力量，让我在面对生活的挑战时，有了更多的勇气和决心。

读书，对于我个人而言，不仅是获取知识的途径，更是心灵的寄托和成长的阶梯。它让我在喧嚣的世界中找到一片宁静的港湾，让我在迷茫时找到前行的方向，让我在孤独时有了最忠实的伙伴。它教会我珍惜当下，勇敢面对困难，用积极的心态去追求属于自己的"不平凡"。

（作者：武汉大学幼儿园二分园　陈艾妮）

12. 阅读改变我的生活

我是武汉大学幼儿园二分园食堂的一名小工。在这个充满珞珈书香的地方，我深深认识到，虽然我的工作并不需要高深的知识，但知识却是我们赖以生存的宝藏，阅读能让我看到更广阔的世界。于是，我开始利用业余时间，一页一页地翻开那些充满智慧的书籍。

阅读让我了解到，生活并不只是眼前的苟且，还有诗和远方。那些书中的故事、人物和思想，仿佛一道道光，照亮了我前行的路。我开始学会思考，学会理解不同的观点和文化，也更加珍惜现在的生活。

通过阅读，我的心态也发生了变化。面对工作中的困难和挑战，我不再抱怨和逃避，而是积极寻找解决问题的方法。我知道，每一本书都是一座宝藏，里面蕴藏着无尽的智慧和力量，只要我愿意去挖掘，就一定能找到属于自己的答案。

阅读还让我与儿子有了更多的共同话题。当我给他讲述书中的故事时，我能看到他眼中闪烁的光芒。我知道，这些故事也在他心中种下了阅读的种子，将来一定会开出美丽的花朵。

回顾过去，我深深地感受到阅读改变了我的生活。它不仅让我变得更加自信和坚强，还让我拥有了更广阔的视野和更美好的心灵。现在，我已经把阅读当成了生活的一部分。每天无论多忙，我都会抽出时间来阅读。对我来说，阅读不仅是一种休闲方式，更是一种生活方式，一种能改变我生活的力量。

（作者：武汉大学幼儿园二分园　吕占花）

13. 推开读书的魔法之门

　　静谧的珞珈山，仿佛凝聚了千年的智慧与灵秀，滋养着每一个沉醉于书香世界的稚子。欧阳修曰："立身以立学为先，立学以读书为本。"优秀的教师，既是学识渊博的智者，又是眼界开阔的行者。他们以书为友，以读为乐，汲取智慧的甘泉，涵养教育的沃土。因为有深厚的文化底蕴，他们在教学之路上自信而从容；因为有丰富的知识积累，他们能在课堂上信手拈来、化繁为简。在这信息爆炸、瞬息万变的时代，教师更应以书为镜、以读为舟，探寻教育的新航向。读书是教师提高道德修养和专业知识素养的重要途径。

　　读《细节决定成败》，我们仿佛置身于一个充满智慧的殿堂，深刻领悟到细节之于成功的重要性。它告诉我们，用心做事，方能成就卓越；精益求精，方能攀登高峰。这本书如一面镜子，映照出我们工作中的不足与短板，激发我们不断进取、不断完善的工作动力。

　　《玫瑰与教育》则带我们走进了一个充满浪漫与激情的课堂。在这里，我们领略到名师的风采与魅力，感受到教育的温暖与力量。它让我们明白，教育不仅是一门科学，更是一门艺术，它需要我们用心去感悟、去品味、去创造。

　　书，不仅是智慧的结晶，更是气质的炼金石。读书使人渊博，辩论使人机智，写作使人准确。翻过的每一页书，都如同为心灵披上一层柔和的光泽，让我们的言行举止间流露出难以言喻的优雅与从容。

　　读书，像一道无价的魔法之门，轻轻推开这扇门，便让我们置身于智慧的星海之中。让我们一同走进这扇魔法之门，沉浸于书海，让每一个字如细雨般滋润我们的心灵，唤醒那深藏已久的诗意与远方，去感受读书带给我们的无限魅力与惊喜，成为那个内心强大、气质优雅的人。

（作者：武汉大学幼儿园二分园　范梦雅）

14. 守护我的平凡世界

　　虽然我只是幼儿园的一名小工师傅，但在日常生活中我也深受幼儿园文化的影响，有的时候也会看看书提高自身的素养。《平凡的世界》这本书，给了我很多影响和启发。虽然我的工作看似平常，但正如《平凡的世界》中描绘的那样，每个人都在自己的岗位上默默耕耘，为生活、为他人付出努力，主人公这种坚韧不拔的精神和对生活的热爱深深触动了我。

　　在书中，作家路遥以其细腻的笔触刻画出一个个鲜活的人物形象，他们面对生活的困苦与挑战，始终坚持不懈地追求属于自己的"平凡世界"。我曾经觉得，食堂的岗位在幼儿园里是最不起眼、最微小的岗位，但《平凡的世界》这本书，让我认识到无论是身处何种岗位，都有着不可替代的价值和意义。每一个人，都有自己内心的"不平凡"，只要怀揣着对生活的热情与信念，都能创造出属于自己的不平凡成绩。

　　读书阅文，最终悦的是自己的心。我在幼儿园食堂从事的确实是微小的工作，但每一顿饭都关乎孩子们的健康成长，这份责任重大且光荣。即使是最微小的事情，也必须用心去做、用情守护，因为这就是属于我的"平凡世界"。

（作者：武汉大学幼儿园二分园　曹桂芳）

15. 我的读书故事

　　在武大幼儿园这片充满童真与智慧的乐园里，作为一名教师，我深刻体会到书香气质不仅是珞珈山学子们的精神烙印，也是我们每一位教育工作者内心深处不灭的灯塔。我的读书故事，便是在书香氛围的熏陶下，逐渐丰富，不断升华。

　　初入武大幼儿园时，我空有着对教育的满腔热情，却在实践中屡屡碰壁。我深知自己需要不断学习，才能更好地引导孩子们的成长。于是，书籍成了我最亲密的伙伴。在忙碌的工作之余，我总是会抽出时间，或是夜深人静时，或是晨光初照间，沉浸在书海中，汲取着知识的甘露。

　　我阅读的书籍种类繁多，从幼儿教育理论到儿童心理学，每一本书都为我打开一扇新窗，让我更加深入地了解孩子们的世界，也更加清晰地认识到自己作为教师的责任与使命。在阅读中，我学会了如何以更加科学、更加人性化的方式去理解和教育孩子们，如何在他们的心灵深处播下爱与智慧的种子。

我积极地将自己的阅读心得融入教学实践，我尝试用生动有趣的故事激发孩子们的学习兴趣，用深入浅出的道理引导他们树立正确的价值观。同时，我也鼓励孩子们自己阅读，我为他们提供丰富的图书资源，营造一个良好的阅读环境。每当看到孩子们沉浸在书海中那专注而满足的小脸，我便深感自己所有的努力都是值得的。

我还经常与同事们一起分享读书心得，共同探讨教育问题。我们会在午休时围坐一起，互相交流最近读到的好书，分享书中的精彩片段和深刻感悟。这种交流不仅增进了我们之间的友谊，也让我们在交流中不断刷新自己的认知，在思想的碰撞中不断进步。

回顾我的读书故事，我深感"书香"二字对于一个教育工作者的重要性。"问渠那得清如许？为有源头活水来。"读书，让我更加热爱教育事业，更加关注孩子们的成长，让我以更加专业的姿态，去迎接每一个挑战。

（作者：武汉大学幼儿园一分园　周华）

16. 浸润书海　扎根教育

读书，是一个漫长积累的过程，是一段艰苦而欢喜的修行。为了丰富我们的假期生活，放寒假前，园长拿出许多书籍让我们挑选。我一下子就被《读书是教师最好的修行》这本书吸引了。封面上"坚持不懈地阅读，就是与最美景致一次次的邂逅"的文字，让我毫不犹豫地拿起来了它。能把书比喻成美好邂逅的对象，这是多么浪漫的一件事啊！能坚持不懈地保持读书这个习惯，又是多么的难能可贵。在阅读正文之前，我喜欢先看"序言"。原以为只是讲教师为什么要读书，或者怎样读书之类老生常谈的话题，但在这本书的"序言"中，作者常生龙老师描述了他的阅读经历与感受，发出了"让我们都来读书吧！"的呼吁，让我再次对它充满了期待。

夜幕低垂，我在柔和的灯光下翻开了《读书是教师最好的修行》这本书。这本书的开篇《让学生喜欢的诀窍》一文引领我走进了一片美好的教育天地。五十篇读书感悟分为五个不同的主题，将五十本教育类著作进行了详尽的分析解读，一个个生动的案例中,我领略到书中的教育思想和教育意图,同时也引发了我对自己教育实践的思考。书中的文字虽然朴实,却透露着一个教育工作者对教育的热爱之心和对学生的热爱之情。在感悟了阅读之美之余,我也汲取了丰富的教育智慧。其中,有两篇读后感让我感触颇丰。

一、尊重接纳葆童真

《幼儿园教育指导纲要》中提出"教师在教育过程中应成为幼儿学习活动的支持者、合作者、引导者"。如何体现幼儿在活动中的主体地位,也是我一直在思考和探索的。常生龙老师在《如何构建以学生为中心的课堂》中,结合他阅读《以学生为中心的翻转教学 11 法》一书的感悟,进行了深入的阐述。他总结了以学生为中心的课堂教学的三个基本特征。一是教师和学生都对学习充满期待(构建和谐的师生关系,也是让大家对学习充满期待的好方法),二是教学为了提升学生的学习能力,三是让学生明白靠单干是完不成学习任务。文章中举例了作者教孩子系鞋带的故事,孩子系鞋带的口诀都记住了,但仍不会系鞋带。作者提醒教师要注意引导学生学以致用,提出"教师要关注学生的学习能力,转变观念,将话语权让给学生"的观点。看到这不禁让我想起,课堂上我用黏土制作出了一条"小蛇"。当我把"小蛇"展现在孩子面前时,一个孩子脱口而出:"杨老师,你做的毛毛虫真漂亮!"我正准备纠正,另一个孩子抢着说:"不对,这是一条蚯蚓!"于是,孩子们在"它到底是什么"中争论起来。起初我还在为自己做的黏土"小蛇"不够形象而失落,换个角度想,因为孩子们观察角度的不同,黏土"小蛇"在孩子面前呈现出来的形象也各不相同。我想了想,对孩子说:"这是我的作品,是一条小蛇,它又细又长。你们想想看,还有什么小动物是'又细又长'的?发挥你们的想象力,动手做出来吧!"孩子们兴奋极了,都积极地动手制作起来。那一次,孩子们的每一个作品都有自己的特点,与他们以往的黏土作品相比,表现更为多样。活动结束后,我回想着孩子们的表现。作为教师,让孩子们大胆表达想法,并尊重他们的想法是多么的重要啊!再回想书中的观点,虽然我们面对的是不同年龄阶段的儿童或青少年,但科学的教育理念却是共通的。

二、轻言暖语护童心

语言是人与人之间沟通与交流的重要工具。俗话说"良言一句三冬暖,恶语伤人六月寒",语言对人产生的影响是不容忽视的,常生龙老师在《教师和学生说话的艺术》中指出:教师和学生之间的说话方式对孩子的成长有着至关重要的影响。对正在形成自我认识的幼儿来说,语言在幼儿成长中发挥的作用也是意义非凡的。对于"说话的艺术"，常生龙老师也提出了三个观念。第一，要防止语言暴力。如果不注意自己的语言表达方式，常常会在有意无意中将语言暴力施加给学生。第二，善用鼓励。通过话语鼓励学生，是教师最常采用的方法。这看起来简单，做起来其实并不容易。第三，学会倾听。真正的倾听，不论时间是长还是短，都需要付出相当大的努力。在每一天与孩子的相处中，我都能感受和体会到教师的语言对孩子所产生的作用及影响。当孩子尿湿裤子时，教师如果说"你怎么又尿湿了"，孩子明亮清澈的眼神会立刻变得黯淡无光，当教师说"没关系，老师来帮你换裤子"，孩子会轻松而开心地对你微笑；当孩子天马行空地在纸上乱画一气时，教师如果说"怎么画得乱七八糟！"孩子会立刻垂头丧气地停下画笔，当教师说："我真想知道你在画一幅怎样的作品时"，孩子会滔滔不绝地告诉你，这些线条是什么，那些线条是什么，让你走进他丰富与奇妙的想象世界。尊重、鼓励、倾听，这三个词语在孩子纯真梦幻的世界中是那么的重要。"之所以在各个行业之中，对教师职业道德规范要求最高，就是由教师这个岗位的特殊性决定的"。常老师的这句话，我会把它们一直印刻在心里，并引以为鉴。

　　常生龙老师在后记中也提到"十年下来，我阅读了500多本书，为每一本书都写下了读后感，这些读书随想累积起来已超过200万字"。在常生龙老师身上，我再次强烈地感受到了读书的好与静心思考的重要。如常生龙老师所言"在我们的工作和生活中，会遇到各种各样的问题，绝大多数的问题可以在书籍中找到解决的办法，让前人的智慧带领着我们前行"。阅读，可以完善我们的教育阅历；阅读，可以提高我们教育思想的水准；阅读，可以让我们在教育之路上走得更加坚定而坚强。

　　教育，需要在书籍中去积累，需要在实践中去创新。我将跟随《读书是教师最好的修行》的指引，继续品读常生龙老师推荐的教育书籍，浸润书海，扎根教育，以书为伴，让我的教育人生因书而美好。

（作者：武汉大学幼儿园三分园　杨滢）

第二节　悟道　育人育己

　　庄子云："吾生也有涯，而知也无涯。"人的生命有限，而教师的职业生命更是短暂，只有通过勤奋读书和不断思考，才能坚守教者初心，悟出属于自己的教书之道、育人之道。读书，对教师而言，是"传道、授业、解惑"的头等要事。正如韩愈所言：

"业精于勤，荒于嬉；行成于思，毁于随。"我们当"朝而往，暮而归"，在阅读中充实自己的智慧，拓宽自己的视野，站在巨人的肩膀上省察自身、俯瞰教育，实现专业素养的真正提升。

苍苍郁郁的珞珈山下，最不缺的就是读书育人的身影。"蹉跎莫遣韶光老，人生唯有读书好。"看，他们在春日樱丛里读书，他们在夏日蕉影下读书，他们在秋风玉露中读书，他们在山岚冬寒中读书……

1. 找到观察儿童的方法

高尔基曾说过："书籍是人类进步的阶梯。"站在珞珈山下，我常常觉得我何其有幸，能够接触到浩如烟海的图书资源，能够站在更高的地方，领略更多、更远、更好的风景。前段时间，朋友推荐给我一本很有意思的书——《观察：读懂与回应儿童》，一看到书名，我就不由自主地笑起来："正因为不知道怎么观察孩子、读懂孩子而苦恼呢，你这就是雪中送炭啊！"

细细读来，我发现这是一本极有意思的幼儿教师"工具书"，书中通过一线教师的具体观察案例，从"观察"这个角度出发，详细阐述了在与幼儿相处的时候应如何抓住观察的契机、观察什么、怎样观察以及观察的反思。观察与评价幼儿是教师必备的基本专业技能，也是幼儿教师自我反省、自我成长的重要途径，只有全面观察、科学真实地评价儿童，了解儿童的已有经验、当前兴趣和发展需要，才能找到儿童学习和发展的下一步，并做出适宜的回应。

前段时间，我在幼儿园益智区进行了一次偶发性观察。安安把两张桌子拼在一起，将纸盒门洞放在桌面的一边，自己则站在另一边，用玩具小棍打小球，小球往前滚到门洞里。但有时，小球会卡在两张桌子的缝隙里面，这时，他就走到桌子中间，对着缝隙里面的小球又打了一下，小球最终滚进了门洞。玩了一会儿，其他的小朋友也来了，他们边玩边开始嘀咕："怎么总是卡住？"我顺势问道："那怎样才能让小球滚到这边不卡住呢？"乐乐说："把这条缝'填'掉。"我追问："可以怎么'填'？"他们想了想，没有给出明确的答案。于是我建议："可以去材料柜找找试试。"他们找了一圈，选择用美工区的瓦楞纸试试，把瓦楞纸铺在缝隙处，小球果然顺利地滚过去了。他们笑着拍手说："哇，桌子平平的，我们成功啦！"在这个案例中，我着实感受到了"观察"的力量，以及读懂与回应儿童的重要性。我曾经在《学前教育》这本书中读到过这么一段话："教育要发现每一个儿童的力量，激发每一个儿童的'原力觉醒'，从根本上改变'有教无学'的积弊，就必须将视角重新转向儿童，关注并研究儿童，观察记录儿童的行为及发展变化，准确解读其行为背后的'深意'，进而在课程和教学领域提供针对性的引导和支持。"

在幼儿的一日生活中，观察是老师了解幼儿的重要途径，这本书中谈到观察能促进教师了解儿童的发展，观察是比正式测试更可取的一种方式，观察是建构发展适宜性课程和教学方法的第一步，观察是作出明智的指导决定的第一步，观察让教师反思自己的教育实践，观察是预防或解决很多问题的关键。这本书就像一把钥匙，帮我在教学实践中找到观察儿童的方法，通过不断地自我反思，不断地在实践中去发现一些适宜性的做法，是对儿童成长的最好的支持。

（作者：武汉大学幼儿园三分园　李慧）

2. 每一个孩子都是不一样的风

"你可以期待太阳从东方升起，而风却随心所欲地从四面八方吹来。"这句话选自《我只想站得直一点》这本书。当我看到这句话时，一种深深的认同感从心底涌动出来。坦白地讲，作为老师，我总是对孩子们有着同样的期待，我期望他们都性格开朗、独立思考、敢于表现，但现实却常常让我受挫。

我期待孩子们在每一次教学活动中能够跟着我的预设目标走。但他们就像"风"一样难以捉摸，你不知道风从哪来，吹向哪去。我不知道孩子们在活动中会向我提出什么问题，不知道他们对我的提问会给出什么答案，我永远不知道他们会给我怎样的"难题"和"惊喜"。记得我刚刚实习的时候，班上有个孩子让我印象十分深刻。他不爱和班上的孩子玩，也不爱与其他人交流，一直都是自己玩自己的，跟他沟通也得不到回应，他偶尔会说一些莫名其妙的话，仿佛是自言自语，又像和谁在隔空交流。我不理解他为什么会这样，我的指导老师告诉我："这个孩子的发展状况与他的成长环境有关系，他是爷爷带大的，你仔细观察下，他爷爷是不是也从来不跟我们交流？是不是爷爷跟他也没有太多的交流呢?"听了老师的这番话，我恍然大悟。

这本书中还有一段话让我深深认同——每个孩子都是不一样的"风"，有的孩子像"微风"一样内敛而恬静，有的孩子像"夏风"一样热情洋溢，还有的孩子像"台风"，迅猛急速……

是的，每个孩子都是不同的个体，都有自己的性格、喜好，作为老师，我们不能用一把尺子量所有人，我们要尊重每一个孩子。在读书的过程中，我深深认识到，唯有不断提高自身的整体素养，才能在一次次教学活动中解决孩子们给我的"难题"和"惊喜"。

（作者：武汉大学幼儿园三分园　韩宇琪）

3. 我与书的不解之缘

自从我踏上幼儿教师这个工作岗位，书籍便如同一位不离不弃的挚友，始终陪伴在我的左右，它是我工作中的得力助手，也是我生活中的精神寄托，在和书本的屡屡约会中，我和它们结下了不解之缘。

书，是我的专业引路人。作为一名幼儿教师，我深知自己需要不断地学习，才能跟上孩子们快速成长的步伐。而书籍，正是我获取专业知识和教育理念的重要来源。记得刚开始工作时，面对孩子们的天真无邪和好奇心，我常常感到手足无措。正是那些关于幼儿教育的书籍，给了我指引和启示。我阅读了《蒙台梭利教育法》《儿童心理学》等经典著作，从中汲取了丰富的教育理念和教学方法。这些书籍不仅帮助我解决了工作中的困惑，还让我更加深入地了解了孩子们的心理世界。

书，是我与孩子们沟通的桥梁。在工作的过程中，我发现孩子们也爱看书，书籍成为连接我与孩子们心灵的桥梁。通过共同阅读，我与孩子们建立了深厚的情感纽带。我经常会挑选一些适合幼儿阅读的绘本和故事书，与孩子们一起分享。我们围坐在一起，我轻声讲述着故事中的情节，孩子们则聚精会神地聆听着。当故事中的高潮部分到来时，孩子们会情不自禁地发出惊叹声。当故事中的主人公遇到困难时，孩子们会为他们加油鼓劲，这种共同阅读的体验拉近了我们之间的距离。除了共同阅读外，我还会鼓励孩子们进行自主阅读。我在教室里营造了"珞珈之美、书香之味"环境氛围，创设舒适的阅读区域，里面摆满了各种儿童读物。孩子们可以在自主时间里自由选择喜欢的书籍进行阅读，每当看到孩子们沉浸在书海中时，我都会感到无比的欣慰和自豪。

书，是我心灵的疗愈师。每当我感到疲惫或压力大时，我都会找一本好书来放松自己。我喜欢读一些轻松愉快的散文和小说，它们能让我暂时忘记工作的烦恼和压力。在阅读的过程中，仿佛自己也置身于那个世界之中，这种沉浸式的阅读体验让我感到无比的愉悦和放松。此外，我还喜欢读一些心理学和哲学方面的书籍。这些书籍能够让我更加深入地了解自己的内心世界和人生哲学，在阅读的过程中，我会不断反思自己的行为和思想，调整好自己的心态，从而找到更好的生活方式。

书，是我与家长们的沟通纽带。为了与家长们建立更紧密的联系，我经常会借助书籍这一特殊的沟通纽带。每当与家长们交流时，我会细心观察孩子们的阅读偏好和兴趣所在。然后，我会向他们推荐一些我认为适合他们孩子阅读的书籍。比如，对于喜欢冒险故事的小朋友们，我会推荐《小猪佩奇历险记》，这本书通过生动有趣的插图和简洁明了的故事情节，引导孩子们跟随小猪佩奇一起探索未知的世界。对于喜欢科普知识的孩子们，我会推荐《神奇校车》系列，这套书将科普知识与冒险故事相结合，让孩子们在轻松愉快的氛围中学习新知识。除了推荐书籍，我还会向家长们分享一些阅读方法和技巧。例如，对于较小的孩子，我建议家长采用亲子共读的方式，与孩子一起翻开书页，共同沉浸在故事的海洋中。对于稍大一些的孩子，我会鼓励他们独立阅读，并在阅读后与家长们进行简单的讨论和交流，以帮助他们更好地理解故事内容和提高孩子们的语言表达能力。在育儿方面，我也会向家长们推荐一些经典的育儿书籍。比如，《有吸收力的心灵》这本书，它深入剖析了儿童心理发展的规律，让家长们更加了解孩子的内心世界和需求。而《正面管教》这本书则提供了许多实用的育儿技巧和方法，帮助家长们更好地应对孩子成长过程中的各种挑战。这种互动式的沟通方式不仅提高了家长的育儿水平，也增强了我们之间的合作和信任。

回顾自己与书的不解之缘，是书籍给予我知识和力量，是书籍让我与孩子们建立了深厚的情感纽带，是书籍让我的内心世界更加丰富和充实。在未来的日子里，我将继续与书籍相伴、与孩子们共同成长，我相信在书籍的陪伴下我会更加坚定地走在幼教的道路上，为孩子们的成长和发展贡献自己的力量。

（作者：武汉大学幼儿园三分园　丁璇）

4. 保育老师的"21天阅读打卡"

保育老师是幼儿园教职工队伍的重要组成部分，在幼儿的日常生活和保教工作中起到了重要作用。但相对教师而言，保育老师的入职门槛较低，他们的教育观念、教育水平、专业能力也相对落后。为了让保育老师尽快提高专业化水平，我和保健医一起为保育团队制订了保育老师修炼计划，采用了阅读与交流相结合、集中与自修相结合等形式，让保育老师的修炼更接地气、更具实效性，"开启秋日旅程——21 天阅读打卡挑战"活动就是保育老师自主研修的一种方式，通过品读一本好书，体验书中的灵感迸发，感受书中温暖的力量，让保育老师体验阅读的乐趣，提升内涵和修养。

虽然我们是第一次开展此类活动，但大家参与的积极性非常高。不管是年长的保育老师，还是年轻的保育老师；不管是有着十多年工龄的资深保育老师，还是刚入职半年的保育老师，他们都能坚持每天的阅读打卡。有的老师早上 5 点就开启了一天的阅读，有的老师每天阅读 5 个多小时，有的老师边陪孩子写作业边阅读……直至活动结束，全园只有 1 名保育老师因身体特殊原因未能坚持阅读打卡 21 天。

在保育老师的 21 天阅读打卡活动中，让我最感动的是幼儿园年纪最大的余老师，她阅读打卡次数高达 29 次，她在阅读日志中写道：以前没时间读书是为自己找借口，总以为读的书记不住，其实读书就像吃饭，不可能清清楚楚记得每顿饭吃了什么，但每一顿饭的营养都已经化作血肉渗入身体中去了。这句话虽然说得很直白，但却很真实，这番阅读感悟也得到了大家的共鸣！她用行动和感悟向大家完美地诠释了"活到老学到老"的精神。在阅读打卡中，有一个人让我感到很意外，她就是幼儿园年龄最小的保育老师小花蕾。她去年 8 月刚刚入职，为了更好地适应岗位以及更好地了解孩子，她从幼儿园借走了《幼儿教育》合订本，每天沉下心阅读专业杂志，她的阅读时长在保育老师中一直位居第一，从她阅读的书籍和感悟中感受到她对工作的热爱。

工作之余，我每天的必修课就是翻看他们的阅读打卡感悟。在他们的真实感悟中，我看到了他们不同的需求，看到了他们对自己的认识，看到了他们不同程度的进步！我想，我们的阅读打卡计划成功了！他们的坚持，并不是为了小小的礼品和奖励，而是自身对知识的渴望，他们由最初的被动阅读慢慢转化为自主阅读。虽然阅读打卡活动已完结，但大家的阅读热情依旧不减，仍然有一半的保育老师坚持每天阅读打卡，他们让阅读变成了自己的一个习惯。他们的学习精神值得所有人为他们点赞，我为有这样一群队友感到自豪和骄傲。

"21 天阅读打卡"活动之所以能深受保育老师的喜爱，是因为此次的阅读打卡计划是为他们量身定制的，具有三个特点：时间自由，形式自由，内容自由。在阅读中，他们可以采用看的方式，也可以采用听的方式；可以选择专业类书籍，也可以选择生活类书籍；可以选择手机微信阅读，也可以阅读纸质书籍；可以选择一天中空闲时阅读，也可以约上好友一起线上阅读。自由度高的阅读活动，加上相互促进的打卡活动，很好地唤醒保育老师的阅读内驱力，由被动变为主动，更好地达到修身养性的目的。

武汉大学是中国最美的大学之一，武汉大学幼儿园"享珞珈之灵秀，育书香之稚子"的办园理念，更是指引我们做有文化底蕴的教职工。我们作为武汉大学幼儿园的一员，要让阅读成为一种习惯，要在字里行间寻找生活的智慧，享受文字带来的乐趣，让我们一起在阅读中成为更好的自己。

（作者：武汉大学幼儿园四分园　瞿丽）

5. 读书　为我解惑

莎士比亚曾言，书籍是全世界的营养品。生活里若无书籍，便似没有阳光；智慧里若无书籍，就如鸟儿失去翅膀。作为一名教师，要想在时代的洪流中不落伍、不盲从，必须借助各类渠道充实自我，而读书无疑是最佳途径之一。

读书为我解惑，悄然改变着我的思想观念。它让我明晰了沟通中语言暴力及隐匿于语言背后的精神暴力所造成的危害，使我学会运用非暴力沟通的方法与他人进行有效交流，以获取更优效果，也让我知晓怎样才能成为一名合格的教师。

本学期我负责小班教学，在与小朋友交流时我察觉，老师若不会倾听，便无法切中要害，老师表述不当，孩子自然难以配合。究竟怎么说孩子才能听懂呢？在《如何说孩子才会听，怎么听孩子才肯说》这本书中，我找到了答案。无论是身为教师还是家长，我们首先要理解孩子，须知感受本无对错之分，每个人，包括孩子，都需要他人理解和尊重自己的感受。孩子既需要大人提供生存条件和安全感的"爱"，也需要源自尊重、关心、理解的"爱"。

在马歇尔·卢森堡的《非暴力沟通》一书里，我领悟到非暴力沟通的宗旨并非改变他人以迎合我们，恰恰相反，非暴力沟通注重每个人的需求，其目的在于助力我们于诚实和倾听的基础上与人建立联系。有一次，小朋友因为争抢玩具发生了冲突，大哭大闹。这时，如果我只是一味地指责孩子不该争抢，命令他不许哭，可能会让他更加委屈和抗拒。但当我学会倾听，蹲下来耐心询问孩子是不是特别喜欢那个玩具，是不是因为太着急所以没控制好自己的行为，他感受到了被理解，情绪慢慢稳定下来。

在马朝宏的《师道：为师亦有道》一书中，我深切体会到一名教师素养的高低决定着其是否为合格教师，其文化底蕴、教育追求以及教育智慧的高低决定着其能否肩负起我们这个时代的教师使命。一名教师若要真正成为学生成长的引领者、学生潜能的唤醒者，就必须树立终身学习的观念。

读书，让我在生活中充满自信，令我在工作时得心应手，面对每一天的阳光，始终饱含热情。一位教育家曾说，教师的定律一言蔽之，若你今日停止成长，明日便将停止教学。身为教师，必须成为学习者。"做一辈子教师"就必须"一辈子学做教师"。每日读书一小时，我定会持之以恒，坚信它会为我带来富足的人生！

（作者：武汉大学幼儿园四分园　王一越）

6. 读《当乐山遇见珞珈山》有感

　　　　读罢乐山遇珞珈，心间荡漾起涟漪。
　　　　遇逢灵韵悟教育，书香盈怀珞珈情。

　　　　乐山珞珈共对话，两山精神启童心。
　　　　武汉大学幼儿园，秉承理念实践行。

　　　　享珞珈之灵秀兮，育书香之稚子矣。
　　　　灵秀书香化春雨，滋润代代学子心。

　　　　珞珈翠峦育雅韵，翰墨飘香满园里。
　　　　灵秀滋润小苗长，映照瞳眸璀璨星。

　　　　学府绿荫庇护矣，孺子沐浴书香气。
　　　　书香盈怀育新绿，欢声笑语共朝夕。

　　　　乐山雄浑积淀厚，珞珈风华映桃李。
　　　　琅琅书声弦歌续，代代薪火传承起。

（作者：武汉大学幼儿园二分园　程晓丽）

7. 读懂儿童的 DNA

"人生如梦不是梦，千般滋味老来休。问君幸福何处寻，唯有读书是源头。"不记得从哪里看到的这首诗，朴素的语言阐释着朴实的人生哲学。读书，是刻在珞珈山人血脉里的基因；读书，也帮我逐渐明确人生的方向和价值；读书，更让我从中获得了成长的力量。

成为幼儿教师之后，面对孩子我常常手足无措。这时，朋友推荐给我一本书《现在，我可以去玩了吗?》。看到这本书的时候，我就被书名所吸引，扉页上的这句"游戏是儿童的 DNA"更是深深触碰了我的内心。这本书，阐述了游戏是什么，如何看待户外活动等内容。通过儿童视角和成人视角的双重视角，了解儿童发展的真正本质，引导成人把游戏的权利还给儿童，学会支持儿童的游戏。书中谈到，教师是一个绝妙的职业。就像所有工作一样，它有高点和低点，有挑战和压力；但是没有什么比看到孩子在你的照顾下茁壮成长更令人开心的事了。

在读了这本书之后，我尝试在工作中慢慢地静下心来仔细观察，学习书中的方法，根据幼儿的年龄特点尝试着走进他们内心的世界，用游戏找寻他们真实的世界，也帮助我慢慢找到与儿童相处的模式。这本书，帮我度过了"菜鸟"时期最彷徨无助的那段时光。

在珞珈山下的这方小小园子里，工作时间越长，越深深领悟到读书的重要性。来，找一个最舒适的角落，泡一杯最爱的热饮，像沉浸在游戏中的儿童那样，沉浸到我们的书香时刻里吧！

（作者：武汉大学幼儿园二分园　朱明）

8. 帮我"轻松做教师"

读书，是一件特别带有个人色彩的事情。莎士比亚说："一千个观众心里有一千个哈姆雷特"。每一本书，读者不同，产生的感悟就不同；同一本书，同一个人来读，当下的经历不同，感慨也不一样。

我曾阅读过这样一本书，书名为《轻松做教师》，书中指出想要成为一名合格的教师，就要学会去遵循幼儿的发展规律，要站在幼儿的角度思考问题，更要积极主动地鼓励幼儿拥有属于自己的学习自信，试着以更好的心态去面对幼儿，积极主动地去融入幼儿成长的过程中。

这让我不禁想到我和妹妹的故事。妹妹是个活泼可爱的孩子，笑起来甜甜的，可她又是典型的"调皮大王"，在和其他小朋友玩游戏时经常发生冲突，小朋友们都不喜欢跟她玩。总是有小朋友告状："老师，妹妹抢我的图书了""老师，妹妹又碰到我了""老师，妹妹把我积木撞倒了"……我甚至一度想去跟园长申请，把妹妹调到其他的班级去。当我一筹莫展的时候，想到了《轻松做教师》这本书，尝试着从书中去寻找解决问题的办法。我有意识地去接近她，多关注她。早上晨谈时，鼓励她和小伙伴互相团结、互相谦让，有玩具大家玩，学会与小朋友共享快乐。妹妹的绘画比较有创意，我会专门拿着她的作品向小朋友展示，引导孩子们向她学习。慢慢地，班上告状的声音就少了，孩子们的笑声也更多了。

"书读百遍其义自见"，在这个信息爆炸的时代，读书不能是一时之需而读，而应融入日常，化为经常，在书本中找寻解决问题的路径、方法、策略，让我们繁重琐碎的工作变得轻松。

（作者：武汉大学幼儿园二分园　高雨随）

9. 年华如逝水　书香伴我行

从小学开始，我便生长在珞珈山的怀抱里。书籍对我而言，是通向未知世界的神秘钥匙。小时候的我，常在父母的陪伴下听着《格林童话》和《安徒生童话》，那些故事中主人翁的勇敢与智慧，早已成为我童年记忆中最闪亮的部分。随着年龄的增长，读书的内容逐渐丰富，从童话故事到世界名著，每一次翻阅都是一次心灵的触动。走进教师的职业生涯，我更加深刻地认识到，教育不仅仅是知识的传递，更是智慧的启迪。我努力将阅读的乐趣融入每一次的活动中，无论是诗歌朗诵还是绘本阅读，每一个字每一句话，都承载着深远的教育意义，希望在我的带领下，孩子们可以享受到阅读的乐趣，更能学会思考、学会欣赏、学会成长。

每一本好书都像是一盏明灯，照亮我教育旅程中的路。《小王子》让我懂得了责任与爱的重要性,《围城》则让我见识到人性的复杂与矛盾。书中的世界丰富多彩,我的心灵在阅读中得到洗涤和升华。无论是文学作品的深邃,还是哲学书籍的思辨,都让我在教书育人的道路上越走越稳、越走越远。

书籍不仅丰富了我对世界的认知,也逐渐塑造了我的教学风格。在讲述《鲁滨孙漂流记》的奇遇时,我鼓励孩子们在困境中寻找出路;在解读《安徒生童话》中的深意时,我引导他们理解生活的多样性和挑战。在处理孩子们的学习和情感问题时,我经常会回想一些教育类书籍,如《如何有效教育孩子》和《孩子,你慢慢来》。这些书籍提供了许多富有洞察力的策略和方法,帮助我更好地理解和引导孩子们的成长。

岁月流转,书香依旧。在这书香弥漫的校园里,我与我的小朋友们共同编织着知识的网。在未来的日子里,我将继续用我的热情和书籍的力量,点亮孩子们心中的每一个角落,让珞珈山下的这一抹书香永远流传下去。

(作者:武汉大学幼儿园二分园　许雨馨)

10. 脑海中的那一帧定格画面

晨光初熹,珞珈山下,童梦园里,一位从教多年的老教师手捧书卷,静坐在窗边,阳光温柔地洒在他的发梢与书页间。这一帧定格的画面,常常在我的脑海中浮现。这不仅是一幅宁静的画面,更是珞珈山下的幼儿教师对"育人先育己"的生动诠释。他们在不断地修炼之中,找到教师实践智慧的源泉,在教书育人的道路上,实现自我与他人的共同超越。

轻启书页,他们在读书中寻找儿童成长的密码。书籍如同一盏明灯,照亮了老师们前行的道路。曾经有一位园长说:"脚步丈量不到的地方,书籍可以到达。"读书,对老师们而言,不仅仅是为了获取知识,而且要在其中寻找超越平凡的密码。每一次翻阅,都是一次对心灵的洗礼,对教育真谛的深刻领悟,老师们深信书中的智慧如同甘露,能够滋养心灵,在守望稻田的同时,自己也获得成长。

悟道于心,他们在读书中点亮信念的灯塔。读书,是教师悟道的过程,是自我成长与育人的双向奔赴。老师们通过阅读,不断汲取古今中外教育家们的教育理念,如苏霍姆林斯基的"相信孩子",陶行知的"生活即教育",这些理念如同灯塔照亮了教育探索的道路。它们让教师们明白，每个孩子都是独一无二的，需要用爱心、耐心和智慧去引导，去激发他们内在的潜能。读书，让老师们在字里行间寻求启示，体验从困惑到豁然开朗的喜悦，最终将这份智慧转化为实际行动，不仅塑造儿童的未来，也成就自己的教育人生。

践行于斯，他们在读书中探寻教育的真谛。"纸上得来终觉浅，绝知此事要躬行"。读书的价值在于将书中的观点转化为实践的力量。老师们将书中的教育理念融入日常教学中，从环境创设到课程设计，从师生互动到家园共育，每一个环节都力求体现教育的温度和深度。他们通过读书，不断反思自己的教学实践，勇于尝试新的教育方法，努力为孩子们创造一个更加丰富多彩、充满挑战与机遇的学习环境。这种勇于实践的精神，不仅促进了孩子们的全面发展，也让老师们的教育梦想在现实中生根发芽，茁壮成长。

杨绛先生曾说："读书的意义大概就是，用生活所感去读书，用读书所感去生活吧!"在我看来，幼儿园的老师们早已把"读书"二字镌入心间。他们在生活中体会到读书的价值和意义，在读书中领悟生命的真谛。

（作者：武汉大学幼儿园一分园　周华）

11. 珞珈山下重读《我们仨》

东湖之滨，珞珈山麓，环境幽雅，书香浓郁。在这里，有一群快乐、可爱的蓬头稚子，或在追逐嬉戏，或在朗声阅读，稚嫩的脸上写满了好奇与欢快。我作为武汉大学幼儿园的一名教师，每天与孩子们一起听、说、读、唱，在诵读经典中与孩子们一同经历着学习与成长。在众多的书籍中，《我们仨》是我最喜欢、对我影响最大的一本书。这本书是杨绛先生的一本散文集，讲述了她与丈夫钱锺书、女儿钱瑗一家三口的温馨生活。在书中，杨绛先生用平实、简洁的语言，记录了家庭生活中的点滴故事，展现了家庭教育的核心理念：真、善、美。她的文字像是一股涓涓细流，娓娓道来，不仅让我更深入地理解了家庭、生活和爱的真谛，还让我在教学和生活中找到了更多的灵感和动力。

"真"，是教育的基础。每当我翻开这本书，都能感受到那种家的温暖和亲情的力量。作为一名幼儿教师，我深知家庭对孩子成长的重要性，而《我们仨》让我更加明白了家庭教育的真谛——不仅仅是知识和技能的传授，更是情感、品德和价值观的熏陶。在幼儿园里，我们常常看到孩子们模仿老师的言行举止。因此，作为老师，我们要以身作则，用真实的情感和态度去影响孩子。正如杨绛在《我们仨》中所展现的家庭教育一样，她与钱锺书、钱瑗之间的互动，都是真实情感的流露。这样，孩子们才能学会真实地表达自己的情感和思想，塑造健康的人格。

"善"，是教育的本质。善良是人类最美好的品质之一，对于孩子的成长至关重要。把善良的种子播种在孩子们的心间，将善意与关怀接力传递，让欢声笑语洒满幼儿园每一个角落。阅读了《我们仨》中的故事，也让我更加珍惜与孩子们相处的每一刻。书中描述的那种简单、纯真的生活态度，让我在教学工作中更加注重孩子们的情感体验和个性发展。我时常鼓励孩子们大胆尝试、勇敢表达，保护弱小、关爱他人，也引导孩子们学会尊重生命、爱护环境。同时，运用书中的故事引导家长们关注家庭成员之间的情感交流，让孩子们学会感恩和珍惜。借助故事中的情节，引导孩子们关注生活中的美好事物。让他们在快乐中成长，就像珞珈山上的小树苗一样，茁壮成长，迎接未来的挑战。

"美"，是教育的追求。美育是现代教育中不可或缺的一部分，对于培养孩子们的创造力和想象力至关重要。在幼儿园里，我们借助音乐、舞蹈、绘画等艺术形式，引导孩子们感受美、表现美、创造美。我也时常带着孩子们走进自然，感受大自然的美丽和神奇。阅读了《我们仨》后，更加让我领略到文学之美、人性之美、生命之美。在杨绛的笔下，我看到了一个充满爱的家庭，感受到了人与人之间最真挚的情感交流。这种情感之美，不仅能激发我的创作灵感，还能净化我的心灵。在珞珈山下，我时常与好友分享阅读心得，共同探讨教育问题。我相信，只有不断学习和进步，才能更好地为孩子们服务，为他们创造更加美好的未来。

珞珈山下重读《我们仨》，让我更加珍惜现有的工作、生活和家庭，让我更加热爱阅读和教育事业。《我们仨》不仅是一本书，更是一份情感的寄托和生活的启示。在珞珈山下，我将继续用真诚和爱心培育书香稚子。我相信，只要我们用心去感受、去体验，就能找到生活的美好和幸福。而这份美好和幸福，将永远伴随着我，成为我的精神支撑与前进动力。

（作者：武汉大学幼儿园三分园　谭艳芳）

12. 书香致远　教育"留白"

——读《给童年"留白"》有感

正如庄子所言："虚室生白，吉祥止止"，唯有内心清净、澄澈，方能悟出"道"之真谛，滋生智慧之芽。作为武汉大学幼儿园的一名教师，我深感荣幸能在这样一所重视书香文化、注重幼儿精神成长的园所工作。在书香的熏陶下，我不断完善自我，提升自身教育水平，以更好地服务于每一位幼儿。

当我置身于武汉大学幼儿园的这片文化沃土上，总有一本书令我情有独钟——《给童年"留白"》。这本书如同一位智者，以其深邃的教育理念和独特的文化视角，引领我走进了一个充满智慧与诗意的世界。

《给童年"留白"》的作者胡华园长，是一位具有深厚文化底蕴和丰富教育经验的教育家，她为我们呈现了一个充满"留白"的教育空间。在这里，"留白"不仅是一种艺术表现，更是一种哲学思考和教育智慧。它让孩子们的童年拥有了更多的自由，让他们在诗意的大地上自由翱翔。阅读这本书，我仿佛置身于一个充满中国传统文化底蕴的殿堂之中。从庄子的"乘物以游心"到《周易·系辞上》中的"形而上者谓之道，形而下者谓之器"；从"至微至显，善作善成"到"格物致知"……这些经典智慧在胡华园长的笔下熠熠生辉，为我们呈现了一个博大精深的文化世界。

在胡华园长的引领下，我深刻体会到了"留白"教育的魅力。它让我们重新审视教育的本质与意义，让我们明白教育的目的不仅仅是传授知识，更是培养孩子们独立思考、自由探索的能力。在"留白"的教育空间中，孩子们可以自由地表达自己的想法、感受，与同伴、老师进行平等的对话与交流。这种教育方式不仅激发了孩子们的学习兴趣与创造力，更让他们在快乐中成长、在探索中前行。

《给童年"留白"》这本书不仅让我领略了胡华园长的教育智慧与文化底蕴，更让我深刻认识到中国传统文化在当代教育中的重要作用。我们要弘扬中华优秀传统文化，让其在现代教育中焕发出新的生机与活力。作为一名幼教工作者，我将继续深入学习中国传统文化与思想，将其融入日常教育实践中，为孩子们营造一个充满智慧与诗意的成长环境。

最是书香能致远。在未来的日子里，我将继续沉浸在书香的海洋中，汲取智慧的力量，与孩子们一同成长、一同前行。艺术"留白"，意蕴无穷；生活"留白"，历久弥香；教育"留白"，诗意栖居。我愿在对教育的"留白"之思中，对中国传统文化与思想的学习中，完成内心的跨越与成长。

（作者：武汉大学幼儿园四分园　邓芳静）

13. 再读《正面管教》

珞珈山下春光好，笔墨书香岁月长。在惬意的寒假时光里，再次阅读《正面管教》这本书，给了我不一样的感受。

小侄子来家里玩，时常在吃过饭后不明缘由地哭闹，怎么哄都难以止住，总是要等他自己哭够了才作罢。我想那就让他自己承受瞎哭闹带来的后果吧，不管他怎么闹，不理会就是。可这样的场景反复发生，我尝试着从书中去寻找解决问题的办法。

《正面管教》这本书中谈到，阿德勒的心理学研究认为，孩子在童年的时候追求的就是两件事，第一件事是归属感，第二件事是价值感。小侄子的哭闹就是在寻求归属感，他在寻求有人爱他的那种感觉。但是当我们不理会他的时候，他就会觉得特别焦虑。没有归属感以及价值感会让孩子对周边的环境越发缺乏安全感。当他又一次无理由地哭闹时，我抱住他，用温和而坚定的语气告诉他："小姨是爱你的，无论怎样我们大家都爱你，但是，你要把不开心的理由告诉小姨，这样小姨才会帮到你哦。"慢慢地，他从大哭大闹到小声啜泣，再慢慢地，他擦干眼泪，牵着我的手和我一起去玩了。

作为一名幼儿教师，我们会遇到各种不同性格的小朋友，他们来自不同的家庭，所受的教育理念也各不相同。我也常常思考，面对不同性格的幼儿出现问题，应该用什么样的教育方式去引导。正面管教方法的精髓在于，通过破解不良行为背后的情感密码，用温和而坚定的教育方式，让孩子在错误中历练，为其提供选择和决策的机会，从而赢得孩子的尊重和追随。

再读《正面管教》一书，我更加认识到自己的不足。在今后的工作中，我更应该不断学习，多读一些专业的教育书籍，不断提升自己的专业素养和教育方法。以读促学，以学引思，以思助践，以践得悟，努力充实自己，做好自己，与孩子彼此尊重、彼此信任，在爱与欢乐中相处，在教育的道路上始终温柔而坚定地走下去。

（作者：武汉大学幼儿园一分园　华夏）

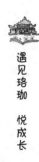

遇见珞珈　悦成长

14. 对我影响最大的一本书

从小学起我便喜欢阅读，每次都会去租书店，把书带回家翻阅。要是问我在这些书中获得了什么，那就是快乐！难道这不是阅读的一种意义吗？

长大后因为职业的关系，被迫看了很多书，但似乎也没有体会到儿时读书的乐趣，直到意外读了《非暴力沟通》一书后，成年的我发现了阅读的另外一种乐趣——共鸣。

这是我印象之中第一次读这种类型的书。它告诉我们沟通的四个要素——观察、感受、需求、请求。人是情绪化的动物，是人就一定会有情绪，我们需要看清语言和情绪背后所渴求的需求，从而透过语言了解此次沟通的本质，明白需要解决什么、怎么解决。书中还有一个关键词也戳中了我的心坎——爱自己。只有你自己永远不会背叛你自己，人永远无法拒绝自己真实的感受，只有爱自己才能让自己变得越来越好、越来越强大。

非暴力沟通，说起来容易，做起来还是挺难的。人是情绪化的动物，当情绪上头后，会因为生气、难过、意外而导致沟通方式失控，让自己平静地说出那句"你知道吗？你这样说我会生气，如果你换一种方式开玩笑的话我或许会好一点。"似乎很难做到。

身为一名幼儿教师，这本书也给予我学习的意义。在和孩子们的互动中，我们会使用一些倾向于批判、比较、命令和指责的语言，有时会用主观想法判断幼儿的行为表现，从而忽略幼儿的感受和需要。这本书教会我倾听幼儿，感受他们所需要的支持与帮助，为他们创造一个充满爱与关怀的环境！

这时我感受到了阅读的意义，你可以没有任何烦恼地在书中遨游，收获快乐。你也可以在书中找到共鸣之处，从而收获到不一样的想法。阅读就是这样奇妙，它会以"润物细无声"的方式影响着我们，丰富我们的内心世界！

（作者：武汉大学幼儿园一分园　程彩欣）

15. 我读《正面管教》

　　记得刚步入幼儿教育行业时，我面临着许多挑战和困惑。如何与孩子们建立良好的关系？如何引导他们积极学习、健康成长？这些问题时常萦绕在我的脑海。为了寻找答案，我开始踏上了一次读书之旅。

　　我阅读的第一本书是《正面管教》。这本书如同一盏明灯，照亮了我前行的道路。书中提倡的"和善而坚定"的教育理念深深吸引了我。它让我明白，作为教育者，我们需要以尊重和理解为基础，与孩子们建立平等、和谐的关系。同时，我们也需要保持坚定的立场，引导孩子们学会自律、承担责任。

　　在阅读《正面管教》的过程中，我逐渐领悟到教育的真谛。我开始尝试将书中的理念和方法运用到日常教学中。我尽量用温和的语气与孩子们交流，倾听他们的想法和感受。当他们犯错时，我不再是简单地批评和惩罚，而是引导他们思考自己的行为，并寻找解决问题的方法。

　　记得有一次在区域活动时间里，我观察到了一起玩具冲突事件。奇奇和跳跳因为一辆木质轨道火车发生了争执。起初，奇奇看到跳跳正在玩木质轨道火车，他眼中流露出渴望，嘴里嘟囔着："我也想玩。"随后，他伸手去抢跳跳手中的火车。跳跳自然不愿意，他大声喊着："还给我！"但奇奇并没有归还的意思，跳跳开始哭泣，试图从奇奇手中夺回自己的玩具。看到这一幕，我迅速走了过去，决定采用正面管教的方式来处理这个冲突。我温和地制止了他们的争执，让他们先冷静下来。随后，我询问了事情的经过，确保我对整个事件有清晰的了解。接下来，我分别与奇奇和跳跳进行了沟通。我说："奇奇，我知道你也想玩这辆火车，但玩具是属于跳跳的，我们需要尊重他的权利。如果你想玩，可以和他商量，看看能不能一起玩或者轮流玩。"同时，我也安慰了跳跳："跳跳，我知道你的玩具被抢了很难过，但奇奇并不是故意要伤害你。我们可以一起找到一个解决办法，让你们都开心。"在我的引导下，两个孩子开始尝试沟通。奇奇表示愿意和跳跳一起玩火车，而跳跳也同意了这个提议。他们一起搭建轨道，轮流推动火车，玩得不亦乐乎。

　　这次冲突的解决让我深刻体会到正面管教的重要性。通过尊重、理解和引导，我们可以帮助孩子们学会如何与他人相处、如何解决冲突。同时，我也意识到作为老师，我们需要时刻关注孩子们的情绪变化，及时介入并引导他们正确处理问题。

　　在未来的教育中，我将继续运用正面管教的理念和方法，为孩子们营造一个和谐、积极、向上的成长环境。除了《正面管教》这本书，我还阅读了许多与幼儿教育相关的书籍。这些书籍不仅丰富了我的专业知识，还让我更加深入地了解了孩子们的心理和行为特点。通过不断学习和实践，我逐渐掌握了一些有效的教育方法和技巧。

在班级里，书香已经成为一种氛围。每天小朋友吃完饭后都会看书，孩子们会沉浸在书的世界里，享受阅读的乐趣。我也会在阅读后和孩子们分享自己的感悟和体会，引导他们思考书中的故事和人物。同时，我也鼓励孩子们将书中的知识和道理应用到生活中去，学会与他人相处、解决问题。

回首过去的日子，我深感书香气质对我个人成长和职业生涯有着深远影响。在未来的日子里，我将继续坚持阅读和学习，不断提升自己的专业素养和教育能力。同时，我也希望将正面管教的理念和方法传递给更多的孩子和家长，让每一个孩子都能在充满爱和尊重的环境中健康成长。

（作者：武汉大学幼儿园二分园　黄青青）

第三章 灵趣 依山傍湖回归自然

灵趣，常常被用来形容神韵和灵气，不仅体现在形态上，更是表现在精神韵味上。在珞珈山这片灵秀之地，自然之美与人文之韵交相辉映；生活在这里的人们灵魂有书香，享珞珈之灵秀，珞珈山，以其独特的山水相依之景，孕育了一个个动人的故事，尤其是那些发生在山脚下的老师和孩子们之间的温馨画面。

> 你在初升的阳光里微笑问候，
> 我在温馨的家园里等待着你，
> 岁月划过青春的容颜，一年又一年……
> 灵趣珞珈，东湖樱畔，
> 老师妈妈，天使宝贝的乐园。

清晨，当第一缕阳光洒在樱花上的时候，老师们已等在园子门前迎接宝贝，开始了他们忙碌而充实的一天。他们穿行在共享一座山，共有一片湖，有着共同的理念和愿景的四所校园里，与孩子们共度美好的时光。冬去春来，秋收夏忙，四季皆景，听千虫鸣唱，看花繁满树，每一个发生在这里的故事都充满温情和力量。

春的萌动带来生命的希冀，春风舞起，书香飘染，一声樱花树下的呼唤承载一位老师多年后对孩子们的殷殷垂念。走进东湖湿地，得天独厚的课程资源，让孩子们开启对生命秘密的探索，从此埋下科学家的梦想。春，是生发，仿佛是大自然在轻声呼唤着每一个生命的醒来；春，是生长，一棵树摇动另一棵树，一朵云推动另一朵云，一群用心用情的珞珈幼师滋养着一群珞珈稚子。

夏的滋长，不仅是大自然的繁茂，更是师幼、家园情感故事的双向奔赴。"荷"欢、"藕"遇，你以为的是赏荷挖藕吗？那还真是片面了。把荷花带进课堂，把莲藕制成美食，武大幼儿园的孩子是有口福的。不仅有口福，徜徉在武汉大学幼儿园的园子里，孩子们在户外游戏中自由穿梭在不同的游戏场区，观察植物生长、发现虫洞、探底沙坑、引水挖渠……夏日的炎热也阻挡不了孩子们玩耍探索的步伐。寻一处宝地，挖一个宝藏，画一个故事，说一段经历，创造优美的文学作品……夏日的校园为孩子们提供光脚撒欢的天地。

秋天是写满色彩和喜悦的丰收季节，它是孩子们经历春播夏忙后的秋收，有一分园挂满枝头的橙黄"柿"，有二分园橘香满园的"桔"；有三分园落地而长的"红薯"；更有四分园可口诱人的有机萝卜。珞珈山下的师生不仅见证了"柿"界奇遇记，而且走出幼儿园探访樱园老斋舍，在这一场又一场的遇见里又会有哪些收获呢？让我们拭目以待。

冬的蕴藏，是等待珍贵暖阳下林蛙的来访，还是蝴蝶闯入走廊的意外？校园的资源是丰富的，善于利用资源的老师们即便是在冬天也能捕捉到适合教学的素材。大自然的静谧和沉淀，让我们待在窗明几净的活动室里悠然自得地学习和生活，偶然期盼而来的漫天飞舞的雪花，也给了老师和孩子们奔向冰雪天地的机会。冬天是积蓄力量，是生命蛰伏，是大自然的生机活力，是人们的思考和希望。让我们共同感受这份蕴藏的力量，为下一个春天做好准备。

珞珈山，不仅是孩子们的乐园，更是他们成长的摇篮。书香四季，生态自然，每一个发生在这里的师幼故事，都是真实的、鲜活的，充满着童真。他们有着"小科学家"的执着态度，有着"小主人翁"意识的责任担当，有着"小先生家"的自主成长。"只要把儿童解放出来，小孩也能办大事，也能互教互学，自己当'小先生'。"老师们争做新时代"大先生"，弘扬教育家精神，遵循教育规律，让孩子们释放天性，回归自然，在"大先生"与"小先生"的对话中，我们感受大自然的美好，体味家园共育的彼此陪伴和情感。珞珈山记录了一个又一个动人的故事，成为心中永恒的温暖之光，照亮我们前行！

第一节　春　萌动

春天尤为动人，当春的萌动悄然降临，珞珈山的春风轻轻吹拂，带来了花香与书香交织的芬芳。清晨，微风穿过樱花树林，轻轻摇曳着枝头盛开的花朵，仿佛是大自然在轻声呼唤着每一个醒来的生命。这里的孩子们，在春风的陪伴下，踏着旭日初升走进幼儿园，开始了美好的一天。

还记得六年前我们的约定吗？待我们一起种下的樱花树盛开之时，就是你们回园之日。六年了，孩子们回来了，我已泪目，点点滴滴涌上心头……

1. 灵趣　童趣

解开塑封，新开的书籍；
仿佛带着春风般好闻的气息。
让我想起武大的早樱，
和孩子们的笑容一同绽放。

百年武大，正值春好处。
从学堂到师范，见证共和国成长的步履。
先生的青衫飘荡，挥洒文山墨海。
让我如今赓续受业，备感荣幸。

读一本书，就是见一座山。
我是登山者，亦是学海之初的领航员。
身为教师，我是孩子们的望远镜。
为他们扩宽视野，引向远方。

记得早晨入园的问候，
记得黄昏辞别的挥手。
相伴孩子们最童趣的时刻。
早出晚归，乐享其中。

我因孩子们的欢喜而富足；
一句"老师好"，带来细微而真实的小确幸。
我因身在武大而感到喜悦；
执教幼童，从而收获从前难以寻觅的幸福。

珞珈童梦，守护纯真。
此间温柔的风，自珞珈山而起；
经由武大的草木浸润我心。
那是书香，是教诲，亦是朝朝暮暮。

（作者：武汉大学幼儿园一分园　邢桂颖）

2. 樱花树下的呼唤

盈暖春期，又是樱花烂漫时，

看这满园绽放的美景，

置身花海，抬头仰望，微风勾起回忆。

这是一个发生在 2018 年的故事，

六年前，我们一起种下的樱花树，

如今，已经长大。

它似乎在呼唤着当年的宝贝们

回家……

开启樱花之旅

身处钟灵毓秀的珞珈校园，我们拥有得天独厚的自然资源。每年春天，当万物复苏，一切都充满生机与活力的时候，樱花也在这个季节里绽放，为美丽的珞珈校园增添了几分诗意和浪漫。作为珞珈山下的小小稚子，在这春意盎然的季节，我们是否可以利用这独有的校园资源，去了解樱花，走进樱花的世界，感受它的美和故事？答案显然是可以的，但这一次我们开启了和以往不一样的"樱花之旅"。

2018 年的春天，我和孩子们开启了一场专属于我们的"樱花之旅。"一个阳光明媚的早晨，带着对"樱花之旅"主题的初步思考，我和孩子们开始了第一次晨谈。

教师："这次的武汉大学校园行，你们最想去哪里？"

幼儿 1："我想去樱花大道看樱花。"

幼儿 2："我想去星湖园看樱花。"

孩子们七嘴八舌地附和："我也想去看樱花……"

——我和孩子的花语：春天的气息在孩子们的回答中悄然而至，仿佛已然嗅到樱花的芬芳，踏着樱花的印记，我们即将开启"樱花之旅"。

接着我又抛出问题："樱花是什么颜色、什么形状、什么味道？"孩子们争相回答。

"白色的、粉色的、黄色的……"

"圆形的、花瓣形的……"

"甜甜的、香香的……"

于是我和孩子们一起通过一系列的活动去探寻关于樱花的知识，只为待到樱花盛开之时，我们一起去"验证"答案！

——我和孩子的花语：晨间简短的谈话我看到的是一张张兴奋、期待的小脸，从他们兴致勃勃的回答、手舞足蹈地向同伴讲述中，感受到孩子们对樱花这一主题的期待，也从中预感到"樱花之旅"将给孩子们带来的惊喜与成长。

"植"梦：种下樱花树

当"樱花之旅"即将结束时，孩子们丢给了我一个问题，"老师，我们可以种樱花树吗?"

教师："那我们需要去跟园长妈妈申请一下，看看幼儿园有没有适合种樱花树的地方。"

幼儿："那我们赶紧去问问园长妈妈吧!"

——我和孩子的花语：当课程进行到此刻，我惊喜地发现，孩子的探究欲望随着课程的进行愈来愈强烈，好的课程能够激起孩子对知识无限的渴望和探索。我看到，樱花树已然种下；我听到，那花开的声音；我嗅到，那来年的芳香！

孩子们兴高采烈地跑去向园长妈妈询问，看着孩子们一张张兴奋而又期待的笑脸，园长妈妈欣然同意了，她带着孩子们在幼儿园转了一圈，共同寻找适合种植樱花树的地方。就这样，孩子们种植樱花树的计划完成了第一步。在家长们的热情支持下，我们在幼儿园一共种下了五棵樱花树苗，我们拿起小铲子和大班的哥哥姐姐们一起种树啦！虽然我们的力气有一点小，虽然我们的铲子不够专业，但是我们都很认真、很努力地为樱花树挖坑，埋上土、洒下水，共同期待小苗的长大。

——我和孩子的花语：随着"樱花之旅"的推进，孩子们已经不仅仅是查阅资料，分享所见所闻可以满足的了。他们想要的更多，想要亲身感受种植的乐趣，想要亲眼见证樱花树的成长。

慢慢长大

樱花树在不知不觉中悄然长大，枝上的绿叶生机盎然，向我和我的孩子们展示着生命的力量。在这拔节生长的时节里，在这小小的园子里，有宝贝们孩提时的梦想，有一棵棵亲手种下的樱花树。小树苗和你们一同长大，和你们一起健康成长！

转眼间，我的孩子们毕业了，盼了两年的樱花树苗也没有盼到开花的那一刻。孩子们带着些许遗憾离开了幼儿园，向着新的道路前进。

现如今六年过去了，有三棵樱花树因为幼儿园的整体规划进行了移栽，但这并不妨碍它们和你们一起共同成长，小小的树苗已然长成了一棵棵小树，一朵朵盛开的雏樱绽放枝头。又是一年樱花季，适合回忆，也适宜相见。现在的我立于樱花树下，和小小的樱花树一起，在这浪漫的季节里，期待与亲爱的孩子们相见的那一刻……

我听见，樱花树的呼唤，呼唤你们快快归来，回园看看那樱花开满枝头的唯美，感受那飘雪一般飞旋的粉色花雨，期待你们和弟弟妹妹讲一讲曾经的樱花树苗慢慢长大的故事。

——我和孩子的花语：春风已逝，夏意渐浓，那小小的人儿，已在穿梭的时光中悄然成长。我抓住暮春徘徊的温和，站在原地和樱花树一起等着和你们相见。愿在这樱花烂漫的季节里，给宝贝们留下永远的记忆。

结语：樱花开与不开，树永远在这儿。我呼唤我的孩子们，六年、十年、二十年……樱花树下的呼唤，我们之间的约定！

（作者：武汉大学幼儿园三分园　韩宇琪）

3. 东湖水生植物探秘

春天的旋律在人间悠悠扬扬，微风吹拂，摇动树枝新绿，阳光和煦，辉映繁花缤纷，愉悦的心情充斥每个人的心中。教育家陈鹤琴先生曾说过，大自然、大社会是知识的主要源泉。让孩子走近大自然，因为它是一本"活"的书，万事万物容纳在其中。

坐落在东湖国家湿地公园之畔的武汉大学幼儿园，拥有得天独厚的资源优势，孩子们和爸爸妈妈在闲暇时间常常去东湖湿地散步、游玩。在某天离园前，我听到孩子们一番对话。

笑笑："栋栋，今天放学后你和我一起去东湖玩吧，那里面有好多小鱼小虾。"

栋栋："东湖里面除了有小鱼小虾以外，水面上还有好多的绿色植物。"

小石榴："我去湿地看到有的草长在水边上。"

俊俊："是的，是的，我也看到了。"

小美："我们家的植物都种在土壤里，每天只能浇一点水。"

杨杨："为什么水里会有花有草呢？他们不会被淹死吗？"

看到孩子们饶有兴致地讨论，我抓住孩子们对湿地里水生植物产生疑惑的这个契机，结合孩子们在生活里观察到的现象以及生活经验，引导孩子们展开了激烈的讨论。大家对于湿地里的植物产生了浓厚的兴趣，关于"水生植物大探秘"的系列活动"诞生"了。

一、探秘植物大百科

在孩子们你一言我一语的交谈中，我问："你们知道为什么这些植物不会被淹死吗？"小美说："它们喜欢水。"一宁说："它会游泳。"孩子们都感到十分好奇，于是，我们借助家长资源，通过与中国科学院水生所的专家连线，帮助孩子们了解到这些水生植物的生长环境，还知道了水生植物具备一套特殊的生理机制来应对水中缺氧的环境。紧接着，新的问题出现了，越越小朋友充满疑惑地问："可是为什么有些植物在水面，有些植物在水上，有些植物在水底呢？"

为了帮助孩子们解决心中的疑惑，我们邀请爸爸妈妈参与到我们的探秘中来，一起查阅、收集关于水生植物的资料。第二天早上，孩子们就迫不及待地与同伴分享昨晚与爸爸妈妈们的调查结果。悦悦小朋友说："你们知道吗？沉在水里的是沉水植物，浮在水面上的是浮水植物，高出水面上的是挺水植物。"瑶瑶说："我知道，我们班门口的那个'大香肠'——香蒲就是挺水植物。"忱忱说："水生植物也太神奇了。"悦悦说："我们可以一起去湿地里看看吧！"伴随孩子们对水生植物浓厚的好奇心，他们决心去湿地一探究竟的兴致也越来越强烈，让我们来一次探秘之旅吧！

二、制订出行计划

为了让孩子们更好地感受水生植物的神奇，我们决定去湿地里一探究竟。栋栋小朋友说："那我们去哪一个湿地呢？"天天说："我们去藏龙岛湿地公园吧。"栋栋着急地说："不行，太远了。"笑笑说："我们去华侨城生态湿地公园，离我们最近。"孩子们都有自己的想法，于是我们用投票的方式决定选择哪一个湿地公园，最后华侨城生态湿地公园以高票胜出。

孩子们沉浸在将要出行的喜悦之中，我问："那什么时候出发呢？"瀚林说："是啊，我们跟谁一起去呢？""去干什么呢？"小美也跟着问道，栋栋说："要不我们做一个出行计划吧！"于是，孩子们围在一起，讨论着画下出行计划。在探讨的过程中，诗白小朋友说："那我们到湿地之后，有的小朋友要摘水生植物怎么办？"艺扬说："不行，不能破坏我们的生态环境。"孩子们纷纷议论，最后一致商定把遵守规则画下来互相宣传。于是，关于禁止投喂动物，不要乱扔垃圾，不要摘水生植物等湿地礼仪的宣传画出炉了。一切准备就绪后，我们的探秘东湖湿地的研学之旅开始了。

三、探秘东湖湿地

1. 分组寻宝记：水生植物大搜查

来到湿地公园，孩子们和爸爸妈妈一起分成了三个小组，他们拿着观察手册，实地寻找不同种类的水生植物，并将自己的观察记录下来。栋栋小朋友作为第一小组挺水植物的代表说："我们找到了铜钱草、菖蒲、花菖蒲、黄菖蒲和芦苇。"第二组沉水植物的代表俊俊小朋友说："我们小组找到了狐尾藻、苦草、小茨藻。"第三组浮水植物的代表小美说："我们找到了睡莲和浮萍。"看到孩子们各自找到了资料上的水生植物，我真替他们感到高兴，大自然永远是孩子们探索世界的最好地方。

2. 微观世界奇遇：放大镜下的秘密

在探寻的过程中，孩子们还遇到了打捞水生植物的环保叔叔，大家都围上去询问叔叔："为什么要把这些水生植物打捞上来呢？我们可以观察一下它吗？"叔叔说："可以啊，水里面有太多的水生植物会导致生态系统不平衡。"孩子们兴奋地拿着手中的放大镜近距离去观察叔叔打捞起来的水生植物。

"我看到浮萍的底部有好多小须须啊。"

"你们看，它的茎里面有好多的小孔洞，这是用来呼吸的小洞洞吗？"

孩子们对于自己观察到的一切都感到无比惊奇。

3. 生态瓶 DIY：把自然带回家

孩子们在得到环保叔叔同意的情况下，把这些打捞上来的水生植物装在生态瓶里。回到幼儿园后，孩子们给自己的生态瓶贴上了小标签，每天饭后的时光全都献给了水生植物生态瓶。

"我们的铜钱草长得越来越高了。"

"我的生态瓶里的水越来越清澈了。"

"难道水生植物真的能净化水？"

……

孩子们将自己的发现相互交流，无不惊叹生态瓶中神奇的变化，越发验证了之前查询的水生植物大百科知识。

4. 资源巧利用：神奇的生态系统

时间一天天过去了，天气越来越热，在一天早餐结束后，石榴如往常一样去观察自己的生态瓶，伤心地说："狐尾藻的叶子变黄了。"大家都着急地跑来，栋栋说："我的生态瓶里的水变成黑色了。"孩子们心中都产生了大大的疑惑：为什么会产生这种现象呢？大家猜想：生态环境不一样，没有微生物，没有氧气，是不是生态瓶限制了水生植物的生长呢？于是，我带领着孩子们一起查阅资料，观看科普小视频，大家决定将健康的水生植物集中放在一个大水缸里。可是，没过多久，新的生态缸里的水生植物也慢慢地枯萎了。栋栋说："我们要不去问一下水生所的专家伯伯?"孩子们邀请专家伯伯一起来拯救水生植物。专家伯伯为孩子们带来了新的水生植物：狐尾藻、金鱼藻、红蝴蝶。还有新的生物：斑马鱼、苹果螺。哇，一个新的完整的生态缸制作好了，小美好奇地问："为什么要把斑马鱼和苹果螺放进生态缸里呢?"在专家伯伯耐心的讲解下，孩子们了解到：水生植物要在生态缸里生长，需要有泥土和一个完整的生态系统，包括生产者(水生植物本身)、消费者(鱼、螺、虾)、分解者(微生物)。孩子们感叹："这也太神奇啦!"

生态缸已建成，它留在园子的一角，成为孩子们每天都会去观察的地方。在这个过程中，孩子们不断地萌发新的疑惑、新的探究内容，他们不断地去猜想，去求证……自然是一首诗，儿童在自然中游戏，生活里充满智慧，儿童在生活中成长。春天万物生长，引领着孩子们在自然的体验中获得经验，感受每一份生命的奇迹，感受生命的细微之美。

(作者：武汉大学幼儿园二分园　刘畅畅)

第二节　夏　滋长

幼儿园的夏天并不寂静，除了热浪滚滚和知了蝉鸣，还有孩童们的欢笑声洒满园子。他们是美食家，将荷花莲蓬带到食育坊，准备了一场"荷欢宴"，大张旗鼓地来一场"荷"与"藕"的精彩碰撞。这边享受着美食，那边忙着为宝地造景的孩子们，绞尽脑汁将竹片进行扭转、折线、刷色，只为营造出一个野趣宝藏地。

食美、景美，味觉和视觉的美美品鉴；感受美、表达美、创造美、欣赏美；美美与共的师幼互长。美，从来都是在生活里的，而老师要做的就是创造一切可能让孩子去发现。

1. 仲夏"荷"欢，与你"藕"遇

食物，是儿童接触自然的序幕！

在炎炎夏日，万物盛极，也是荷香正浓时，荷花对于夏天的意义，不仅是耳熟能详的诗句，更是带来一种灵魂深处的惊喜，正当食"荷"好时节，一场关于从荷塘到餐桌的荷花宴，就在幼儿园安排上了。

以食启智，从"荷"说起

"咚——一颗莲子落入水中，迷迷糊糊睡着了，慢慢地，幼叶正在努力探出小小的尖头。"《一颗莲子的生命旅程》的故事就这样惟妙惟肖地在孩子们心中泛起阵阵涟漪，他们提出许多问题。

兜兜："莲藕里面为什么有孔？孔里为什么会拉丝？"

响响："莲藕生长在哪里？"

晚晚："荷叶、荷花怎么长在水里？"

酱宝："荷叶为什么打不湿呢？"

西西："荷叶怎么会有洞洞？"

布丁："荷花什么时候开？"

朵朵："荷花里面是什么呀？"

面对着孩子们接踵而来的问题，我们找到了应对的方法。虽不能带孩子们周游世界，但是我们可以把全世界带到教室里来，就这样，在幼儿园和家长们的帮助下，我们的教室一下子被荷塘"种"满。接下来的一周里，我们致力于课程开发，采集荷叶，了解荷花一身的妙用；掰开茎秆，感受什么是"藕断丝连"；探索荷叶效应，了解不沾水和自清洁的奥秘；荷叶花洒，理解中通外直；趣玩莲藕，在桂花糯米藕中品中华文化；小手剥莲子，在劳动中锻炼精细动作发展，从剥到吃一气呵成。

在活动中，我们回归生活，遵从科学，从结构、关系、生长环境及食用价值了解"莲"的一生，让孩子们从自然之中感受生命的力量。

以食育人，以荷为食材的风雅菜式

食育，是一种回归生活的教育，更是一种回归教育的生活。

荷，独花可成宴，在夏天，赏荷闻香，以荷入宴，历来都是一件风雅趣事。

全班小朋友们齐上阵，将荷花、荷叶、莲子、藕、藕带悉数入馔：手剥莲蓬，剥皮去芯；将糯米塞进白白胖胖的莲藕里，淋上桂花蜜糖，清香四溢；荷叶洗净，包裹住香软的米饭，青翠欲滴……刹那间，风雅之味弥漫整个美食坊，一场富有中国味道的荷花宴，让孩子们对食物有了敬畏之心，深刻感知到敬畏自然，感恩生命，热爱生活。

以食育美，一场清风自来的荷花宴

方桌之上，瓶插莲荷，倏忽而过，淡香袭人，孩子们在环境中感受时节，顺时而食。

从荷塘到餐桌，孩子们用食物联结心灵，赋予生活仪式感。荷花宴不仅滋养身心，每一道中式菜肴的背后，都是一种文化的传承和展现，都蕴藏着深厚的历史底蕴、独特的哲学思考和精致的审美追求。

以食明德，在文化圆融中感恩生活

"依食而养，借食而育"，在本次仲夏"荷"欢，与你"藕"遇食育课程中，孩子们得到了启发，在文化的圆融中感知中华文化的自信。

从一粒种子到餐桌之上是多么来之不易，一道美食制作的背后要付出多少艰辛。在这里，我们不仅要感谢大自然的馈赠，还要感谢在活动中默默为我们付出的人。他们是食堂伯伯、门房师傅、医生阿姨、老师们以及我们可爱的园长妈妈，是他们用无私的爱陪伴着我们的成长，为我们的课程助力。同时，也感谢我们最爱的爸爸妈妈，在连续下雨的一周里，依然为我们带来了许多荷叶、荷花、莲蓬等食材。因为有你们，让孩子在这一周里，闻到了花香，体验了劳动，感知了生命。

美食让生活充满温暖，仲夏之日，制作品鉴美食的热情就如同这炎炎夏日般火辣，无私的爱滋养着孩子们每天好好吃饭，好好成长！

（作者：武汉大学幼儿园三分园　李灵）

2. 夏日寻宝记

夏日的风是调色师，像一首炙热的诗篇，它吹一吹，阳光热烈、云朵滚烫、花香瓜甜、蝉鸣鸟唱、小朋友欢喜……夏日的"多巴胺"渲染着幼儿园野趣园里的每一个角落。

发现"宝地"

幼儿园食堂后面的泥巴地里，孩子们发现了小山洞、小山坡，他们开心地说：

"哇，我们发现了宝藏农场，这里有好多泥巴、有黑果子、有蚂蚁还有蚯蚓……这可是宝贝呀！"呼喊声吸引了更多小伙伴的围观："真的呢，这里真是一个神奇的宝地！"孩子们陆续开始寻找"宝贝"了。突然有一天，孩子们也想把自己珍藏的"宝物"藏在这块宝地里。回到家里，孩子们都迫不及待地找出宝物，趁着每次户外游戏的时间，将宝物"偷偷"藏在宝地里。孩子们持续探索着自己的藏宝，野趣园里的"寻宝"游戏就这样在夏日里持续进行着……

孩子们这些看似无厘头的游戏行为引发了我的思考：他们特别爱天马行空地想象新事物，他们也会用自己的语言表达感受。爱因斯坦曾说过，智力的真正表现不是知识，而是想象。是的，他们就在这样现实和虚构之间迸发出无限的想象力。而作为老师的我要做的，就是如何将孩子们在场景中迸发出的碎片化的语言串联成优美的文学语言，就这样，一个个经过打磨深思熟虑的语言教学活动产生了。

竹片造景

有了活动的助推，孩子们萌生出想把宝贝悬挂在野趣园的想法，但用什么材料做支撑，用什么物件来装这些宝贝可以不被雨水淋坏呢？孩子们展开了讨论："塑料盒、铁盒、塑料袋、透明盒子……这些是不是都可以拿来装置宝贝？""野趣园里有一些竹片，是不是可以把它扎起来做成漂亮的宝物架呢？"一个个好主意应运而生，我可以想象出野趣园在孩子们的奇思妙想下一定会变得与众不同，适合孩子们"寻宝"。就这样，野趣园寻宝之竹片造景工程开工啦！

第一步，采买+配色。竹片尺寸大小以及数量的确定，采买事宜等，这些事情经孩子们的一致认定由我来操办。而对于竹片的选色方案，孩子们则认为要由他们来商量决定。最后通过一轮又一轮的投票，孩子们决定选用三种颜色来给竹片刷色。第一种颜色是莫兰迪色系的绿色，选择理由是班级的环境主色都是这个颜色，好看是孩子们选择的标准。第二种颜色是金色，孩子们希望有一个金闪闪的宫殿来放置他们的宝贝。第三种颜色则是银色，他们深受银色月光宝盒故事的影响，期待有一天他们的宝盒也能被仙子发现施以神奇魔法。一切材料准备妥当，孩子们的竹片布景开始了。

第二步，造景+刷漆。一步一处皆故事，一竹一景皆探索。竹片造景的不同造型以及竹片刷漆中三种色彩的搭配，来源于孩子们游戏故事中的环境创设和现场感受。孩子们自由分成了三组，分别设计三种不同场景的竹片造景，第一组孩子选择了自己最喜爱的走道，创设了多种蛇形造景；第二组孩子选择了有一定难度的山坡，创设了很多形态怪异的造景；第三组孩子选择了面积较大的攀爬架，创设了很多大大小小的"山洞"。当孩子们在选择色彩进行搭配的时候，每个人有不同的想法，于是孩子们决定将自己的色彩搭配图画出来，拿到野趣园里去感受一下，最后孩子们经过商讨选择了用绿金银三种颜色来刷不同场景的油漆。在孩子们的多次要求下，老师们接下了造景和刷漆工程，我们按照孩子们造景图和色彩搭配图，在野趣园"破土动工"啦！

刷漆调色的过程中，孩子们还会经常来检查工作。以孩子们的视角造出的竹片景观真是变化多样、竹韵生香、雅致清风……很快场景造景和竹片刷漆工程接近了尾声，宝地变成了深受孩子们喜爱，得天独厚的露天竹片美术藏馆。自然舒适的户外环境，无限发挥着孩子们的想象力与创造力。

寻宝吟诗

在孩子们的一片欢呼声中，竹片造景成功了，他们不顾炎炎夏日，将自己的宝贝投放在各自选择的宝盒里。孩子们在野趣园的竹片景色里找寻自己喜欢的地方，有的置于竹片弯道，有的置于"山洞"，有的置于"迷宫"，有的索性悬挂在竹片上，似乎在等待着小伙伴的发现。和着蝉鸣，吹着热风，抵挡不住孩子们的热情。他们结伴而行，席地而坐，分享交流。

我也参与孩子们的交流中，用问题开启了对他们进行诗歌的启迪：你们在夏天寻找到什么呢？那又是什么寻找到什么呢？他们之间有什么样的联系呢？有一个孩子联想到我们之前学习过的诗歌，说了这样一段：夏天寻找到池塘，莲蓬寻找到荷叶。如此有意境的诗歌引来孩子们纷纷效仿，大家你一言我一语地创编起来……

夏日浅浅，时光悠悠。野趣里的夏天，不觉燥热，只剩欢喜。与孩子们一起在夏日里玩耍，追逐着同伴们一起走进野趣园，与大自然拥抱，探索着小小宝物的奇妙世界。亲近夏日，感受寻宝过程中的快乐，发现生活中的美好，激发创编语言的兴趣，体会文学想象带来的意境。夏日的宝物是大自然中的精灵，它们在草丛间、花朵中、树叶下构筑着自己的奇妙家园，等待着我们去发现、去创造。

附上孩子们创编的儿童诗：

夏季如诗(走道)

炎炎夏日走道中，
夏天寻找到池塘，
莲蓬寻找到荷叶，
夏天寻找到知了，
太阳寻找到草帽，

风寻找到电风扇，

夏季如诗，变幻多彩。

热情夏日 (攀爬架)

热乎乎的太阳，

挂在攀爬架上，

泡泡寻找到泳池，

风儿寻找到小脸蛋，

凉飕飕寻找到冰激凌，

红彤彤寻找到高山，

自然如画，美不胜收。

夏天的色彩 (山坡)

夏日午后山坡上，

雷雨寻找到桃花，

青蛙寻找到水田，

星星寻找到萤火虫，

小朋友寻找到西瓜，

幼儿园寻找到彩虹。

一花一池一虫一瓜一世界。

（作者：武汉大学幼儿园三分园　黄黎黎）

第三节　秋　收获

　　你看过红红的柿子挂满枝头的模样吗？宛如一盏盏红红的灯笼，成为秋天幼儿园最亮眼的颜色。从了解柿子、制作柿饼到研究柿染，将柿子的价值"挖掘"个底朝天，孩子们从中收获的不仅仅是秋天的果实，还有着极其珍贵的对未知世界的自主探索。

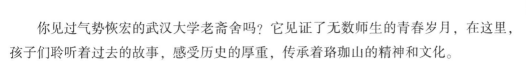

你见过气势恢宏的武汉大学老斋舍吗？它见证了无数师生的青春岁月，在这里，孩子们聆听着过去的故事，感受历史的厚重，传承着珞珈山的精神和文化。

秋天，是小美满的幸福；秋天，是大圆满的丰收！

1．"柿"界奇遇记

一夜秋风起，涂黄又涂红。在这个收获的季节里，孩子们被幼儿园里的柿子树吸引住了。一天午睡前，孩子们透过睡房的玻璃发现楼下的大树上长满了许多果子，"老师，这是什么果子呀，能吃吗？""我知道，这是橘子。""不对不对，这是柿子，我吃过呢！"宝贝们你一言我一语地说着，这时葫芦提出："张老师，这个柿子我们能去摘吗？"孩子们听到这个提议，纷纷表示都想去。为了让孩子们感受大自然的神奇，体验丰收的喜悦，我们和柿子的故事也拉开了帷幕……

初遇"柿"界

活动开始前，我们带孩子到楼下观察了一会儿，孩子们提出了摘柿子的各种方法。有的说："我们可以借助梯子。"有的说："我们可以用棍子敲下来。"孩子们将自己想好的办法画下来后，我们进行了一场投票活动。大家积极地推荐着自己的好方法，最后我们从中选用了三种不同的方法。

孩子们自由分成三组：第一组借助梯子进行采摘，第二组利用棍子将柿子打下来，第三组借助梯子和水管对柿子进行运输。决定好后，各小组成员行动起来，开始寻找工具。

卷卷提出："我们需要梯子、棍子和水管！"

淘淘说："玩积木的地方有棍子呢。"

棠棠说："还有水管，之前玩沙池就用过水管，我去拿！"

桃子说："还需要篮子来装，我知道在哪里。"

三组小分队在园内搜寻着自己需要的工具，他们齐心协力将工具搬到柿子树下。尝试之后发现：第一种方法，能够摘到一部分柿子，但是没法将柿子及时放到篓子里，需要不停地爬上爬下或是必须有小朋友在下面一直举高手臂接住柿子，孩子们觉得这种方法很不方便，于是开始尝试第二种。第二种方法，虽然孩子们手拿棍子不断地挥舞，可半天也没打下来一个柿子，究其原因是孩子们的身高受到了限制，棍子并不能将柿子打下来。于是孩子们将原来的方法进行了"升级"，先爬到梯子上再用棍子打，肯定就能打下来了，可是经过尝试，柿子还是没有被打下来。于是孩子们尝试了第三种方法，将水管搬到梯子旁边，再把篓子放到水管旁，这样爬到梯子上摘下柿子后，通过水管管道直接将柿子运输到篓子里了。终于，孩子们通过多次实验找到了最快捷的方法。

柿子摘回来后，孩子们对柿子进行了"深度剖析"。通过看一看，了解到柿子的外形特点；通过闻一闻，感知柿子的独特气味；通过摸一摸，感受柿子表面的光滑与粗糙。通过观看视频他们还知道了柿子的生长过程，对柿蒂也有了新的认识。

深度剖析柿子后就是深度品尝了，孩子们都迫不及待地去尝了尝柿子的味道。

"哇，柿子甜甜的，好好吃啊！"

"柿子皮好苦，还有点涩口！"

"原来柿子是这个味道的！酸酸甜甜的，那我这个到底熟了没有呢？"

孩子们还将摘来的柿子分享给了其他班级的小伙伴。

在倾听孩子们讨论的过程中，基于他们对柿子的探究兴趣，我们看到了他们想要与柿子亲密接触的需求。于是我支持孩子们去探究柿子，满足并实现了他们采摘柿子的愿望。在采摘柿子的过程中，他们自主探索、挑选工具、分组实施，最后成功将柿子采摘下来。在科学活动《柿子大探索》中，孩子们通过感知柿子的独特性，进一步丰富、拓展了他们对柿子的认识，激发了他们对柿子的探究热情。

走近"柿"界

品尝柿子时，有个别孩子提出自己吃的柿子好像没有成熟。怎样把未成熟的柿子催熟呢？我们进行了一次生柿催熟大实验。

通过查询资料以及调查柿子催熟的方法，孩子们了解到催熟柿子的三种方法：给柿子插上牙签；将柿子埋在大米里；将柿子和成熟的苹果放一起。孩子们自由分组后，开始进行对柿子催熟的实验，通过实验，柿子终于熟啦！

转眼间到霜降时节了，孩子们把柿子带进生活馆，一起来做柿饼。从清洗、削皮、挂绳、烫柿子、晾晒，都是孩子们亲自动手，他们把柿饼一个一个地用绳子挂起来，孩子们看着劳动的果实，享受着收获的喜悦。

收获"柿"界

收获不仅仅是在柿饼的制作后，还在于对生活的细致发现和对事物的持续探究。我们通过视频了解到柿子可以用来给布料染色，也叫柿染。发现这个大秘密后，孩子们迫不及待地开始了尝试，他们用积木把柿子捶成柿子泥，用榨汁机榨出柿子汁，将准备好的布料卷一卷，放到柿子汁里泡一泡，等待柿子的颜色浸入布料中，最后放到有阳光的地方晾晒，柿染也就完成了。

这种逐渐淡出人们视线的传统手工艺术，竟然在孩子们与"柿"界对话的过程中偶然获得，它的美妙之处在于与大自然接触后呈现的自然之美，灵动之美。我想：这就是大自然赐予我们的课程，生活赋予人类的艺术灵感。

子曰："知之者不如好之者，好之者不如乐之者。"兴趣就是最好的老师，孩子们有着无穷无尽的好奇心与求知欲，秋天园子里树上的果子成熟了，对于孩子来说，如果能把树上的柿子摘下来，尝一尝自己亲手采摘的美味果实，是一件充满幸福感的事情。而对于老师来说，根据孩子们的兴趣，引发幼儿的探究欲望，培养他们的探究能力，是我们教育孩子的目标。虽然本次"柿"界奇遇记的课程结束了，但孩子们的成长并没有终止，我们的探索仍在路上，期待我们下一次的旅程。

（作者：武汉大学幼儿园一分园　张莎）

2. 美丽老斋舍

十月的珞珈，万山红遍，层林尽染，绿色古朴的建筑矗立其中，黄色银杏和红色枫叶交融混合的色彩映透老斋舍。老斋舍是武汉大学最早的学生宿舍，也是校园早期建筑群之一，入口处有多层阶梯，每栋宿舍每层以《千字文》命名，形成天、地、玄、黄、宇、宙、洪、荒、日、月、盈、昃、辰、宿、列、张16个斋舍。秋日里，带着对老斋舍的向往和憧憬，我们开展了一次意义非凡的游学活动——珞珈娃探老斋舍。珞珈山下，这座百年学府仿佛一位智者，静静地守候着时光，等待着我们的到来。

孩子们像一群快乐的小鸟，兴奋地叽叽喳喳说个不停，对这次游学之旅充满了期待。他们的小脸蛋上洋溢着好奇与兴奋，仿佛已经迫不及待地想要揭开这座百年学府神秘的面纱。踏入武汉大学，一座座古朴的建筑就吸引了孩子们的眼球。其中，最具特色的莫过于老斋舍。它仿佛一位慈祥的老者，静静地诉说着过往的故事。孩子们围着老斋舍，小眼睛里闪烁着探秘的光芒。

"老师，为什么它叫老斋舍呢？"心心眨巴着大眼睛问。

"老师，老斋舍是做什么用的呀？"前前也迫不及待地发问。

看着孩子们求知若渴的小脸，我微笑着说："这么多问题，让我们一起来找找答案吧！"

孩子们和爸爸妈妈一起，上网查询、阅读图书，用稚嫩的小手绘制着关于老斋舍的一切。他们带着满满的收获回到幼儿园，迫不及待地想要和老师、同伴分享。看着孩子们对老斋舍如此感兴趣，我深感欣慰。在《3—6岁儿童学习与发展指南》中指出，要充分尊重和保护幼儿的好奇心与学习兴趣。而我有幸见证着这一群小探秘家的成长。

"孩子们，你们已经了解了老斋舍的一些知识，还有什么想知道的呢？"我进一步引导他们。"老斋舍和我们现在的房子有什么不一样？"柠檬提出了新的问题。这个问题仿佛一颗种子，瞬间在孩子们心中生根发芽。他们开始纷纷讨论起来，想要探究老斋舍与现代房屋之间的不同。

于是，我决定顺应孩子们的兴趣，带领他们进行一场关于老斋舍的调研。"孩子们，我们可以通过什么方式来了解老斋舍和我们现在的房子有什么不一样呢？"我问道。

"我们可以去观察！"阳阳兴奋地喊道。

"我们还可以去拍照，记录下来！"小威也补充道。

看着孩子们积极踊跃的样子，我们成立了调查小组，让他们分组进行调研。屋檐屋顶组、门窗组、墙面图案花纹组，三组小探秘家带着问题，开始了他们的探秘之旅。他们或现场观察，或请教家长，每一个发现都让他们兴奋不已。

屋檐屋顶组的小朋友们发现，老斋舍的屋檐屋顶是古老的青瓦，而现代房屋的屋檐屋顶则是用水泥和瓷砖建成的。他们还用小手触摸了两种不同材质的屋顶，感受着历史的厚重与现代的时尚。门窗组的小朋友们则对老斋舍的木制门窗充满了兴趣。他们发现，这些门窗上雕刻着精美的图案，每一件都是艺术品。而现代房屋的门窗则是用铝合金或塑钢制成的，简洁而实用。墙面图案花纹组的小朋友们也很积极。他们发现，老斋舍的墙面上有着独特的图案和花纹，这些图案和花纹仿佛诉说着古老的故事。而现代房屋的墙面则更加简洁明了，注重的是实用性和美观性。

在调研的过程中，孩子们不仅了解了老斋舍的独特之处，还学会了合作与分享。他们勇敢地提出问题，不畏惧未知，这种探索精神让我备感欣慰。

和煦的秋风吹拂在午餐后散步于幼儿园的我们身上，孩子们正享受着餐后的闲聊和漫步，大家不由自主地讨论着上午的调研成果。突然，一个话题引起了大家的争论："你们觉得古建筑好还是现代建筑好？"有的孩子认为古建筑好，因为它们设计精美、富有特色；有的孩子则认为现代建筑好，因为它们实用、便利、更加人性化。看着孩子们争得面红耳赤，我灵机一动："不如我们来一场辩论赛吧！让大家都说说自己的看法。"

于是，一场别开生面的辩论赛开始了。支持古建筑的小朋友们列举了古建筑的历史价值和文化意义，他们提到古建筑上的一砖一瓦都充满了故事，体现了古人对天地的敬畏之心。而支持现代建筑的小朋友们则强调了现代建筑的实用性和便利性，他们提到现代房屋采用先进的技术和材料，能够更好地满足人们的居住需求。

在辩论赛中，孩子们不仅学会了如何表达自己的观点，还学会了如何倾听他人的意见。他们学会了尊重和理解不同的声音，这种宝贵的经验将伴随他们一生。

通过这一次的探秘之旅，孩子们不仅增进了对老斋舍的了解，更在心灵深处种下了对传统文化的热爱与尊重。他们开始懂得珍惜身边的每一处文化遗产，也学会了用包容和理解的心态去看待不同的建筑和文化。

游学活动结束之际，我组织了一次小小的分享会。孩子们纷纷上台，自信地向大家介绍他们在老斋舍中的所见所感。他们的小脸蛋上洋溢着自豪和满足，仿佛已经成为一名名小小的专家学者。

看着孩子们的成长和进步，我深感欣慰。我知道，这一次的探秘之旅不仅仅是一次简单的游学活动，更是一次心灵的成长和文化的传承。它让我更加深刻地意识到，作为幼儿教师，我们的责任不仅仅是传授知识，更重要的是激发孩子们的好奇心和探索欲，让他们在快乐中学习，在学习中成长。

这次探秘之旅也让我反思了自己的教育方式。我意识到，教育不仅仅是告诉孩子们答案，更重要的是引导他们学会提问、学会思考、学会探索。只有这样，我们才能培养出真正有创造力、有思想、有情怀的孩子。

我相信，这一次的探秘之旅已经在孩子们心中种下了梦想的种子。等待着有一天破土而出，绽放出绚烂的花朵。而我，作为一名教师，也将继续陪伴着他们，在成长的道路上探索前行，共同谱写属于我们的美好篇章。

（作者：武汉大学幼儿园四分园　段愿有）

第四节　冬　蕴藏

四季是轮回的，但总是觉得"一年之计在于春"，难道一年真是从春天开始到冬天结束吗？显然不是，长在珞珈山下的孩子们并不惧怕寒冷的冬天，他们总能趁着冬日暖阳，去探访林蛙世界的秘密。他们小心翼翼地带林蛙回"珈"，为它布置新家，研究林蛙适宜生存的环境。在这个冬日积蓄能量的时节，孩子们看到了破茧成蝶的过程，蝴蝶的一生短暂且顽强，在有限的生命里绽放光芒，给世界带来色彩，给生命带来希望。

生命也会经历"冬藏"，四季更迭，只为等待下一个春天的到来！

1. 冬日暖阳下的林蛙世界

冬日的阳光柔和地洒在珞珈山上，坐落在山脚临近东湖湿地的武汉大学幼儿园二分园坐拥得天独厚的地理优势。东湖湿地公园宛如一颗璀璨的明珠，静静地卧在大地的怀抱中。这是一个寂静而清新的季节，东湖湿地公园披上了一层神秘的面纱，仿佛在诉说着属于它的故事。

就在这片静谧的湿地之中，即将开展一场师幼互动的奇趣活动。而这场活动的主角，便是我和我的孩子们。我们一起开展一场用心聆听大自然，认识湿地的行动。

一、引发好奇，湿地初识

在一场家长入园观摩活动上，田田小朋友的妈妈作为特邀老师，为孩子们带来了一场别开生面的生命科学研究分享会。她轻轻抚摸着孩子们的头，温柔地问："你们知道东湖湿地公园吗？知道那里有哪些动物吗？湿地里的植物有生命吗？它们会呼吸吗？会尖叫吗？"孩子们的眼睛瞬间亮了起来，仿佛被这些问题点亮了心中的好奇之灯。

我敏锐地捕捉到了孩子们的好奇心，在前期的准备活动中，我和小朋友们通过活动课程了解了什么是湿地，知道了保护环境的重要性。结合家长及公共社区资源，我们走进东湖湿地公园，开始了我们的湿地初识之旅。

二、湿地林蛙，神秘来客

在对湿地进行探索的过程中，孩子们发现了一种特别的动物——湿地林蛙。这种动物小巧玲珑，身披绿色外衣，仿佛是大自然精心雕琢的艺术品。孩子们对它们充满了好奇和兴趣，纷纷围拢过来，想要一探究竟。

为了满足孩子们的好奇心，我决定邀请湿地林蛙来班上做客。这个消息让孩子们兴奋不已，他们为林蛙准备了一个仿湿地生态缸作为新家。生态缸里，水草摇曳生姿，小鱼穿梭其间，仿佛将东湖的一角搬到了教室里。

三、师幼邂逅，冬日林蛙

冬日的午后，阳光透过教室的窗户，洒在那个精心布置的生态缸上，为这小小的角落增添了几分温暖与生机。生态缸内，水草虽不如夏日般繁茂，却也别有一番静谧之美。几条小鱼悠然游弋，而最引人注目的，莫过于那几只湿地林蛙，它们身披墨绿色的外衣，在微光下泛着柔和的光泽，仿佛是冬日里的小小守护者。

"老师，看！林蛙好像比上次更安静了，它们是不是也在冬眠呢？"沐沐指着生态缸，眼睛里闪烁着好奇的光芒。我微笑着走近，轻声说："是啊，小朋友们，冬天到了，许多动物都会选择冬眠来度过寒冷的季节。林蛙也不例外，它们现在正安静地睡在自己的小世界里呢。"

孩子们围得更紧了，他们屏息凝视，生怕打扰了这些小精灵的美梦。我趁机引导："让我们来一场特别的观察吧，看看林蛙在冬眠时有哪些特别的地方。比如，它们的身体姿势、皮肤颜色，还有它们是怎么呼吸的。"

豌豆兴奋地举手："老师，我发现林蛙的皮肤好像变得更光滑了，而且颜色也更深了！"

"很好，豌豆观察得很仔细。"我赞许地点点头，"这是因为林蛙在冬眠时会减少活动，皮肤会变得更加紧致，可以保护身体内的水分。而颜色的变化，则是它们对环境的适应，深色能帮助它们更好地吸收热量。"

接着，我和孩子们一起阅读了关于湿地生态的绘本，讲述着林蛙的故事……孩子们听得入了迷，有的还拿出画笔，开始描绘自己心中的林蛙和湿地景象。教室里弥漫着一种温馨而又充满探索的氛围。

"老师，我们能为林蛙做些什么呢？"琪琪轻声问道。

"我们可以为它们提供一个温暖、舒适的环境，就像这个生态缸一样。同时，我们还要学习更多关于湿地和野生动物的知识，保护它们的家园，让它们在自然界中自由快乐地生活。"我的话语中充满了对生命的尊重和爱护。

随着对话的深入，孩子们不仅加深了对湿地林蛙的了解，还了解了冬日里湿地的其他动物冬眠的方式和方法，更在孩子们的心中种下了爱护自然、保护环境的种子。这个冬日的午后，因为林蛙的到来，变得格外有意义和难忘。

（作者：武汉大学幼儿园二分园　鄢梦媛）

2. 童声蝶影

冬日里，有了阳光，就有了幸福和温暖。午饭过后，我带领着孩子们出门散步，恰巧看见鱼缸外侧沿上停留着一只翅膀是彩色的蝴蝶，美丽的蝴蝶为这温暖的午后增添了一抹光彩与生机。我把感受到的美好与我的孩子们分享："孩子们快看！这是什么？""哇！是蝴蝶，好漂亮的蝴蝶"，孩子们兴奋地叫了起来。看见蝴蝶在窗户上一动不动，孩子们纷纷讨论起来。

言言："它是死掉了吗？"

程程："才没有呢，它是在晒太阳。"

好好："它是在看风景，看我们幼儿园漂亮的风景呢。"

泡泡跟程程解释道："蝴蝶就是毛毛虫变成的。"

程程："怎么变的呢？"

泡泡："毛毛虫不停地吃树叶，吃着吃着，它就长大了，然后就长出翅膀。"

话音刚落，鱼缸里的小金鱼似乎想跳出来抓蝴蝶，弄得蝴蝶到处乱飞。好好和妙可赶忙说："小金鱼，不要把小蝴蝶吓着了。"大家就这样静静地守护在一旁，蝴蝶就这样一直在窗户里面徘徊。

好好："我们应该帮助小蝴蝶飞出去。"

曲奇："怎么帮呢？"

好好："赵老师，你帮忙把窗户打开吧。"

打开窗户后，小蝴蝶扇动着翅膀，一会儿向上飞，一会儿向下飞，就是找不到出口。孩子们焦急地喊着"小蝴蝶，这边。"蝴蝶没有"听从"孩子们的指挥，依旧不紧不慢地拍打着翅膀。

妙可："好好，我有办法，之前我用小瓶子把小鱼从河里带回家的，我们也可以拿个瓶子将小蝴蝶带出去。"

好好："这个办法肯定不行，还没等你把蝴蝶抓到瓶子里，它早就飞走了。"

妙可："啊，那怎么办？"

好好："有了有了，我们一起给它'吹'上去。"

在好好的号召下，孩子们都学着好好的样子，蹲下身子"噗噗"地对着蝴蝶吹风。在他们的帮助下蝴蝶终于找到了出口飞了出去。

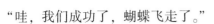

"哇，我们成功了，蝴蝶飞走了。"

"你看，小蝴蝶乘坐着太阳光飞走了。"

"它可以去看更多更漂亮的风景了。"

回到教室，仍能听到孩子兴致勃勃地讨论着蝴蝶的奇妙。他们稚嫩的脸庞上洋溢着满足和快乐的笑容，仿佛整个世界都被蝴蝶的美丽和神秘所包围。我问孩子们："蝴蝶一般什么时候出现呢？"

陈陈："花开的时候。"

畅畅："有花粉的时候。"

我继续问："那是什么季节呢？""春天"。孩子们齐声回答道。

我又问："现在是冬天，那它为什么会出现呢？"

瓜瓜："它很冷，出来晒太阳。"

桐桐："它找不到家了，迷路了。"

安安："它饿了，出来寻找冬天开的花，寻找食物。"

我问孩子们："冬日里，你们见到的蝴蝶多吗？那冬天它们都去哪里呢？"

果果："很少看见蝴蝶，我觉得冬天大的蝴蝶都死掉了，它们的下一代在蛹里。"

小金鱼："我觉得冬天它们都在树上产卵，准备生宝宝。"

今天，和孩子们聊了很多关于"蝴蝶"的话题，我觉得孩子们的语言表达能力如冬日暖阳带来的光芒，是那么耀眼。"蝴蝶乘着太阳光飞走了"、"蝴蝶在看风景"、"蝴蝶在寻找回家的路"……这些优美的语句如同诗歌一般。

看到这只蝴蝶，也看到孩子们的惊喜成长，我想说：蝴蝶的一生如此短暂，但是它们在有限的生命里绽放了绚烂，给世界带来了色彩，给生命带来了希望。有的生命也会经历"冬藏"。"冬藏"可不是真的藏起来不见了，而是它们找到了一个安全、温暖的地方，比如树叶底下、树枝缝隙里，静静地等待冬天的过去。这样，它们就可以保存体力，等待下一个春天的来临。积蓄力量，才能在春天里飞得更高、更远。冬日里的蝴蝶，就像是大自然的使者，告诉我们生命的力量和美好，希望就在前方。

（作者：武汉大学幼儿园四分园　赵欢）

3. 珞珈四季歌

珞珈稚子之师，勤于珞珈山下，
师以书香为媒，传教育之美德。

珞珈之春，樱花如云似梦，
师幼欢聚樱花树下，
赏樱之优雅，探樱之奥秘。
描樱之神韵，享樱落之趣，
播种绿色希望，寻成长之挑战。

珞珈之夏，书香弥漫如清风，
师幼以书为伴，心灵在文间游走，
品书之韵味，思书之意义，
储知识之能量，演故事之百态。
琅琅书声与欢笑声交织，
悦动的汗水见证着努力，
珞珈之夏因此而更加绚烂。

珞珈之秋，金黄飘桂香四溢，
珞樱园内橙黄橘绿交错成诗。
摘满枝硕果，探寻其奥秘，
品味其酸甜滋味。
共享自然馈赠之时，亦是珞珈深秋，
邀珞珈之师，与稚子共寻觅科技魅力，
点燃心中好奇与热情，争做零碳好孩童。

珞珈之冬，银装素裹映晴空，
冬日画卷美无穷，共赏艺术饕餮盛宴。
鲜红旗帜迎风飘扬，载歌载舞荡气回肠，

我们为国骄傲，为国自豪。

一年四季珞珈风光无限好，
置身美好勤读书，
畅游知识海洋，汲取前进能量，
追求真理，追求进步。
做有道德，有理想，有文化的珞珈人。

（作者：武汉大学幼儿园二分园　朱姗姗）

第四章　大美　眷注生命的教育旨趣

　　"大美"是一个汉语词汇，出自《庄子·齐物论》，指的是天地间不言之教化。后也泛指极其宏伟、博大精深的事物或境界。我们认为，"大美"指的是一种超越寻常、深邃而崇高的美感，来自可视、可见的美好事物，也来自看不见、摸不着的内在美好精神和力量。"眷注生命的教育旨趣"强调的是一种关注、尊重、培养生命个体的教育理念，让每个生命体能够更好地理解自己的存在，寻找生活的方向和目标，实现自我价值，呈现教育的目的和乐趣。

　　作为教育者，我们追求的是关注、尊重和培养生命体的核心目标，用充满童趣、乐趣、情趣的教育方式，让每个生命体都能呈现蓬勃向上的发展态势。每个生命体都是独一无二的，充满活力和能量的，总在不断地生长、发展和变化，也拥有其独特的价值和魅力。我们希望通过教育的正态价值取向，让每个生命体都在生活中展现出独特的魅力，成为更好的自己。

　　但追求教育目标的过程，总是充满了许多不确定性，常常会伴随着五味杂陈的成长阵痛。那些或心酸、或委屈、或无助、或幸福、或满足、或突破的瞬间正是让生命体更加完善、实现自我价值、相互成全的过程。每个成长瞬间的情感变化和每个发生过的教育故事，都充满了教育的智慧和力量，能赋予人一种积极向上、生生不息的希望，都值得被记录、被回味、被认可、被欣赏。

　　本章节包括"赤子初心"和"育美大爱"两个版块，共呈现了 30 个案例故事。这些案例记录的是不同岗位幼教工作者的从教历程、心得体会及教育趣事。有的案例故事表现了他们在幼教岗位上坚守的初心、决心，如《初心，因爱坚守》《心里的那座桥》《用初心孕育孩子快乐的童年》等；有的案例故事讲述了他们面对孩子时的爱心、用心，如《爱，在和孩子的平等对话中悄然生长》《阳光下的守望》《为孩子撑起安全的"保护伞"》等；有的案例故事描述了他们牵手家长实现共育的耐心、细心，如《真诚，是永远的必杀技》《一束光的力量》等；有的案例故事体现了他们向同伴学习和欣赏的诚心、真心，如《璀璨星辰——让我初心萌动的引路人》《身边的温暖之光》《晨曦中的坚守者》等。他们是初入职场的年轻老师，是成长较快的骨干老师，是耕耘幼教多年的年长保育师，是转岗实现自我突破的保健医，是在后勤岗位默默奉献的保安、门卫、厨工……这些故事充分地展现了每位作者在幼教工作中，面对困难、挫折时的心态转变历程，表达了他们对岗位的理解和对专业的思考，描写了他们在教育过程中面对孩子、家长、同伴等不同受众群体的心得体会，展现了他们的教育理念及大爱胸怀。

每个案例故事勾勒出的不仅是一种画面，更是一种精神和力量。传递的是对幼教工作的热爱，对初心的执着和向往，对责任和使命的担当。故事里的孩子是每个独立的生命个体，有差异、有特点，需要我们发现和关爱；故事里的师者善良而充满智慧，温暖而坚定，知道"爱出者爱返，福往者福来"的道理；故事里的家长，我们定期与他们进行交流，实现家园同频共振。在阅读的过程中，总能让人感受到因为有了这些或感动、或欣慰、或愉悦、或赞赏的成长故事，每个生命主体都有了生动的模样，这些模样汇聚成教育幸福感和小美满，凝聚成了武大幼教人"大美"的形象，也让我们看到教育本该有的样子和希望。

大美，是一种精神，是一种力量，更是一种传承。未来的成长之路注定是充满诸多的可能性，曾经那些宝贵的经历都将是我们面对未来生活的勇气和底气，是垫起教育理想的基石。不管前方的路有多么崎岖，只要走的方向正确，就一定能够得到幸福。孩子们需要我们，其实我们更需要孩子们。

愿不忘初心，向美而行。是你，是我，是我们！

第一节　赤子初心

教育界常习惯用"赤子初心"来形容教师的伟大。那什么是赤子初心？孟子说："大人者，不失其赤子之心者也。"赤子之心，就是孩子本来的心。这句话的意思是作为成年人，不应该失去天真无邪的童心。即使在成长的过程中，也应该坚持一种纯真、率直和善良的品质。当然，我们要明白"赤子之心"其实有两层含义：一个是自出生来最初的那颗本心，另一个是经历了沧桑变故、人性善恶、风霜雨雪后依然还保留的那颗本心。每个幼教人从选择幼教行业的那天起，如同赤子般持有一颗为幼教理想而奋斗的初心。无论世界怎么变化，保持一颗赤子之心，是值得骄傲的事。

1. 教育孩子，就要成为孩子

在我成为幼儿教师之初，曾有过这样的一个问题：怎么样才能做小孩子的老师？

当时的我借用了教育学家陶行知先生的一句话，"我们必须变成小孩子，才配做小孩子的老师。"我们的一言一行、一举一动都有可能影响孩子，因为孩子们会从生活中接触各种各样的信息，在他们还不能正确辨别信息真伪的时候，教育是最简单的，也是最困难的。需要老师教他们分辨是非对错，对他们进行正确的引导。

随着时间的推移，我逐渐认识到，作为一名幼儿教师，仅有爱心和耐心是远远不够的。教育的初心不仅仅是传授知识，更重要的是激发孩子们的潜能，培养他们独立思考的能力。我开始尝试各种方法，让孩子们在游戏中学习，在探索中成长。每个孩子都是独一无二的个体，他们对世界有着自己的理解和好奇。因此，我开始更多地倾听他们的声音，观察他们的兴趣点，然后设计对应的教学活动。

本学期开始的时候，我发现孩子们对于季节的变化很感兴趣。于是，我们开始化身为"观察家"，在每天午休散步的时候观察季节的变化。起风的时候我们在教室里看风带来的变化，下雨的时候我们听雨落下的声音，小草长高、树叶落下、草地里钻出了蜗牛、种下的小麦又一次发芽……四季像画卷，每天都是不一样的，我鼓励他们提出问题，并引导他们寻找答案，孩子们的眼睛里闪烁着的喜悦，他们的笑容如同最灿烂的阳光温暖了我。

日复一日，我也经常反思自己的教学方法，不断学习新的教育理念，阅读心理学的书籍，积极地参加研训。我发现教育的本质是引导孩子们发现问题，并帮助他们找到解决问题的方法，这个过程比单纯的知识灌输更加重要。

年复一年，我在孩子们的成长中见证了自己的成长。每当看到他们自信地表达自己，勇敢地面对挑战时，我的心中就充满了莫大的满足感。我知道，这就是我选择成为一名幼儿教师的初心——不仅仅是教会孩子们知识和技能，更是帮助他们成为有爱心、有责任感、有创造力的人。

可能有人会问，幼儿教师的影响力真有那么大吗？我的答案是：确实如此。虽然我们只是陪伴孩子短短的三年，但在孩子最初的学习阶段，教师的作用不仅是知识的传递者，更是他们心理和情感发展的引导者。其实，真正的教育，就是在无数平凡的日子里，悄悄地影响每一个孩子的生命轨迹。

如今，当再次回顾陶行知先生的话时，我有了更深的理解。成为孩子的朋友，了解他们的内心世界，用孩子的语言与他们交流，这不仅仅是一种教学方法，更是一种深刻的教育哲学。我会继续秉承这份初心，陪伴着更多的孩子走过他们人生中最宝贵的幼儿时光。尽管困难重重，但每当看到孩子们因为我的引导而在人生路上迈出稳健的步伐时，所有的付出都变得值得。

（作者：武汉大学幼儿园四分园　韩映雪）

2. 孩子，是我初心致远的信念

春风化雨，润物无声；保持初心，用爱育人。初心在最开始的时候，往往简单朴素，但是它会慢慢延伸，就像一束微光能够聚成星河，到最后发现，所谓初心，就是离自己本心最近的那颗心。那么，孩子就是我秉承初心、行稳致远的坚定信念。在我心里，初心是什么呢？

初心，是热爱可抵岁月漫长

奔赴心中热爱，前路漫漫亦灿灿。是什么能够让我依旧保持对工作的热爱？可能是看到班级孩子的成长，可能是师幼之间爱的双向奔赴，也可能是节日里收到毕业孩子的暖心祝福。

工作以来，热爱教育事业的初心，让我始终坚持基于兴趣、源于实践，积极开展各项特色活动。本学期，我园开展了"让我们一起读书吧"的健智节活动，儿童积极参与其中，亲子共同制童书、演童书、阅童书。其中故事表演这一形式受到班级儿童的关注，贴合角色的装扮、有趣的表演秀引起儿童模仿的兴趣。于是师幼共同创设表演环境，自主创编故事台词，呈现了一出精彩的故事表演。看到幼儿在游戏中持续探索、主动学习，他们收获的笑容让我感受满满的幸福，也愈发坚定了自己热爱教育事业的初心。

初心，是保持积极乐观的心态

乐观是平淡中的自信，乐观是挫折后的不屈。在故事表演的过程中我们遇到很多问题，虽然我们前期做了充足的准备，如创造适宜的环境、提供充足的材料；我们根据制定的计划和目标，推动活动的持续开展，但是效果却不尽如人意。看着幼儿还是不知道应该怎么演，我短暂地陷入了焦灼。最后在我们共同商讨下，想出解决的办法。我们将故事分篇章、分角色，从台词设计、动作表情、服装道具三个方面着手，制作表演任务板，帮助幼儿进行表演。原来，初心是耐心，是遇到困难迎难而上的决心和做好事情的信心，在探索的过程中，保持积极乐观的心态。

初心，是与幼儿的双向奔赴

一位妈妈曾对我说："潘老师，孩子说，以后也要当一名老师，像潘老师一样温柔的老师。"这句话让我又惊又喜，原来老师的言行举止也在时刻影响着孩子。我一直秉持着平等的师幼关系和朋友般的相处模式，让师幼之间实现双向奔赴。

正如这场以儿童为主导的故事表演，从儿童化的台词设计到创意的服装道具，再到自主设计的动作表情，整个过程为儿童带来了不一样的体验，不仅推动了儿童语言能力的发展，更让儿童的自主性得到充分的体现。

初心如微光，山海皆可达。不忘初心，奋勇向前，时刻铭记出发时的纯真与热情，在教育路上创造一场向美而行的遇见。感谢初心，感谢孩子！

（作者：武汉大学幼儿园三分园　潘雯萍）

3. 初心，因爱而坚守

教育是一个永无止境的过程，是一场爱与被爱的双向奔赴，更是需要用生命去经营的温暖修行。我是一名教师，也是一名妈妈，妈妈是自己孩子的专属，而老师是一群孩子的专属，我很幸运成为那个"唯一"和"一群"。因此，从踏上"幼儿教育"这片沃土到精耕细作十余载，我的教育信条告诉我，静下心来做教育，耐住寂寞做匠人，用初心与热爱为每个孩子保驾护航，做孩子心中那个温暖的老师妈妈，陪伴、呵护他们成长，守护他们那份简单的童真！

以爱为底色，真心守童心

带着这样一颗纯净的"教育初心"，我在多年的教育生涯中，坚持在工作中通过自己每一个有温度的教育行为，用"润物细无声"的方式，将教育的温度沁入孩子的心田，牵引着孩子共同前行。幼儿教育是"爱的教育"。正是因为有爱，在我与孩子

112

们日复一日的相处中，平凡的日子亦能过成诗。用"妈妈"的细心关心孩子，用"严师"的耐心启发孩子，用"玩伴"的童心鼓励孩子。在生活中，我会给予能力稍弱的孩子更多关注；在学习活动中，放大每一个孩子的进步，给予他们肯定与表扬；游戏时间里，留心孩子们游戏兴趣点，与他们交流游戏感受。我始终坚信，师爱能融化坚冰，只有具备一颗博大的师爱之心才能让生命与情怀相遇，让教育明亮，让生命鲜活。

以爱共携手，家园同频声

忽略了一个家长，就等于放弃了一个孩子的教育。身为一名幼儿教师，不光要教育好孩子，还要引导家长掌握科学的育儿方法，更要提高家长的家庭教育质量，"同心共育、家园共情"是我开展家长工作的原则。为了加强家园沟通，我在家园联系栏开辟了"家园回音壁"板块，与家长就幼儿园近期开展的特色教育活动展开细致的反馈和热烈的讨论。通过钉钉家长群，每日推送班级活动精彩瞬间，每周五制作班级的"周回顾"简篇梳理幼儿一周的在园生活，适时将最新最前沿的教育理念、一日教学活动设置介绍给家长，引导家长理解幼儿学习的情况。特别是对于家长关心的"幼小衔接"话题，在每学期的体验式家长会中开辟专栏进行深入剖析，通过多种形式向家长进行幼小衔接方法策略的宣教，用我的耐心、细心和专业赢得了家长的信任与支持。

在和家长共同守护孩子的过程中，我与家长成为默契的同盟军，我们一同在教育之路上并肩作战、协作无间，成为彼此坚强的后盾与默契的伙伴，以爱之名为每一位幼儿筑起庇护的港湾。

哲学家雅思贝尔斯曾说过，教育的本质就是一棵树摇动另一棵树，一朵云推动另外一朵云，一个灵魂唤醒另一个灵魂。在与孩子、家长相处的每一天，都延续着师生、家园之间最平凡的故事，在和他们一起成长的时光印记中，我对幼儿教育始终怀有一颗敬畏之心。这种责任感和使命感，让我不忘初心，更加坚定坚守教育的决心，目光永远投向孩子，不管春夏与秋冬。

（作者：武汉大学幼儿园三分园　陶欢子）

4. 听，幸福在开花

有人说教育就是一场幸福的遇见，而我有幸参与了这场幸福的守望，在教育的路上与他们相遇。

同孩子们一起的时光是快乐的、无忧无虑的，因为许多烦恼会被他们数不清的暖心时刻幸福地治愈。当小小年纪的他们对我做出超乎意想的行为时，我的内心常常充满了感动，也同时感到非常欣慰。与他们相处的那些美好趣事，让平凡的生活充满了色彩，闪耀着小惊喜与小感动。

临近月底，累积了许多文书工作需要处理，导致我的头不自主地开始疼痛。当时小朋友们正在进行餐前的准备工作，他们有的在洗手、有的在喝水，还有两个小朋友则坐在我的身边，其中一个小朋友看我在按摩头部，问道："刘老师，你不舒服吗？""嗯，是的，我头疼。"他二话不说，把手直接放在了我的头上开始按了起来。"刘老师，你的头好些了吗？""嗯，好多了，谢谢你哟。"接着他又开始给我捶背，软乎乎的小手在我的背上捶来捶去，我不禁感慨一声："哇，真舒服呀！"他温柔地给我捶着。另一个小朋友看到了，立马给我捶起了腿。"呱呱，你看，刘老师像不像个公主呀？""对呀对呀，刘老师就是个公主。"捶腿的小朋友突然跑开了，我以为他去洗手或者是捶累了去休息了。万万没想到，他居然是去给我倒水了，他跑到我面前说："刘老师，喝水。"我被小朋友的行为暖到了，我一边接过水杯一边说谢谢，身体的疲惫一下被冲散了。其实很多时候我自己会忘记喝水，倒是时刻记得让孩子喝水。我何其有幸被这群孩子惦记着，在我不记得喝水忙碌的时候，他们用自己的行动回报着我对他们的付出，让我觉得一切值得。

原来这些小确幸是能够抚平工作中曾经的那些迷茫、不自信、自我怀疑的时刻，是能慰藉遇到困难和挫折时的伤心、难过，是能疗愈拼尽全力却没能如愿时的悲伤、不甘和失望。孩子们用行动告诉我，我即使不完美，但也值得被爱，努力的样子照样美！

工作以来，像这样幸福的时刻还有许多，都是我认为很值得留恋和回忆的一部分。每当和家人朋友谈起这些时刻，嘴角都会不由自主上扬。在和孩子们朝夕相处的日子里，孩子们的一举一动都深深地刻在我的脑海里。我享受着、感动着、珍藏着……同时也发现，爱是相互的。我与他们同欢乐、同悲伤、同交流、共成长。老师给予孩子的是爱与教育，孩子给予老师更多的是信赖、感动与幸福。

与他们遇见，从此幸福在我的心里开始悄悄发芽、慢慢开花，而我也相信这朵幸福的花会在我的心里一直绽放。

（作者：武汉大学幼儿园三分园　刘青）

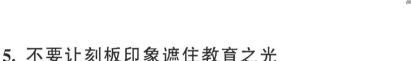

5. 不要让刻板印象遮住教育之光

文文是班上一个瘦瘦高高的小男生，平时总有小朋友告他的状。久而久之，他就是别人口中最调皮的孩子。"老师，文文又打我了。""老师，他抢我的玩具。""老师，他对我吐口水。"为此，我特意观察了文文一段时间。

这天早上，文文和瓜瓜吃完早餐后，两人为了同一本图书争吵了起来。"这是我先拿到的。"文文边说边抓着书的一角大声说道。瓜瓜听后立即反驳道："这是我带来的书，我要看。""这是放在书柜里大家一起看的。"文文边说边推搡瓜瓜说道。两人因此吵了起来，吵闹声越来越大，不一会儿在他俩的争执中，书的一角被撕下来了。这时豆豆急匆匆地跑过来和我说："程老师，文文又调皮打人了，还把瓜瓜的书撕坏啦。"我刚准备询问文文发生什么事时，转念一想，这件事情两个人都有责任，为什么要一如既往地先询问文文，而不是让他俩自己主动说清楚事情的来龙去脉呢。于是我问道："刚刚发生了什么?"瓜瓜立马停止哭闹，眼神躲闪地看着我。文文主动说道："我先拿到的书，可是瓜瓜不让我看，还把书抢了过去。""这是我从家里拿来的书，我也想看。"瓜瓜小声地说道。看着两人僵持不下，于是我把问题抛给其他幼儿。"这本书大家认为谁先看呢?"我"为难"地问道。"应该是文文先看，他先拿到的。"孩子们异口同声地说道。"可是瓜瓜说这本书是他带来的。"我说道。"放在书柜里，大家都可以看。谁先拿到的谁看。"大家说道。瓜瓜听到大家的回答后，不好意思地看着我。"现在图书坏了，怎么办?"我问道。"程老师，我会修补图书。让我来吧。"文文开心地说道。"我也会，让我来吧。"瓜瓜举手说道。既然他俩都这么积极，我为什么不尊重孩子的想法呢。于是我给予他俩一个肯定的眼神，不一会儿，在他俩共同的合作下，破坏的图书修理好了。通过这件事我发现，因为大家对文文平时的行为形成了刻板印象，所以发生争执时，总是认为是文文"犯错"，不愿意和他一起玩。我发现文文有时候故意对同伴做出危险动作，有时候故意毁坏班级物品，有时候故意发出奇怪的声音，是因为文文想要用各种方式吸引别人的注意。其实他经常观察同伴的行为，当发现同伴有不好行为时，会马上提醒同伴改正。当幼儿不改正时，他便会开始"动手"。我想，孩子的"动手"行为有时反映了他心里的规则意识。既然如此，我选择从正面引导文文，鼓励他能及时发现同伴不好的行为并进行纠正。为此，我在全班幼儿面前表扬文文的规则意识强，并希望他能够为班集体服务。

作为老师，我们不能总是用老眼光、旧认知去看待孩子。要做有心人，发现每个幼儿的闪光点，并有针对性地对其进行表扬。同时，要正确对待每个幼儿的不足之处，在让其获得尊重、认可的前提下引导他们纠正自己的缺点，尽力做到扬长避短。苏格拉底曾说，教育的真谛不是灌输而是点燃，一万次的灌输不如一次真正的唤醒。我想作为一名幼儿园教师，我们应该摒弃那些对孩子们的刻板印象，用良好的教育态度和智慧的教育方式，给予孩子尊重、信任和安全感，共同描绘孩子们彩色的童年。

（作者：武汉大学幼儿园一分园　程晓华）

6. 倾听，认识了不一样的他

"盛老师，我又梦到你了，我好想你呀！"回望我的幼儿园教育生活时，突然想起班级中一名小男孩充满"爱"的表达。作为一名普通的幼儿教师，我与孩子们陪伴、前行、成长了四年，心头不禁浮上了我与孩子们相处的点点滴滴：孩子们对我打招呼的笑脸，孩子们对我倾诉的心事，孩子们紧紧牵住我的小手……一个个的温暖瞬间汇成了我们的幼儿园生活。

小溟是一个瘦瘦高高的男孩子，他非常活泼但自控力不强，如果你让他不开心了，他会对你使用大招——"吼叫"攻击。有一天，我们正在观看礼仪视频，我注意到他蹲在了一旁的桌子下，露出一双大眼睛安静看着我，我问："怎么了？小溟。"他没有回复我，而是回到了座位上。几分钟后我没在板凳上看到他的身影，低头一看，他又蹲了回去，他的行为让我一头雾水，于是我也蹲下来，陪在他身边。蹲了一会儿，我说："小溟，盛老师腿好酸啊，要不我们一起在板凳上休息一会儿？"他点点头。最后，我终于了解他蹲在桌下的原因——同伴说他做小观众时太吵闹，不想和他坐在一起，于是他有点难过，选择用一种"沉默的安静"来应对。我告诉他："没关系，小溟，你坐在旁边，学一学好朋友们是怎样做观众的，好吗？"他听到后默默地坐了回去。过了一会儿，我再去看他，发现他脸上又露出了开心的笑容。从那后，我又发现了几次他的沉默。大家一起玩玩具时，他将玩具给了别人，自己坐在座位上发呆，当同伴拒绝他的请求后，他就会默默把板凳搬去另一个桌子等。他的行为让我心疼，于是我开始用我的方法——陪伴与倾听来关心他，陪伴在前、倾听在后。慢慢地，他会告诉我为什么难过了，再后来还会主动来和我"告状"，小溟用"安静的冷酷"来表达自己难过心情的次数逐渐减少了。

不知从哪一刻起，小溟好像不一样了。当我为小朋友讲故事时，他会为我拿来水杯；当我为小朋友扎裤子时，他会为我搬来板凳；当我带领小朋友做游戏时，他会让我休息一下。我发现了隐藏在小溟"好动"性格下的另一面，我也从中感受到来自小溟的温暖。

我读过一篇文章，其中有这么一段话："倾听花开的声音，我们能读懂花儿的心思；倾听溪水的歌声，我们能读懂山林的呼吸；倾听孩子的心声，我们能走进孩子的心灵。"在几年的幼教生涯中，我始终坚信，一定要学会蹲下倾听儿童的声音，读懂他们的心思，这也是教师与幼儿在日复一日的陪伴中形成的默契。

孩子们的语言不够成熟，但是他们有很多的方式来表达他们的情感，比如说情绪表达、身体语言、眼神交流等。我们要做的就是用心去发现、倾听，让我们用眼去看孩子的世界，用心去听孩子的世界，做孩子成长路上的小伙伴，温暖孩子的心灵。

（作者：武汉大学幼儿园四分园　盛佳莉）

7. 一束光的力量
——怎样成为孩子喜欢和家长敬重的好老师

伟大的哲学家纪伯伦曾说："生命的意义，在于人与人的相互照亮。"被孩子喜欢、家长敬重的好老师，或许就是能够抓住这束互相照亮光的人。那么，这束光是什么呢？

还记得刚刚入园时，班上有一个平时不爱出声的女孩子 Nina，有一天，她突然很大声地边哭边说："我不要在幼儿园睡觉，我不要在幼儿园吃饭。"经过我们安抚后，不过 10 分钟她又开始新一轮的"我不要"。或许单纯的"我不要"并不是她的真实理由。在安抚同时，我们开始重点观察、用心记录。功夫不负有心人，我们发现 Nina 在班上有一个固定玩伴，她对于固定玩伴的依赖程度很高。于是，我们开始试着让孩子们自己尝试结伴而坐，活动中鼓励他们和其他小朋友一起游戏。慢慢地，我们发现即使固定玩伴不来，Nina 也不会哭了。这样的案例在新小班不足为奇，有时候孩子一个揪裤子的动作，我们就知道孩子要如厕；一个手指的动作，我们就知道孩子在想妈妈；一个低头的动作，我们就知道孩子需要帮助。

星光微弱，亦能照亮前路。做孩子喜欢的老师，就要做到发现与看见，让心与心走得更近，懂得孩子的心声，让我们和孩子彼此成全。

新学期的家长会，我们从"听我说"改为了"一起说"，一起就亟待解决的问题展开研讨，给了更多家长表达想法的机会；亲子活动，我们从"看我做"改为了"一起做"，鼓励家长与孩子一同互动，创造多形式的互动氛围给大家全新的体验；班级活动分享，我们从"纯汇报"改为了"一起看"，将一周的活动分片段制作成小视频，在周末的时候推送给家长，引导家长和孩子一起来回顾孩子们一周的幼儿园生活；育儿动态分享，我们从"老师说"改为了"家人说"，在群里让更多的家长参与班级的工作和育儿动态的讨论中。我们发现，这束星光的力量虽然渺小，却格外闪亮。

星光渺小，亦有聚拢之力。做家长敬重的老师，就是要把"一言堂"变为了"亦言堂"，站在家长的角度多思考、多沟通，让教育的过程成为成就彼此的过程。

原来，这束光是初心之光、是爱心之光、更是理想之光……每天入园时，看到一群对生活怀抱期待的可爱孩子们，看到一直支持老师工作的家长们，其实他们也是我心里的那束光，是理解和信任之光，给予我前进的勇气和力量。成为一名好老师是我的理想与信念，相信每个人心里都有一束星光，愿大家都能在教育的路上找到并散发出自己的光芒。

（作者：武汉大学幼儿园一分园　张思玉）

8. 心里的那座桥

在那个被春日阳光温柔拥抱的大学里，有一所充满欢声笑语的幼儿园，它坐落于珞珈山下，东湖之畔，宛若一颗镶嵌在荆楚大地上的璀璨明珠，散发着无尽的文化韵味。每到春季，粉色的花瓣随风轻舞，如同天空洒落的细雨，给这个世界增添了几分梦幻与浪漫。

可可，一个拥有明亮大眼睛和腼腆笑容的小男孩，是这所幼儿园里的一员。他有些内向、不善言辞，但内心却充满了对周围世界的好奇与热爱。每天清晨，当第一缕阳光穿透云层洒在蜿蜒的小径上时，可可便踏上了前往幼儿园的路。路上，他总会被那些随风飘落在地上的樱花花瓣吸引，不由自主地停下脚步，小心翼翼地拾起几片，仿佛是在收集春天的秘密。

而我作为一名幼儿园老师，总是以满腔的热情迎接每一个孩子的到来。当我第一次注意到可可手中的花瓣时，以为那只是他偶然间的拾趣，并未多想。然而，接下来的日子里，可可几乎每天都会带几片樱花花瓣送给我，每一次都显得那么匆忙而又真挚。前两次，我或许因为忙碌而未能深刻体会这份心意，但到了第三次，当我再次接过那几片还带着晨露的花瓣时，心中不禁涌起一股暖流——我意识到，这不仅仅是花瓣，更是可可对我无声的告白，是他纯真情感的流露。

我开始思考，是什么让可可对我产生了这样的情感？是每天清晨我给予他的那个温暖拥抱，让他感受到了家的温馨？还是午后我守在他身旁，陪伴他安然入睡的那份宁静与安心？抑或是在他受到委屈时，我毫不犹豫地站出来为他撑腰，让他明白了什么是正义与勇气？这些日常的点点滴滴，或许都在不经意间触动了可可的心弦，让他对我产生了深深的依赖与喜爱。

然而，当我试图向可可询问他送花瓣的原因时，他只是羞涩地笑了笑，没有说话。旁边的小女生见状，调皮地插话道："因为他喜欢你!"这句话简单直白，却如同春风拂面，让我感受到了前所未有的幸福与满足。

时间如白驹过隙，可可终于迎来了他在幼儿园的毕业典礼，那是一个充满不舍与期待的时刻，看着他穿着小小的学士服，站在舞台上接受毕业证书的那一刻，我的心中充满了不舍与骄傲。后来，在一次偶然的机会中，我遇到了可可的妈妈，我们聊起了往昔的点滴。提及那段关于樱花花瓣的温馨记忆，可可妈妈脸上洋溢着温柔的笑容，眼中闪烁着怀念的光芒。她轻轻地说："还好我们家离幼儿园住得近，能经常带着可可回来看看，不然他心里的桥就要断了。"她的话语，如同一股暖流，缓缓流淌进我的心田。

我恍然意识到，原来在成长的路上，除了个人的努力与奋斗，还有那些来自过往记忆的支撑与陪伴，它们如同桥梁一般，连接着我们的现在与过去，让我们的心灵得以在岁月的长河中安然前行。那份细腻与温情，守护着孩子心中的那座桥。而我，也在这份感动中更加坚信，在我们每个人的心中，都有一座用情感搭建的桥梁。它连接着过去与未来，而可可送我的那些樱花花瓣，正是这座桥梁上最美丽、最闪耀的装饰。

在这个纷繁复杂的世界里，总有一些东西能够穿透时间的尘埃，值得我们用一生去珍惜和守护。

（作者：武汉大学幼儿园三分园　沈婧怡）

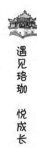
9. "破茧成蝶"的小宙宙

教育是一场幸福的遇见,是等一树花开。而我的幸运始于 2021 年的一次自主游戏,始于遇见那个让我初心萌动的孩子。

遇见

刚遇见小宙宙的时候,我刚调入中班。她给我的印象是:活泼可爱、聪明伶俐、嘴巴很甜、嗲嗲的、还很黏人。我发现她不是很喜欢画画。听跟我搭班的老师说,她从小班开始就没画过画,每次画画连笔都不拿,怎么引导都没用。小宙宙的妈妈说她在家也是,从不画画。所以,老师也没有强求。

转变

图 1

但在一次自主游戏中,她开始愿意主动去尝试画画,也是在一次又一次的尝试中,我们看到了小宙宙的变化和进步。

刚开始她还是跟以前一样,不愿动笔。我跟她说:"就把你刚刚玩的玩具画下来,只要你自己能看懂就行,哪怕只是一个符号、一个三角形。"过了两天,她突然在游戏册上画了一个玩具炮(图 1),虽然图画只是由一些简单的黑白线条构成,但最起码她愿意动笔了。我赶紧表扬了她,并告诉她"如果涂上自己喜欢的颜色会更好看"。

突破

第二天游戏结束后,她开始和其他孩子一样,主动拿起自己的故事册,直接画了起来,而不是像上次那样不知道该怎么记录。她画了云朵和沙包,还记录了自己的心情(图 2)。这次的画面更加丰富,还有了颜色。她开始一步步地突破自我。为了鼓励她,我用画框将她的画裱起来挂到了墙上,小朋友们也纷纷夸赞小宙宙。

花开

随着自主游戏的推动,小宙宙也在一天天进步。"老师,我不会画蝴蝶结。"一天游戏过后，她主动过来找我。听到她的话，我感到很惊喜。惊的是，她有了明确想画的东西。喜的是，她在进一步突破自我。最终，在我的引导下她画出了属于自己的蝴蝶结。与其说她在画蝴蝶结，不如说她在画自己。这个蝴蝶结从无到有，就像她画画的兴趣一样，在经历了一次次的尝试之后，最终得到了蜕变。在我的建议下，小宙宙妈妈在家为她准备了一面画画墙，还经常带她去美术馆参观。

绽放

在后来的一次游戏中，她又画了一个太阳和一列火车(图3)，画面中的故事内容更加丰富了。第二天她又多一画了一节车厢，我问她为什么，她说因为她昨天拼的是圆形的小轨道，今天把轨道变长了。这次的故事有了更清晰的画面，并且跟昨天的游戏故事连接到了一起。

图2

图3

居家期间，我也一直和她妈妈保持线上沟通，并建议妈妈引导她用画画的方式将每天发生的趣事记录下来。她也经常会将自己的"日记画"发给我。并且，她还制作了一份"阅读打卡日历"。

小宙宙从不喜欢画画，到愿意主动去画画，再到现在能够给别人清楚地讲述自己画中的情节。在一次又一次的游戏记录中，她在不断地尝试，动手能力和表现能力也得到了极大的提升。

叶圣陶先生说过，教育是农业而不是工业。教育就像种庄稼一样，需要一个很长的生长周期，需要我们耐心等待。每个孩子都是一朵花，他们的花期不同，需要的养分也不同。作为教师，我们的初心不只有爱，更要有智慧，要尊重每个孩子的差异，细心呵护每一粒种子，浇好水、施好肥、用爱滋养、静待花开。同时，我也会不断超越自己，在幼教的道路上发光发热。

(作者：武汉大学幼儿园三分园　肖湘)

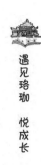

10. 用心发现，做幸福的老师

有人说，有一双善于发现美的眼睛，可以减少生活一半的疾苦。我觉得用心发现生活中的教育契机，自然中的一草一木、生活中的一言一语都能成为教育的资源和沃土。我想，这就是成为一名幸福老师的快乐密码。

这天上午，像往常一样到了户外活动的时间，孩子们下楼依次排好了队伍。我正带着孩子们做热身运动，一阵风吹过，在幼儿园操场旁边有一棵高大的梧桐树，经过了一个冬天，树上叶子已经完全枯萎了，随着风的走向，那些枯叶被吹得在幼儿园操场上空漫天飞舞，引得孩子们开心地惊呼起来！他们企图想要伸手抓住那些飞舞的叶子，有的跳起来抓，有的捡起已经飘落在地上的叶子，三五成群地在那里摆弄……我问孩子们："你们知道这是什么叶子吗?"大多数孩子都说："不知道。"有些孩子好奇地问："这些叶子为什么会掉下来?""这些叶子的上面有什么?""叶子是死掉了吗"……于是我们的"探叶之路"活动便开启了。

首先，我们开展了"叶子大搜寻"——亲子社会实践活动。携一缕珞樱春光，采三片缤纷春叶，带着孩子们的好奇心，和爸爸妈妈一起牵手去探寻不同的叶子。我们从幼儿园出发，沿着樱花大道、九一二操场、万林博物馆的路线采集看到的叶子。孩子们把搜集来的叶子按照自己的意愿给它们分类，"它们的形状一样!""它们的颜色一样!""它们的大小一样!"最后孩子们和爸爸妈妈一起把收集的叶子用图文并茂的形式展现，然后和同伴一起交流，这样我们就认识了好多不同的叶子，包括它们的名称、特征以及用途。

随后，"叶子是如何生长的?"这一问题又引起了幼儿的好奇心。于是我将叶子生长的科普视频慢速播放，让孩子们观看叶子生长的过程，他们觉得太神奇了！在孩子们的惊呼和讨论声中，关于"叶子能不能吃"的问题，引发了大家的争议，孩子们分别发表了自己的看法。于是我们开展了"叶子餐厅"的活动，孩子们将能吃的叶子菜带到幼儿园。从摘洗、制作到品尝，他们是那么认真、仔细且小心翼翼，孩子们自信地操作、自由地探索并体验着成功的快乐。

午后，幼儿园里的一角布满了落叶，孩子们自由地、三五成群地聚在一起，和落叶一起玩起了游戏，"我心中的叶子"是孩子们自由创作的作品。之后，他们还制作了独一无二的"叶子书签"！

和煦的阳光透过稠密的树叶洒落下来，形成了金色的光斑。陈鹤琴先生指出，大自然是我们最好的老师，大自然充满了活教材，大自然是我们的教科书。我们要张开眼睛去仔细看看，要伸出两手去缜密地研究。在这个过程中，孩子们亲身体验了从户外采集、观察、分类到相互交流讲述叶子的全过程。在户外活动中他们亲近自然，感受叶子的不同形态。孩子们运用叶子作为自然材料，发挥无限想象力，一幅幅别出心裁的作品展现了孩子们独特的审美视角和创造力。不仅让孩子在自然中收获了快乐与成长，还为他们今后的学习和发展奠定了坚实的基础。生活即教育，当在一个活动中孩子成为主角的时候，老师只是隐形的教育者，我想，这便是幼儿教师最有魅力的地方吧，儿童的教育始终从生活中来，然后回到生活中去。

在五彩斑斓的幼儿园里，每一天都充满了欢声笑语与无限可能，这也是我作为一名幼儿教师的幸福源泉。用心发现，用爱浇灌，努力成为孩子们幸福成长的引路人。

（作者：武汉大学幼儿园三分园　郑红）

11. 做孩子世界里的静默诗人

我常常会觉得在孩子童真的世界里，每位老师都是那静默的诗人，他们用无声的行动编织着绚丽的诗篇，每一笔、每一划，既饱含着深沉的情感，也抒发着教育的意义。

这是我和天宇的故事。天宇是位特别的小朋友，他就像春日里初绽的嫩芽，带着一丝懵懂与纯真。小朋友们总爱亲昵地唤他为"天宇弟弟"。天宇总是带着一脸无辜的笑容，蹦蹦跳跳地来到我们中间，他那双小手似乎还在与复杂的纽扣和拉链做着游戏，每次尝试独立穿衣，都像是在进行一场小小的探险。每当这时，周围的小朋友们就会围过来，用稚嫩的声音鼓励他："天宇弟弟，加油哦!"而我，也总是因为他比同龄幼儿发展较缓而伸出援手，帮他整理好每一件衣物。起初，我对这份"特别关注"还有些不以为然，但我逐渐发现这不仅仅是帮助穿衣那么简单。每一次的弯腰、每一次的细心调整，都是我和天宇之间爱的传递。我开始更加耐心地倾听他的每一个小需求，从我帮助他穿脱衣服到教会他自己穿脱衣服，我们一起在成长的路上慢慢前行。

有一天，我蹲在他的面前，温柔地问："天宇，你觉得自己穿衣服难吗?"他眨巴着大眼睛，认真地回答："难!"说完给了我一个拥抱。那一刻，我的心被深深触动，原来，给予与接受，都能让心灵得到如此纯粹的温暖。于是，在爱的感染下我们班生活里多了一份特别的仪式，大家会轮流成为天宇的"小助手"帮助他穿衣服。小朋友们学会了相互帮助，也学会了感恩与分享。而天宇呢，他渐渐长大，不仅穿衣越来越熟练，还学会了主动感谢别人，那份纯真的笑容成了我们班最动人的风景线。此后，对待每一个孩子我都会用心、用爱去发现他们身上的闪光点，帮助他们做力所能及的事情，只要心中有爱、眼中有他，你就会感觉很幸福。

原来，爱不是说出来的，是可以看见的。它藏在每天与孩子们交流的眼神里，藏在嘴角上扬的微笑里，藏在轻手抚摸的动作里，藏在我做你看、你说我听的耐心里……原来，每位老师就是那静默的诗人，用一言一行影响着每颗童心的生命轨迹。因为心存阳光、心存善意，我的孩子们都活泼开朗、热心助人、积极乐观、自信大方。我想，这就是爱的意义，也是教育的意义。

（作者：武汉大学幼儿园二分园　范梦雅）

12. 喝水"趣"事

这两天天气比较干燥，课间老师们都会重复提醒幼儿喝水。但我发现有几个活泼的小朋友们嘴皮都干了，嗓子嘶哑，却总是不好好喝水，还玩起水来。怎么才能让他们乖乖喝水呢？作为保育老师，幼儿喝水这一难题常常让我犯难。

一天上午，学习活动结束后，又进入了自主饮水环节。我跟着男生们走进盥洗室，发现几个"小机灵鬼"又没好好喝水。于是我拿起自己的杯子蹲下来，轻轻地跟他们说："小朋友们，前天我看到了楼下的地上有干枯的落叶和草根，它们离开了大树妈妈和大地妈妈的怀抱。你们来猜猜看这是什么原因？"这话一出，四个小机灵鬼立马活跃起来："它是不是想出去玩了"，"它是不是长大了"，还有一个说"它是死了吧？"我笑了笑说："那为什么其他的树叶和小草在大树妈妈和大地妈妈身上好好生长着呢？"孩子们有的说是因为它们听妈妈的话，还有的说是因为妈妈给它们吃好的喝好的。我看差不多是时候了，便举起我的杯子对他们说："你们看，小草和树叶要乖乖地听妈妈的话吃好喝好，才能长得绿油油、水嫩嫩！那我们小朋友是不是也要像小草和树叶一样听妈妈的话吃好喝好才能长好呀？"小机灵鬼们一起大声说："是的，是的！我们听妈妈的话要长得绿油油、水嫩嫩。"我听后笑着说："那现在你们的妈妈不在身边，大李老师先代替你们的妈妈，陪伴你们好好地喝水，让身体吸收足够的水分，不让身体缺水、干燥，让我们的身体滋润起来健健康康好不好?"小机灵鬼们一起叫："好呀好呀!"说完，我带头举起杯子咕噜咕噜地把水杯里的水喝完，并告诉他们："你们看，我的水已经喝完了，并且没有洒出来流到地上，我的身体会吸收足量的水分来维护我的健康，地上也没有弄脏，还保持了教室的干净，这样是不是特别棒呀? 有没有小朋友跟我一起，好好喝水、好好爱护我们的身体和环境卫生呀?"宝贝们听后都非常兴奋，拿起杯子排队打水，喝完水后把杯子拿给我看，证明自己也是健康的好宝贝。

在这之后，孩子们再也不借喝水的机会玩水了，而且每次都主动地排队喝水，还会多次提醒老师也要乖乖地和他们一起喝水呢!

这件事让我感受到，说教式的教育方式并不会有很大的效果。故事、游戏才符合孩子的年龄特点和兴趣需求。作为保育老师，也要有意识地通过趣味化的方式激发孩子们的主动性。同时，要想培养孩子良好的习惯，不仅要求我们要有恒心、毅力，还要有初心、爱心，更要有智慧、方法，这样才能为培养孩子的良好习惯打下基础。

（作者：武汉大学幼儿园二分园　李华兵）

13. 用初心孕育孩子快乐的童年

时间过得真快，我已经在珞珈山下的武汉大学幼儿园二分园从事保育工作四年了。幼儿园的保育老师，看似是平凡的岗位，但在我的心目中却并不平凡，我始终认为从事这一职业的老师不仅需要有满满的爱心，而且还需要在日常工作中将爱心融入幼儿生活的点点滴滴，用责任心与爱心温暖每个幼儿，用初心坚守孩子成长的每个瞬间。

初心，是尽职尽责。幼儿的保育、安全、健康是重中之重，我始终将幼儿的保育、安全、健康放在第一位，我每天关注幼儿在饮水、如厕等方面的安全，坚持每天检查班上的桌椅、床铺、电器设备、玩具有无安全隐患，坚持在幼儿户外活动前和户外活动后检查器械是否安全，发现问题及时报告、妥善处理，充分发挥保育员安全工作的第一道防线作用。每天早晨，我提前到幼儿园开窗通风，认真做好室内保洁、消毒等工作，以细致的工作作风，落实好日常的各项保洁制度、消毒制度和多病同防制度，保持室内窗户明亮、地面整洁、空气清新，为幼儿的安全、健康保驾护航。

初心，是当好助教。工作中我坚持用关心、耐心、细心、热心对待每一名幼儿，让幼儿感受到幼儿园的温暖。我作为一名保育教师，非常重视配教工作。2022 年 9

月开学第一天，芳芳由班上的一位老师牵着手走进班级，入班时她一脸怯生生的样子，并且一直在默默流泪。由于事先和家长进行了沟通，知道她性格内向，于是我没有说话，而是用肢体语言对她的到来表示欢迎，随后拿餐巾纸帮她擦干眼泪，告诉她座位的具体位置，让她先坐下来，并帮她把书包摆好。经过一周的相处，芳芳基本改掉爱哭的习惯。但是她的性格还是比较内向，不怎么说话，每次活动，芳芳常坐在座位上或者站在座位旁边，看着别的幼儿玩耍。这时，我们会引导她与其他幼儿一起玩，并用眼神或肢体语言鼓励她，让她增强自信心。在老师们的关心和帮助下，芳芳较快地融入班集体的生活中。

初心，是用心关怀。2023 年 9 月开学第一天，班上来了一位外国小朋友珍珍。当天上午我们刚好组织班上的幼儿开展户外活动，活动进行了一段时间后，珍珍便走到了我面前拉着我的手，指了指水杯架，我便蹲下身体，习惯地先后用中文和英语去问她："是不是想喝水了？"但是她并没有听懂我的意思，于是我便牵着她的手走到水杯架前，把她的水杯递给她，她接过水杯后马上就喝了点水，转身就去玩了。原来珍珍既不会说中文、英语，也听不懂中文、英语，用上述语言暂时无法进行交流，日常生活中我们只好依靠肢体语言进行沟通。后来，通过家长和我们幼儿老师的共同努力，珍珍较好地适应了幼儿园的生活，能听懂部分中文并能用简单的中文进行交流。

朱自清曾说，童心未泯，故事不止。幼儿园的工作虽然烦琐，但幼儿纯真的笑容让我充满喜悦。我珍惜我的岗位，我的初心始终不变，这是孩子们给我的力量，是园里的小伙伴给我的底气。我相信我和孩子们的故事会一直延续下去。

（作者：武汉大学幼儿园二分园　吴楚玥）

14. 豆腐变形记

在武汉大学幼儿园园所文化的浸润下，作为红案师傅的我渐渐地对孩子们的菜品变得喜欢琢磨、乐于研究，我的厨艺也受到孩子们的喜爱。然而，最近我发现孩子们对豆腐这道健康食材并不感兴趣，我到班级了解孩子们进餐情况时，发现餐盘里剩下的总有那些白花花的豆腐块。

在参加完幼儿园保健医的培训后，我深知豆腐的营养价值，决心要改变这一现状，我开始琢磨如何将豆腐变得更受孩子们的喜欢。经过多次尝试，我研究了一道新颖的菜式——豆有乾坤。

为了确保新菜品的口感和营养都符合孩子们的需求，我决定试做这道新菜。在食堂管理员的支持下，我邀请了保健医、保管员和园长一起品尝这道新菜品。大家都对这道菜品赞不绝口，纷纷表示这道菜既美味又营养，非常适合孩子们食用。

经过几次试做和调整，我们终于将这道新菜品正式推出。我将鲜嫩的豆腐与孩子们喜爱的鲜肉巧妙结合，不仅口感丰富，而且营养均衡。我将豆腐切成大小适中的块状，然后用小勺在豆腐中心挖出一个小洞。这个步骤需要非常小心，既要保证豆腐的形状完整，又要确保挖出的洞足够大，能够放入足够的肉馅。接着，我开始准备肉馅。我将新鲜的猪肉，搭配一些胡萝卜、玉米粒和调料，搅拌均匀后腌制入味。然后，我将肉馅小心翼翼地填入豆腐的洞中，确保每个豆腐块都均匀地包裹着肉馅。接下来，我开始准备蒸制的步骤。我将填好肉馅的豆腐块放入蒸盘中，淋上了一层薄薄的鸡蛋液，鸡蛋液不仅增添了菜品的口感，还使得豆腐表面更加光滑诱人。蒸制的过程中，我不断观察火候和时间，确保豆腐能够充分蒸熟，同时保持其嫩滑的口感。终于，经过一段时间的等待，新菜品出锅了。我将蒸好的豆腐整盘取出，淋上了少许蒸鱼豉油。这个调料不仅增添了菜品的鲜味，还使得整道菜品更加美味可口。

我将孩子们不喜欢的豆腐创新制成新的菜式。"变形"后的豆腐新菜品一经推出，受到了孩子们的热烈欢迎。我看着孩子们吃得津津有味，心中满是成就感。同事和园长们对我给予高度肯定。

我感觉自己不仅创新了菜品，更点燃了孩子们对食物的热情，让他们在享受美食的同时，也摄取到均衡的营养。原来，创新并不难，只要肯钻、肯学、肯花时间、不怕困难、坚持下去，就一定会有好的结果。

（作者：武汉大学幼儿园二分园　高道林）

15. 当"医生"和"老师"相遇后

作为幼儿园一名普通的保健医生，我的内心充满感恩。2016 年我从市级医院转岗到武大幼儿园，最初的目的只是谋个工作，希望能够过上有双休、寒暑假，且单位离家近的生活。但随着时间的推移，我与武大二分园结下了深深的不解之缘，我的初心在不经意间扎根在这个充满欢声笑语的小天地里。我深刻体会到，当医生和教师这两个职业碰撞在一起时，医生老师就成为一种责任和使命，它不只限于治好身体上伤痛，也要疗愈心灵和思想，成为孩子心目中的那个守护者。

刚到幼儿园时，我也感到一阵迷茫和不适应，从手术室护士转岗到保健医，从面对病患到面对一群活泼好动、充满好奇心的孩子们，完全不同的工作形式面临巨大的挑战，一切需要从零开始。起初，我发现孩子们对穿着白大褂的医生有些畏惧。经过观察，我发现只有取得孩子们的信任，才能让他们放下恐惧，我学会了蹲下来，平视孩子们的眼睛和他们交流。我还会在孩子们生病时，耐心地安慰他们，用温柔的话语和温暖的怀抱，让孩子们感受到医生的关爱。我经常走进课堂，用生动有趣的方式向孩子们传授健康知识，逐渐赢得了孩子们的信任和喜爱。当"李医生"课堂成为一种常态，当孩子们每次见到我都喊我医生老师时，我内心感到无比满足和幸福，忽然就明白了"仁心"二字的含义。原来医者仁心，教育无痕啊。

从不适应到游刃有余，从局外人到主人翁，我感觉整个人都脱胎换骨，每天有使不完的力气。我想，这得益于在武汉大学幼儿园二分园这个大家庭里，"和合"二字的文化传承，师生关系的和谐，同事之间的和睦，领导的和蔼可亲，都在帮助我更好地融入这个大家庭。尤其是方丽文园长手把手地教导，她轻声细语、耐心细致，帮助我一步步成长。看着充满干劲的领导们，我总感觉浑身热血沸腾，总想为幼儿园去努力成为更好的自己，后来才明白这就是榜样的力量。

在每一天的工作中，我都努力做到让自己的一言一行，像一股温暖的春风，吹拂着每一个孩子和家长的心田。用专业知识和无限的爱心，证明保健医不仅是专业的医务人员，也是孩子们心中的守护天使，更是肩负治疗身体与教育思想重任的医生老师，为孩子们的健康保驾护航。我也相信自己有能力传承这种精神和力量，托起孩子们明天的太阳。

（作者：武汉大学幼儿园二分园　李嫂丽）

第二节　育美大爱

杨绛先生曾言，人性皆向往美，爱美之心，人皆有之。不分性别，只关乎个人修养。我们认为，这种美，不仅限于外在美，更在于内在的美言、美德、美行、美心。基于美的传递，大爱呈现的应该是一种广阔而深沉的爱的态度和情感。它无私无畏，超越自己的利益和安全，拥有坚定的信念和勇气，敢于面对任何困难和挑战；它包容开明，没有偏执和歧视，以广阔的胸怀接纳人性的弱点，原谅一切的过往；它广泛关爱，不局限于个人或小圈子，对所有人都给予同等的关爱和好意；它深刻睿智，看清人性光谱的全貌，拥有宽广的视角和独到的见解；它无我无相，不会因受益或受损而改变，达到一种自然的无我境界；它乐于给予而不求回报，祝福他人的获得而不酸楚自身的失落。我们愿意在与他人、与自己、与世界相处的过程中，用育美、美育的眼光，在幼教的道路上朝着大爱的方向努力。

1. 爱，在和孩子的平等对话中悄然生长

教育的细微之处，往往蕴藏着最真挚的情感与最深刻的智慧。

那是一个寻常的餐前准备时刻，阳光透过窗棂，洒在幼儿园温馨的教室里，为即将开始的午餐时间增添了几分暖意。孩子们或忙碌地摆放餐具，或兴奋地讨论着即将享用的美食，而我，作为他们的老师，正细心地观察着每一个孩子的举动，确保他们的安全与卫生。

当我的目光不经意间掠过暄宝时，他的一个细微的动作引起了我的注意。只见他的小手轻轻触碰着嘴唇，那一刻，从我的视角望去，他好像正在偷吃手指。出于对孩子健康的关心与责任，我本能地喊道："暄宝，快把手从嘴里拿出来。"声音中带着一丝不容置疑的焦急，因为我深知这样的习惯可能带来的不良后果。

然而，暄宝的反应却出乎我的意料。他迅速放下了手，眼神中闪过一丝不解与委屈，却什么也没有说。那一刻，我意识到可能有什么误会发生了。正当我准备进一步询问时，一个清脆悦耳的声音打破了沉默："老师，你是在说暄宝'瓜田不纳履，李下不整冠'吗?"我转头一看，原来是万里小朋友，他眼中闪烁着智慧的光芒，仿佛已经洞察了这场小误会背后的深意。

我愣了一下，随即被万里的智慧所折服。这句古语，原意是比喻避免嫌疑，而今却被万里巧妙地用来解释这场因视角不同而产生的小误会。原来，从万里的角度看，暄宝只是把手放在了嘴边，并没有真的在吃手。而我，却因为自己的主观臆断而冤枉了暄宝。这一刻，我深刻体会到了与孩子平等对话的重要性。

随后，万里开始了他的小故事演讲。他用稚嫩却清晰的语言，将这场小误会编织成一个生动有趣的故事。故事中，两个小朋友因为视角不同而产生了误解，但最终通过沟通和理解化解了矛盾。万里的故事不仅让我和孩子们捧腹大笑，更让我深刻反思了自己的教育方式。

我惊叹万里小朋友的广博学识和敏锐观察力，更感慨孩子们那份纯真无邪的智慧

与情感。他们虽然年幼，却已经懂得用自己的经验和知识去表达。这让我意识到，孩子的教育从来都不是灌输式或说教式。真正有效的教育，一定是建立在与孩子平等交流和对话的基础之上。

立足儿童视角，我才能真正走进孩子的内心世界，发现那些被成人忽视或误解的童真与美好。我要尊重孩子的天性和成长规律，理解他们的个体差异和独特需求。在这个过程中，我不仅是孩子的老师和朋友，更是他们成长路上的引路人和陪伴者。我要用爱去温暖他们的心灵，用智慧去启迪他们的思维，用耐心去陪伴他们的成长。最终的目标是让每个孩子在平等交流与对话中茁壮成长，成为最好的自己——那个独一无二、充满光彩的自己。

这次小误会看似微不足道，但它却像一面镜子，映照出了我教育过程中需要不断精进的方向。它让我更加坚信：爱孩子就要学会与他们平等对话；尊重孩子就要理解他们的世界；教育孩子就要用最适合他们的方式去引导和激励。只有这样，我才能在教育的道路上不断前行，收获更多的喜悦与成就。

（作者：武汉大学幼儿园三分园　丁璇）

2. "抢镜"的小星星

在浩瀚的夜空中，每一颗星星都有其独特的光芒，它们或明亮或微弱，但都以自己的方式点缀着宇宙的壮丽。在我们的世界里，也有这样一群特别的小星星，他们被称作"来自星星的孩子"，他们是孤独症儿童，他们拥有一片只属于自己的星空，而在这片星空中，有一位小男孩，名叫达达，他便是那个"抢镜"的小星星。

来自星星的孩子

小班新生入园的第一天，由于达达不断在我的视野里"抢镜"，他是我认识的第一个孩子。他一走进教室就将玩具倒了一地，一上午的时间就推倒了三个孩子，咬了两个小朋友，中午不午睡，在床上跳来跳去……他的与众不同让我们所有的人都关注着他。

当时，我还以为这是他的"入园焦虑"，但通过观察我发现达达存在诸多异常的表现。他总是用推、压、咬、拍打等动作与人接触；喜欢模仿、重复别人的话，特别是一段话中最后几个字。代词运用混淆，分不清"你、我、他"，交流时目光闪躲，喜欢我行我素，只要受到约束，就会各种闹情绪，蹲在地上尖叫、不停跳、到处跑。

我们想与达达的爸爸妈妈沟通他的情况，可他们总以"工作忙"为由拒绝沟通，导致我每次只能与他的爷爷奶奶沟通交流。经过奶奶的介绍，原来达达患有孤独症，从小就有攻击性行为。"小区的孩子都被他打了个遍，大家都认识他，都不愿意与他一起玩，我们索性就很少下楼。"奶奶无奈地说。我顿时理解了，也对达达和他的家人产生了怜悯之心。

可随着班上的孩子接二连三被打，达达经常被家长和小朋友投诉。一名连续被咬了几次的小朋友的爸爸忍无可忍，在班级群里"控诉"达达的攻击性行为，随后达达遭到"群起而攻之"。我在群内极力地维护着达达，但仍平息不了家长们的怒火。终于，达达爸爸在群内第一次作出了回复，说明了达达的病情，在我的引导下，家长们的怒火都一一熄灭，甚至还有好心的家长推荐了"康复机构"，还提出了帮助达达的各种建议。

被遗忘的小明星

我无意间发现达达有很强的音乐感和记忆能力。开餐时播放的轻音乐，他很快就能将旋律哼唱出来；入园时播放的歌曲他能清晰地唱出来；他对文字很感兴趣，认识"点名册"上所有小朋友的名字；可以完整阅读许多故事书。发现达达的"天赋"后，我试着发挥他喜欢"抢镜"的优势，让他承担"点名"的任务，带领小朋友唱歌，给小朋友读故事书……每次做完这些任务，我都会表扬他并在他额头上贴"小星星"，他高兴极了。渐渐地，小朋友不排斥他了，我们鼓励孩子们带着达达一起玩，并指派一个老师专门陪着他，虽然达达仍会将玩具丢一地，有时候仍会推搡其他小朋友，但小朋友和家长都很包容他，比起以前，达达更快乐了！

聚光灯下的小星星

幼儿园读书节里，我们班的节目是表演《闪闪的红星》，达达上台表演成为"一大难题"。在排练的过程中，他的行为仍旧非常"抢镜"，完全不按常理"出牌"，到处乱窜。我便给他安排了一个简单的任务——在最后一排摇红旗，可他却拿着旗帜乱打一气。正当我无计可施时，我发现他总是喜欢跑到第一排的最中间。我问他："你是不是想站在最中间表演？"他重复着我的话："站中间、站中间。"于是，我萌生了一个大胆的想法：让达达站"C位"。表演当天，虽然达达有些不受控，但他却一个人站在舞台的最中央卖力地舞蹈着，他的样子感动了我们在场的所有人，他的奶奶和妈妈流着眼泪对我说："谢谢老师！"

達达的故事，就像一颗"抢镜"的小星星，在夜空中划出一道亮丽的轨迹。他告诉我们，即使是最不起眼的小星星，也有属于自己的光芒，只要给予足够的爱与耐心，每一个孤独症儿童都能够绽放属于自己的光彩，成为夜空中最亮的那颗星。

（作者：武汉大学幼儿园二分园　程晓丽）

3. 正面教育的力量

阳光总会给人带去温暖，帮助人们驱走黑暗与严寒。就像我们幼教工作者一样，要给孩子正面、积极的教育，老师自身就要成为一个正能量爆棚的发光体。

小睿是一个极度敏感、聪慧、很会洞察人心的小朋友。记得刚入园时，孩子每天都哭哭啼啼，只要进行自由活动，就会大喊大叫、哭闹不止。小朋友们和老师跟他说话，他都不太回应，上课也从不举手发言。但是每次玩益智类游戏时，他都会很专注地投入其中。借着一次玩"彩珠排序"游戏的机会，我试探性地走近他，在他身边拿出一份玩具和他一起做游戏。游戏快结束的时候，我故意将红色的棋子换成蓝色棋子，他马上注意到了，跟我说："老师，这里应该是蓝色的。""哇，还好你看到了，不然老师就拼错了。谢谢宝贝！"那是入园后他第一次和我说话，也正是因为这一句话，在我和他的心灵间搭建了一座桥梁。晚上回家以后，我收到了他妈妈长长的信息。没想到，我的一句话、一个表扬可以让孩子那么幸福和快乐。从此以后，小睿开始尝试着和我说话，和我分享生活中的故事，上课的时候他偶尔也会举手回答问题。从刚开始的扭扭捏捏，到现在可以完整在小朋友面前讲述一个故事，小睿的进步让我们感到无比的欣慰与幸福。

正面积极的教育存在于幼儿园生活的方方面面。入园时一个温暖的拥抱，一句积极的问候，可以给孩子带来一整天的美好心情；游戏时一个鼓励的眼神，一次有效的追问，可以让孩子充满挑战的勇气和尝试的信心；生活中经常蹲下倾听，孩子们会更加愿意和老师分享秘密，打开内心。

在教育的世界里，正向的沟通并非只是言语的交流，它更是一种姿态、一种我们向孩子展现出的平等与尊重。和孩子一起成长，不是嘴上说的那样简单，作为老师，面对不同家庭、不同性格、不同背景出身的孩子，我们只有努力发现每个孩子身上的闪光点，用积极的心态去引导他们，用正面的能量去感染他们，才能让他们更加苗

132

壮、健康地成长。

（作者：武汉大学幼儿园一分园　张思玉）

4. 孩子眼中的美好

这天，突如其来的美甲贴纸在班级中传播开来。美工区的女孩子们叽叽喳喳地说个不停。

"美琪，你帮我做一个美甲吧！""当然可以啊，爱美的小公主们。"孩子们都涌向美工区，都伸出小手等待美琪的精心创作。只见美琪比对轩轩手指盖的大小剪出了形状，又将剪好的形状交给了糖糖进行装饰，最后用双面胶贴在了轩轩的指甲盖上，顿时轩轩的手指甲真的就像是涂了一层指甲油似的。

我看见后忍不住惊讶，真的挺好看的！但同时内心却纠结起来：反对吧，幼儿以"蚂蚁之眼"发现和欣赏身边的美好事物，是成人身上逐渐蜕化的品质，难能可贵。支持吧，可传统观念认为幼儿做美甲这一行为，在学习阶段有一定的规则和约束。支持还是反对？在一番内心挣扎后，我还是忍不住崇拜地说："哇，好漂亮的美甲！不仅纹路特别，颜色搭配也很赏心悦目，你们真厉害啊！但是我们还是幼儿，在入园时还是要保持指甲的干净和卫生哟！"听完我的一番夸赞和提醒，孩子们仿佛受到了鼓舞，创造了许多新的玩法，也吸引了更多小朋友的效仿，美甲的款式多了起来。

自此之后，我惊喜地发现孩子们对美好事物的敏锐观察力更强了，经常会画出许多有创意的作品，也会动手制作出奇思妙想的创意手工。那些作品的色彩搭配脑洞大开，总能让我惊叹和佩服。爱美之心人皆有之，原来，对美好事物的需要是人类的一种本能，孩子们看见了、喜欢了、表达了、也创造了，我想，这也是美育的核心教育价值所在。

作为老师，我们不能用传统的观念禁锢和限制孩子发现美和感受美的能力，而是要顺应新时代的发展，用孩子的眼光去发现美和审视美。如果说孩子眼中的这种美，是一种外在美。那么，在与承承相处的过程中，让我看清了什么是孩子眼中的内在美。

我与承承相处了半个学期，在他第一天见到我时，就两眼发光望着我，我蹲下来摸摸他问："是不是想跟我说点什么？"他笑了笑躲开了。突然有一天，他悄悄地告诉我："李老师，我们在家里聊天说起过你。"我问他："说什么啦?"他害羞地说："我告诉他们你很温柔，你非常关心和照顾小朋友，睡觉给我盖被子，提醒我区分衣服正反面，灌水时帮我打开瓶盖，带我们做好玩的手工。"他又接着说："我爸爸说你是善良的人，要我向你学习。"过了些日子，我观察到他会在班级中关心需要帮助的伙伴，放学时提醒伙伴拿水杯，帮助手指受伤的元宝搬板凳，积极地收拾玩具等，渐渐地，他变得越来越主动了。

原来，一个人的内在美，会体现在语言里、行为里。在与幼儿的相处中，我们留给他们内心的印记，都是他们学习和模仿的样子，都会在岁月的长河中，影响着他们的一言一行。我想，这是幼儿园"生态育美，和乐共生"的教师发展理念给我的启示，一名合格的老师，首先是要做到美德、美言、美行、美心，才能培养出有爱心、有责任感、有担当的孩子。

（作者：武汉大学幼儿园二分园　李博文）

5. 在爱的滋养下阳光成长

我常常认为阳光的温暖是会传染的。当我们内心充满阳光面对孩子时，也一定是笑靥如花、温暖而有力量。而爱，是开启阳光之门的那个密钥。

在一个初秋的午后，阳光透过繁茂的树叶洒落在地上，在这个充满诗意的季节里，我怀揣着对未来的憧憬，肩负着沉甸甸的责任，步履坚定地走向教室。记得那时我刚刚担任小班班主任一职，内心十分忧虑，怕带不好孩子、组织不好班级工作。

记得班里有个叫小明的孩子，他活泼好动，仿佛一颗小星星在我教育的夜空中闪烁着独特的光芒。然而，他调皮捣蛋，让我头疼不已。一天离园前，我看到小明背后有汗，担心他出门吹风后容易生病，准备给小明换件衣服，小明拿着衣服一路小跑过来不小心绊了一跤，膝盖红了起来，我发现后立即进行了处理。放学时，小明的妈妈看到孩子膝盖的伤痕，情绪立刻激动起来，质问我为何没有看护好孩子，是不是对他的安全疏忽了。她的话语像一把锋利的刀刃，割裂了我内心的平静。我尝试解释，但小明妈妈根本听不进去，认为我在推卸责任。那一刻，我的心如同被冰雪覆盖，感受到了前所未有的寒冷。

然而，我深知作为一名教师，不能被情绪左右，更不能因此放弃对孩子们的关爱和教育。我开始了深刻反思，我站在小明妈妈的角度去思考问题。意识到，作为家长，看到自己的孩子受伤，心里肯定是非常难受的。她关心的是孩子的安全和健康，而不是老师的解释和辩解。

于是，我决定改变自己的态度，用更多的爱和耐心去关心和教育孩子们。我开始每天抽出时间和小明交流，了解他的兴趣爱好。我发现小明其实是一个非常有爱心的孩子，我鼓励他多参加集体活动，多和小朋友们交流。这些活动不仅能让小明更加开朗自信，也能让其他孩子感受到他的善良和友好。

我还每天带小明去看保健医生，请她为小明处理伤口，并告诉他要注意安全。保健医生的专业处理和关爱让小明感受到了温暖和安全。同时我也意识到安全教育的重要性。我开始在课堂上加强对孩子们的安全教育，向他们讲解如何安全地使用玩具、如何避免摔倒等基本安全知识，这些简单的知识对孩子们来说非常重要。

随着时间的推移，小明变得越来越自信、大方。在沟通中我们向小明妈妈讲述着小明在幼儿园的改变，小明妈妈激动地表示看到了孩子的变化，对我说："谢谢你，侯老师，是你用爱和耐心改变了我的孩子。"听到这句话我的心中涌起一股暖流，所有的委屈和无奈都烟消云散。这次经历让我深刻认识到换位思考的重要性。

爱，是人间最美的词。让孩子在爱的滋养下阳光成长，是我十三年来努力的使命和责任。孩子和家长给予我的爱，也是滋养我不断成长的源泉。我始终相信"爱出者爱返，福往者福来"，用爱写好师德，用阳光的心态换位思考，所有的努力都将会变成不辜负自己的勋章。

（作者：武汉大学幼儿园二分园　侯婷婷）

6. 阳光下的守望

某日，班上一个小朋友带来一本特殊的绘本《不要随便摸我》。绘本的扉页充满温情，一对母子相视相拥。我的目光落在封面左中的一排文字："我很喜欢亲亲和抱抱，但是当我说'不要！'的时候，请不要碰我。"我被小主人公坚定明确的拒绝深深触动，强烈的使命感告诉我，在这样一个明亮的晨间，是时候和我的孩子们分享这本特殊的绘本了。

孩子们若有所思地聆听着我的讲述，我也尽量用最平实的语言告诉孩子们，每个人的身体里都安装着一个警报器，一旦别人触碰你的身体让你觉得不舒服时，身体里的警报器开始报警，你就需要很勇敢地拒绝别人。

依依长长的眼睫毛微颤，眉头微蹙地问道："陶老师，我的身体里好像没有这个警报器，爸爸妈妈忘记给我带了。"

我被孩子的天真逗乐了，一字一句地解释："别担心，这个警报器一直装在我们身体里，只有在紧急的时候，它才会自动拉响警报。"

"陶老师，嘟嘟的手在弄我的头发，我非常不喜欢。"幽幽从板凳上跳了起来，一脸的不悦。

班上最古灵精怪的墨墨大声地说："你们看，幽幽的警报器已经开始工作了。"全班笑作一团。

我知道，这个话题或许有些深奥，对于这帮刚5岁的孩子来说，他们并不一定能够完全领悟老师的教育用意。但"身体里的警报器"却成为孩子们谈论中频繁出现的字眼，我知道自我保护教育已经在孩子们的世界里生了根，需要不断地耕耘才能长出茂盛的"枝丫"……

曾几何时，我对于幼儿教育本质的理解上有偏失。在成为母亲之后，生命格局的改变决定了视野和思维的迁移。视如己出不是母爱的泛滥，而是以一个妈妈的视角去看待我的29个孩子，带领他们领略世间的美，分清尘世的恶，他们需要被呵护、被关爱，更需要被赋予必备的求生技能。这个世界美好，却也处处充满陷阱，避开险恶、自持不乱，这是一个老师也是一个妈妈必须教会孩子的人生第一课。

我希望每一个孩子的童年都能明亮芬芳，每一个孩子的欢娱都能在阳光下尽情释放。

（作者：武汉大学幼儿园三分园　陶欢子）

7. 真诚，是永远的必杀技

豆豆是大班下学期转来的一个文静的小女孩儿。刚入园时，我观察到豆豆在大夏天也穿着长袖长裤，热得后背都汗湿了也不让老师帮她擦干。她经常一个人坐在游戏区里安静地画画，每天中午奶奶都将她接回家睡午觉。一天午后，奶奶牵着哭泣的豆豆气愤地质问我："为什么要给孩子换衣服，隔条汗巾不就行了。"面对这个问题，我解释道："因为她在户外游戏时，衣服湿了，避免吹风后着凉我就给她换了衣服。"这时，豆豆拉着奶奶一直催着要走，奶奶欲言又止地看看我又看看豆豆，还是选择先带孩子回家了，那天下午豆豆没有来上学。

第二天早上入园时，豆豆的奶奶将我拉到一边，叹着气无奈地说道："老师，昨天不应该对您发火。您不知道，这已经是我们转的第三所幼儿园了。因为孩子从出生开始身上就逐渐长出一些色素斑，随着年龄的增长，这些斑也跟着在长。这导致我们家豆豆宁愿热得流汗也不愿意换短袖，因为她害怕别人看见她身上的不一样，她变得越来越不自信。"了解到真实的情况后，我知道保护她的自尊心是获取她对老师信任的前提与基础。于是，我与班级其他老师一起商量了对策，给她换衣服时会听取她的意见，在教室不起眼的角落里给她开辟了一个独属于她的"心情屋"，在活动中发现她的小变化会及时鼓励肯定她。就这样豆豆交到了她在幼儿园的第一位朋友——静静。在与家长沟通交流方面，我们也没有忽视，每周五我们会在放学时与奶奶讲一讲豆豆这一周的"小进步"，并且用视频记录的方式发送小视频给豆豆奶奶。

豆豆一天天变得开朗自信起来，身上的色素斑再也不是她的烦恼了，因为孩子们都说豆豆身上的色素斑就像蝴蝶身体上美丽的点点，孩子的改变我们和家长都看在眼里。直到毕业的那天，我们惊喜地发现豆豆穿上了自己最爱的公主裙，看着豆豆在我的手机镜头里和好朋友开心地拥抱时，豆豆奶奶拥抱着我激动地表示感谢。

都说孩子的教育离不开家庭和幼儿园的双向奔赴，我觉得家园共育犹如一车两轮，只有同向同行，才能产生"1+1>2"的合力。作为教师，要时刻保有换位思考的意识，适时从家长的立场看待问题。常常换位思考，很多问题将会迎刃而解，解决方式也会更加人性化、更具合理性。豆豆的变化让我感受到"真诚，才是永远的必杀技"，理解、靠近、共情、推己及人就是直抵人心的力量。也正是这样开放、真实、坦诚的家园关系让班级里的氛围轻松愉悦，影响着我和我的孩子们。

让每一个孩子都成为更好的自己，让家长在教育的路上减少焦虑，在教育的漫漫旅途中去发现、去感悟、去追寻教育的幸福，是我作为教育者的初心和使命！

（作者：武汉大学幼儿园三分园　李雅兰）

8. 为孩子们撑起安全"保护伞"

我是一名普通的幼儿园安保人员，五年的工作时间让我逐渐明白，我的工作虽然看似简单，但实则责任重大！我始终牢记工作职责，尽心尽力服务幼儿、家长与教职工。

每天清晨，当第一缕阳光洒向大地时，我会穿着整洁的制服、头戴安全帽、手持防爆器械，精神抖擞地迎接着每一位来园的孩子和家长。我会主动和孩子们打招呼，给他们一个温暖的微笑，保护幼儿安全入园。执勤中时刻保持警惕，发现不良现象及可疑情况及时处理。来园的五年时间，我能叫出每一个孩子的姓名，认识每一位孩子的家长。我觉得这是作为安保人员应该具备的基本能力。

孩子的安全需要我来守护。我每天会定时巡视园所，发现安全隐患及时处理或向上级领导报告。熟悉火警、急救、派出所等电话号码，一旦发生紧急情况，能够迅速采取应对措施。此外，我还经常检查水电、灭火器等设施，确保幼儿园的消防安全工作得到有效落实。认真对待每个细节和隐患，我认为是保安人员必备的素养。

除了守护幼儿园的安全，我还尽力为师生提供贴心服务。比如下雨、下雪天，我会提前在大门口摆好椅子方便家长为孩子们更换雨衣、雨鞋；变天时为幼儿送衣物；为幼儿园取大件快递。特别是老师们需要帮助时，我能随叫随到，为老师们搬运大型教学用品，布置各种会议、学习、演出场地等。这些在我看来都是小事，但对老师们来说却能解决大麻烦。原来帮助他人，心里很容易被满足和幸福填满，被需要的感觉真的很好。

2024年春节期间，武汉下了很大的雪，幼儿园的很多树木被大雪压断。我主动联系园长，与门卫李师傅一起利用休息时间共同完成树枝清理、路面积雪清理等工作，连续加班加点，终于给孩子们创造了良好的入园环境。外面气温低，寒冷无比，但是看着清理后整洁有序的校园，我的内心暖流四溢。我想，这就是付出不求回报的快乐，是我真心热爱工作的体现。

我的工作普通平凡，但肩上的责任重大。我是武汉大学幼儿园二分园里一名普通的职工，像我这样爱园、爱生、爱岗的职工非常多。这是受到武大幼儿园文化熏陶的结果，也是受到同事们团结和谐、不忘初心、共同努力影响的结果。正是因为受到他们的影响，让我觉得自己从事了一份了不起的工作，这份工作关系着孩子们的健康、安全和未来，更关乎着每个家庭的幸福和快乐。我愿意初心不改、奔赴热爱，用自己的肩膀扛起幼儿园的安全重任，为孩子们撑起安全的"保护伞"，为他们的未来保驾护航！

（作者：武汉大学幼儿园二分园　周伟）

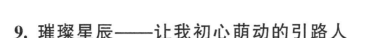

9. 璀璨星辰——让我初心萌动的引路人

君君，是同事们对王珊君老师的称呼，洋溢着亲切感。作为一名 37 岁的幼儿教师，她是孩子们心灵的灯塔，用爱与智慧为孩子们照亮成长之路。每当我想起她，心中暖流涌动，满是对她的敬意与感激。因为，她是让我初心萌动、拥抱成长的引路人。

病痛中的坚守——敬业与奉献的典范

王老师作为一名幼儿园骨干教师，面对即将到来的示范园互查，毅然承担公开课的重任。然而，就在活动前夕她的牙齿突然发炎了，半边脸肿了起来。同事们建议她先去医院治疗，但她却坚定地拒绝："我不能让孩子们失望，打乱园方的安排。"于是，在疼痛中，王老师仍然坚持制作教具，并不断完善活动方案。她的脸上虽然带着疲惫，但眼中却充满了坚定和热情。她告诉我："孩子们是我坚持下去最大的动力，希望能给他们带来最好的学习体验。"检查当天，王老师以出色的表现赢得了领导和同行们的高度评价。她以实际行动诠释了爱岗敬业和无私奉献的精神，让我们每一个人都深感敬佩。虽然牙痛让她备受煎熬，但王老师并没有因此放弃或退缩，她用自己的行动证明了什么是真正的教师精神，也让我更加深刻地理解了"爱岗敬业，无私奉献"的含义。

暖阳下的母爱——细腻关怀显真情

王老师，如同幼儿园中的春日暖阳，她的关怀细致入微，温暖着每个孩子的心。在孩子们嬉戏的间隙，她的目光始终温柔地追随着每一个孩子的身影。当曼曼突然露出痛苦的表情时，王老师立即放下手头事务，疾步至曼曼身旁，关切询问她的情况。她轻轻抚摸曼曼的头发，用温柔的话语安抚她，就像妈妈一样。王老师带着曼曼到休息室，用温暖的手为她揉腹，哼唱起曼曼喜爱的儿歌，渐渐地曼曼紧锁的眉头舒展开来，疼痛似乎有所缓解。午餐时分，曼曼的家长没来，王老师毫不犹豫地承担起照顾曼曼的责任。她细心地为曼曼准备饭菜，一勺勺喂食，那份耐心与细致，让曼曼深受感动。

这一幕温馨场景，深深地烙印在孩子们心中，成为王老师爱心教育的缩影。这一幕不仅触动了孩子们的心，也让我深刻领悟到教育的真谛——无私的爱与关怀。王老师以她的实际行动，向我们展示了何为真正的教育精神：爱生如子，以心换心。她的敬业与奉献，是对教育事业的最高致敬，也激励着我们每一个人在教育的道路上不断前行，用心去爱、用情去教，让每一个孩子都能在阳光下茁壮成长。

心灵中的灯塔——引领成长，照亮前程

与王老师搭班的这两年时光里，我收获了无尽的宝藏。她不仅是我的同事，更是我心灵的灯塔，照亮我前行的道路。每当我遇到教学上的挑战或困惑时，王老师总会以她丰富的经验和智慧，给予我耐心的指导和启迪，让我在迷雾中找到方向。她的关怀与支持，如同温暖的春风，拂去我心中的阴霾，激励我不断前行。更重要的是，王老师以她的行动诠释了"爱与责任并重"的教育精神，她不仅关心孩子们的成长，也注重我们年轻教师的成长与发展。她乐于分享自己的教学经验和心得，鼓励我们勇于创新、敢于挑战自我。在她的引领下，我逐渐成长为一名更加成熟、更加自信的幼儿教师。

王老师以她的爱心、智慧、敬业与奉献，赢得了我们的尊敬与爱戴。她是最美的幼儿教师，用行动诠释教育真谛。我深感与她共事之幸，未来我将以她为榜样，不断进取，为孩子们的成长倾注心血，努力成为一名优秀的幼儿教师。

（作者：武汉大学幼儿园四分园　李芳）

10. 邢胖胖老师的爱

在武大幼儿园这片充满爱与希望的土地上，每一位教师都是爱的使者，用他们的言行书写着关于"爱"的动人篇章。这些故事如同春风化雨、润物无声，深刻地影响着每一个孩子的心灵，让大爱胸怀得以传承、生生不息。

故事的主角，是我们亲爱的邢胖胖老师，一名在幼教岗位上默默耕耘了数十年的优秀教师。她的身影，总是那么温柔而坚定，仿佛能驱散所有的阴霾，带来无尽的温暖与光明。在武大幼儿园一分园的日子里，邢胖胖老师用她的爱，编织了一个又一个关于成长、梦想和爱的故事。

记得那是一个初春的午后，阳光透过树叶的缝隙，洒在幼儿园的操场上。孩子们像一群快乐的小鸟，在操场上追逐嬉戏。突然，一个小男孩不慎摔倒，膝盖擦破了

皮，他疼得眼泪在眼眶里打转。这时，邢胖胖老师迅速跑过来，轻轻地将小男孩抱起，温柔地安慰着他："不怕，老师在这里，疼痛很快就会过去的。"她一边说着，一边小心翼翼地帮小男孩处理伤口，那专注而温柔的眼神，仿佛能抚平所有的伤痛。

这件事，对于很多人来说或许微不足道，但在邢胖胖老师看来，却是她教育生涯中不可或缺的一部分。她深知，教育不仅仅是传授知识，更重要的是教会孩子们如何去爱，如何去感受爱，如何在遇到困难时勇敢地面对，并学会寻求帮助。

除了对孩子们无微不至地关怀，邢胖胖老师还深深爱着她的同伴们。在团队里，她总是乐于助人，无论是教学上的难题还是生活中的琐事，只要有人需要帮助，邢胖胖老师总是第一个伸出援手。记得有一次，天上乌云笼盖，我着急去接即将放学的孩子，邢胖胖老师偷偷将她的雨衣塞给我，告诉我待会可能会用得到。孩子从学校走出时，一场倾盆大雨从天而降，邢老师的雨衣保护了我和孩子。回去的路上，我看到大雨中邢老师全身湿透，她用自己的行动诠释着"爱同伴"的真谛，让这份爱如同纽带一般，紧紧连接着每一位教师的心。

当然，邢胖胖老师对幼儿园、对职业、对岗位的爱，更是溢于言表。她常说："幼儿园是我的第二个家，教育是我一生的事业。"这份深沉的爱，让她在幼教岗位上始终保持着高度的热情和责任感，无论遇到多大的困难和挑战，从未有过丝毫的退缩。

邢胖胖老师的故事，只是武汉大学幼儿园众多教师爱心故事的缩影。在这里，每一位教师都用自己的方式诠释着"育美大爱"的深刻内涵。他们爱孩子，用无私的奉献和无尽的耐心，为孩子们的成长撑起一片天空；他们爱同伴，用真诚的关怀和无私的帮助，构建了一个和谐温馨的工作环境；他们爱幼儿园、爱职业、爱岗位，用满腔的热情和不懈的努力，为幼教事业贡献着自己的力量。

愿这些关于"爱"的故事，能够深深感动每一个人，让大爱在幼教乐章中悠扬传唱，永远传承。

（作者：武汉大学幼儿园一分园　周华）

11. 最美师心，照亮我前行之路

2013 年的春天，当我踏入武汉大学幼儿园四分园的那一刻起，我的教师生涯便与这片充满童真与梦想的土地紧紧相连。初为人师的我，怀揣着对孩子们纯真世界的无限向往，却在现实的琐碎与挑战中一度迷失方向。然而，正是这片园地上的老师们，用他们独有的方式，不仅教会我如何成为一名合格的幼儿教师，更在无形中引领我重拾童心，用更加纯粹的视角去理解和教育孩子们。

对我影响最深的是肖亚芬老师，她是我职业生涯中的启蒙导师，她的每一句关怀都如同春雨般细腻而温暖，滋养着我的内心。幼儿园教师工作是繁重琐碎的，但肖老师却乐此不疲。面对着这样一群可爱而独特的孩子们，作为教师的她总会遇到不一样的挑战，面对不同性格的孩子，她采用不同的教育方法：面对胆怯的孩子，她用鼓励的话语加以引导；面对难以融入集体的孩子，她给予孩子们更多的关心，帮助他们慢慢走出自己的安全区，享受幼儿园的快乐生活。

还记得我们一起带过的小男孩豆豆，他是班上最小的一个小朋友，生活自理能力较弱，幼小的他多了几分腼腆，少了几分活泼，总是低着头，偷偷地打量四周。每天清晨当他走进幼儿园，肖老师总会用亲切的微笑和他打招呼；每次自由活动，肖老师总会叫上一群孩子和他一起玩；每次做游戏，肖老师会伸出温暖的双手鼓励他一起参与；肖老师将自己爱的情感传递给他，同时也感染了全班的孩子。于是，豆豆的身边多了许多小帮手，他也渐渐活泼起来。肖老师总是能够以极大的耐心和爱心去安抚孩子们，让孩子们在她的怀抱中感受到家的温暖，这种态度深深地感染了我，肖老师用实际行动诠释了什么是真正的"以爱育爱"。

肖老师的行为让我更加坚信，只有保持一颗童心，才能更好地走进孩子们的世界。在与她共事的四年里，我学会了如何用爱心去倾听孩子们的声音，用耐心去解开他们的每一个小烦恼。我们之间的相处，不仅仅是同事间的相互扶持，更像是朋友间的默契与分享，让我深刻体会到了教育的本质在于心灵的沟通与理解。

回顾这十年的教育旅程，我深感自己在与孩子们共同成长的过程中逐渐成熟。这片园地上的老师们，用他们的爱心、耐心和智慧，不仅教会了我如何成为一名优秀的幼儿教师，更让我学会了如何用一颗童心去感受世界、去理解孩子们。他们的帮助与影响，让我更加坚信教育的力量在于唤醒孩子们内心的美好与纯真，引导他们走向更加光明的未来。

感恩在这片园地上遇到的每一个人，是你们让我体验到教育的魅力与快乐，是你们让我成长为更好的自己。愿我们携手共进，继续用爱心与智慧守护每一个孩子的童心世界，为他们创造一个更加美好的未来！

（作者：武汉大学幼儿园四分园　严哲）

12. 我身边的宝藏"珈"人

在珞珈山下的幼儿园里，我身边有一群宝藏"珈"人，他们感动着我，也影响着我。我们在一起，不是家人，却胜似家人。

"珈"人同行

不是家人，胜似家人。一个班级三个人，三颗恒心共育珞珈稚子。在我的身边，有这样一位"珈"人——陈老师。她有着一头自然卷发，这常常让她感到非常苦恼，她常说："我的头发怎么不像别人一样顺呢?"但我却觉得那一头卷发极其有特点、非常可爱。卷发下的她是一名个性非常洒脱，什么事都不往心里去，遇事通透不纠结的老师。这恰恰与我的性格非常合拍。在处理班级事务时，一个眼神，我们就能读懂对方的想法。

从教二十年，时光没有消磨掉她对孩子、对教育的热情。与她共事的这十年里，我从未见过她有不开心、郁闷的时候。每天老远就能听见她爽朗的笑声，她常常在我压力大的时候认真地倾听我的烦恼。陈老师给孩子们穿衣、喂饭，给予他们生活中、游戏中的帮助。护士专业的她，特别擅长观察孩子们的表情和肢体动作，从一个表情、一个动作就能判断孩子的状态。她在家园沟通方面也给予我强大的支持，面对家长时，语言朴素直白，准确又有力度。她经常放在嘴边的一句话就是"哎呀，没什么大事，想开点"。正是这样积极开朗的人生态度，带给了我能量。

"珈"倍幸福

我身边还有另一位"珈"人——萌萌老师。我非常喜欢这样的一句话，我喜欢三种人，一种是比我优秀的人，一种是使我优秀的人，还有一种是愿意跟我一起优秀的人。萌萌有着白净的皮肤、圆圆的脸盘，一笑起来眼睛会弯成月牙。别看她年轻，管理起班级来可毫不含糊，条理清晰、任务明确、工作高效。常常是一团乱麻的事情，在她的脑袋里转一圈就能变得清晰明了。

还记得我们班转来了一名来自尼日利亚的小朋友，名叫"托卢"。他躲在老师的怀抱里，抱着自己的小毯子，大大的眼睛里透露出茫然和无措。由于孩子较小，语言不通，我们都不知道怎么去帮助他尽快适应这个陌生的环境。而萌萌老师的出现可谓是一场及时雨，她用熟练的英文与孩子沟通，渐渐地小托卢停止了啜泣，安静了下来。能与这样一位三观正、专业强、清醒又独立的年轻老师一路同行，也是我的"珈"倍幸福。

"珈"园有你

我的"珈"人们，写文章时可以奋笔疾书、落笔成句；面对孩子时，有笑有爱；面对班级事务时，有商有议、果断决策；他们不擅长夸赞自己，但他们身上具备的这些坚韧品质一直在闪闪发光。我们就如同一朵花上的花瓣，瓣瓣不同，却瓣瓣同心。我的身边还有很多这样有爱的"宝藏"老师，爱和温暖一直是我们的基调，我有一群志同道合的"珈"人们，我们一起携手前行，共创美好未来。

（作者：武汉大学幼儿园三分园　李雅兰）

13. 身边的温暖之光

转眼间，我加入幼儿园已经四年了。这四年里，发生了无数的事，有开心、幸福、满足的瞬间，也有迷茫却触动心弦的瞬间。让我触动最大的是深藏在我内心深处的一位"平凡英雄"——戴桂新。

戴老师今年 54 岁，与我的母亲同岁，是一名普通的保育教师。工作中的她总是精神饱满、积极向上、温暖如春，为我们树立了绝佳的榜样，在我们工作疲惫时，给予我们激励与力量。戴老师对班上每个孩子都了若指掌：谁爱吃什么菜，谁挑食，谁性格内向，谁活泼爱笑，她都能不假思索地说出。班上的小朋友们也都喜欢围着她，亲切地叫着："戴老师，戴老师……"

记得有一次，大四班有个小女孩不知为何哭得声嘶力竭，我在隔壁班都听到了，便急忙跑去查看。只见戴老师吃力地将孩子抱在身上，要知道大班孩子的体重不轻，直至孩子停止哭闹的近十分钟里，戴老师都未曾放下孩子，如同抱着自己的孩子，给予她无尽的安抚。那一刻，我深深被触动。

还有一次，幼儿园组织户外活动，有个小朋友不小心摔倒擦破了膝盖，疼得直哭。戴老师迅速跑过去，一边轻声安慰，一边熟练地为孩子处理伤口。她的动作轻柔而专业，眼神中满是关切。处理好伤口后，戴老师一直陪伴在孩子身边，鼓励他勇敢地继续参与活动。

这些看似微不足道的小事，却如同一面镜了，映照出戴老师对孩子深深的爱与对工作的无限热忱。而这份热忱也深深地触动着我。

生活平淡如水，爱质朴简单。从戴老师身上，我学到了温柔对待每一个孩子的态度，学到了无论何时都坚守岗位的执着，更学到了在平凡中铸就伟大的信念。未来的路还很长，作为年轻的保育老师，我会以戴老师为标杆，努力让自己成为一束温暖而坚定的光，照亮孩子们前行的路。愿我们都能在平凡的岗位上，绽放出不平凡的光芒，用爱与责任书写属于我们的教育篇章。

（作者：武汉大学幼儿园一分园　范云飞）

14."万能"的李爷爷

在阳光明媚的早晨，幼儿园的门口总是有一位笑容可掬的门卫爷爷，老师们叫他"李师傅"，孩子们喊他"李爷爷"。他是幼儿园的门卫师傅，在幼儿园工作了十年，李师傅不仅是孩子们眼中的好朋友，更是他们心中的守护者。皆是因为他什么都会干，是把"万能手"。

他24小时值守，无论是清晨还是深夜，都坚守岗位。他严格执行门禁管理制度，确保幼儿、家长及全体教职工安全。每天清晨5点他就开始打扫幼儿园的卫生，任何角落都不放过，为我们创造了良好的生活、学习和工作环境。他认真履行门卫职责，及时清理修剪幼儿园的枯树枝，打扫树丛里的落叶。定期定点巡查幼儿园每一个角落，确保园区内无安全隐患。定期对大型玩具进行清洁、消毒，在第一时间发现并排除障碍物、螺丝松动等潜在风险。

春节期间武汉下了很大的雪，幼儿园的很多树木被大雪压断，他主动想办法处理隐患，及时上报，并和另外两位保安师傅一起完成对树枝的清理工作。有的树枝又粗又大，即使三个人一起拖动都很吃力。同时他们还不忘清理路面积雪，不知不觉中衣服全都湿透。开学后为了给孩子提供良好的入园环境，他坚持给幼儿园门前的道路铲雪，李师傅真是一位劳动勇士！

李师傅虽然只有小学文化水平，但他特别善于修理家电、家具。平时幼儿园小型维修都是李师傅亲自处理，为老师们带来了工作的便利。他还坚持每周二进班级修理桌椅板凳，小朋友们都亲切地叫他"李爷爷"！幼儿园每年的种植节李师傅都会提前松土、垄地，为小朋友们尽心服务。当老师们遇到种植难题时都会请教李师傅，他都能圆满解决。

李师傅用自己的行动诠释了一个门卫的责任和担当，也赢得了孩子们和家长们的尊重和喜爱。他用自己的方式守护着这个幼儿园和每一个孩子的安全和幸福。

（作者：武汉大学幼儿园二分园　李保玉）

15. 晨曦中的坚守者
——致敬幼儿园后勤人员的默默付出

清晨，当第一缕阳光还未完全穿透云层，幼儿园的大门未打开之前，他们已经将幼儿园大门口、花坛、户外场地上的落叶清扫干净。当幼儿园大门缓缓打开后，他们精神抖擞地站在岗位上迎接孩子们的到来。清晨，当鸟鸣声穿过幼儿园操场的上空，食堂的袅袅炊烟已经冉冉升起，忙碌的食堂后厨正在紧张地为孩子们的早餐做好充足的准备。

他们是珞珈山下的坚守者——后勤师傅们。他们如黄牛般默默耕耘、始终坚守在自己的岗位，或许不像教师那样在课堂上传道授业，也不像保育师那样悉心照料孩子们的每日生活，但他们的默默付出却是幼儿园安全、健康与秩序的坚强保障。

幼儿园的安保师傅们是孩子们安全的第一道壁垒，他们时刻保持警惕，仔细观察着路过幼儿园大门的每一位人员，严格执行入园查验登记制度，确保不让任何陌生人随意进入园区。在他们的守护下，幼儿园成为让家长放心、让孩子们安心的温馨港湾。

除了保障安全，后勤安保师傅们还承担着许多琐碎但重要的工作。他们每周定期检查幼儿活动器械，为老师们的教学工作提供便利；他们在孩子们户外活动前排查场地安全，对大型组合玩具进行排查、消杀、清洁，杜绝一切安全隐患；为保证场地干净整洁，他们及时清理活动后的现场。有一天，一个小朋友好奇地问安保师傅："叔叔，您每天都站在这里，不累吗?"安保师傅微笑回答："只要能守护你们的安全，叔叔一点也不累。"正是这份对孩子们的关爱，让他们坚守在岗位上，用严谨为孩子们构筑一道坚不可摧的安全防线。

食堂的师傅们每天天微亮时便开始精心准备食材，确保孩子们能品尝到美味营养的饭菜。"小朋友，今天的饭菜好吃吗？"食堂师傅每天进班亲切地询问正在用餐的孩子们，看着孩子们满足的表情，师傅们的脸上也洋溢着幸福的笑容。为了守护幼儿的美食安全，他们严格把控食材的采购源头，精心烹饪每一道菜肴，注重营养搭配和食品安全。他们深知，孩子们的健康成长离不开安全可口的饮食。"让孩子们吃得开心、吃得健康，就是我们最大的心愿。"这是食堂师傅们常挂在嘴边的话，也是他们坚守岗位的动力。

晨曦中，他们的身影坚定而有力。夜幕下，他们的目光依然警觉而专注。披星戴月，岁月有声。他们没有惊天动地的壮举，却用日复一日的坚守诠释着对孩子们的关爱和对工作的热爱。他们的工作看似平凡却充满了责任和担当，散发着不平凡的光芒，他们用自己的赤子初心，为孩子们的成长保驾护航。感谢他们用平凡的工作书写着不平凡的篇章，托举着孩子们的未来！

（作者：武汉大学幼儿园一分园　杨庆蕊）

第二部分

珈珈如玉　绿生长

纵观校史，自以"珞珈"命名为始，这所建于东湖之滨的学府便多了诸多浪漫的诗意。"珞"是坚硬的石头，"珈"是古代女子装饰用的珠玉。"珞珈"之名，包含着闻一多先生对武大学人能够如石一般坚毅、如玉一般温润的美好寄予。

人如山水，珞珈山下的学人温润如玉。走近他们，或如山般笃定大气，腹有诗书气自华；或如水般淡定从容，超然物外淡泊宁静。武汉大学山水相连，环境优美。山、水、人、文融为一体，塑造了珞珈人一个共同的特质：质朴又浪漫。130年来，武大始终将自身前途和家国命运紧密相连，将自身发展融入国家发展大局之中。在中华民族伟大复兴的每一个历史时刻，在国家发展建设的每一个领域，都有武大人的身影。

山水养人，珞珈山下的幼儿教育人也不甘落后。马克斯·韦伯认为："任何一项伟大事业的背后，都必然存在不易觉察的、无形的精神力量，这种无形的精神力量，在管理学上看作人心的力量。"珞珈山，是每个人精神成长的根基和渊源，恒久地影响着每个人的生活，是不竭的精神源泉。武汉大学幼儿园最早的一分园已经有近90年历史，四校合并之后重组幼儿园也已经经历了20多年。近10年来，在总园统一领导下，从理念合一到制度统一，从人员行为规范到文化元素彰显，不断兼收并蓄、推陈出新，形成了内蕴珞珈风骨、外显幼教特质的鲜明特点。

基于苍苍珞珈的绿底色，我们将构建以"绿生长"为核心概念的教师发展平台，从"招培聘"一体化改革、行动教育实践、五级人才梯队培养机制等方面做起，形成队伍发展的闭环生态链，让职工都拥有自主生长的底气、有挑战自我的勇气。

我们的教育梦想，是让这里的教育人徜徉在珞珈山水之间自洽满足，回顾在这里的岁月自在幸福，为生长于斯而自豪骄傲。

灵秀珞珈，碧水潺潺，
青山如黛，绿意盎然。
书香满径，学府独韵，
每一处，都是梦想的风景。

苍茫珞珈，静卧天边，
翠绿帷幕，掩映云烟。
古木参天，鸟鸣山间，
每一叶，都是岁月的诗篇。

珞珈深处，书海无边，
卷帙浩繁，字字珠玑。
书页翻动，灵魂沐浴，
每一句，都是智慧的启迪。

珞珈山下，繁花似锦，
书香稚子，笑语盈盈。
墨香氤氲，浸润童心，
每一步，都是成长的足迹。

教育家风，精神璀璨，
初心永驻，照亮未来。
春风化雨，教诲如炬，
每一刻，都是心灵的指引。

珞珈文化，博大精深，
百年洗礼，传承不息。
桃李满园，芬芳四溢，
每一天，都是生命的奇迹。

我的珞珈，我的书香，
一瞬相遇，暖如春阳。
四季如画，心醉神迷，
每一帧，都是最美的记忆。

（作者：李婧）

引　言
有一群幸福的同行者

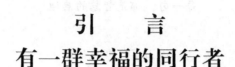

　　十年践行，在珞珈山水的蕴养之下，这里成就了一群幸福的同行者。回溯 2001 年武汉大学幼儿园合并的时候，幼儿园的办园理念从无到有，从有到精，经历了不断向前发展，更具人文视野的过程。2007 年，幼儿园将办园理念确定为"求真、求善、求美、求新"，时任武汉大学党委书记的顾海良同志欣然题词。七年后，在广泛征求教职工、家长的意见基础上，经过管理层讨论、专家论证，幼儿园确定了新的十二字办园理念"享珞珈之灵秀，育书香之稚子"。办园理念之"变"，体现了武汉大学对办什么样的幼儿园、培养什么样的人、怎样培养人的哲学思考，也体现了坚定笃行幼儿教育之路的具体践行。

　　这里有氤氲在文化气韵里的管理者。他们着力将办园理念转化为全体教职工的共同价值认同，在教学、后勤、安保等各个岗位上，开展理念与实践结合的讨论、研修活动，将目标和理想转化为幼儿园的办学思想和教育思想，使之成为全体工作人员为之奋斗的共同愿景。他们对幼儿园有着"家"一般的感情。宏观上，他们着眼于学前教育事业发展的国家需要，牢记立德树人根本任务，把握为党育人、为国育才的办园方向，有着为珞珈山培养下一代的使命感；微观上，他们着眼于幼儿园的实际情况，分析教职工队伍现状、服务对象情况、幼儿年龄特点、课程改革趋势，探索适合园所需求、职工现状、幼儿发展的教育模式，心无旁骛，一心一意。他们既高瞻远瞩、放眼未来，又实事求是、体察精微，既能振奋人心又切实可行，既富有追求又脚踏实地。他们有仰望星空铸大气的境界，有着眼实践炼灵气的智慧。

　　这里有承继着珞珈精神的教育人。他们有德、有爱、有梦，在他们的眼睛里，你能看到孩子、家长、同伴，他们始终用纯善之心拥抱着孩子，始终用关爱之心共情他人，始终用追梦之心对待工作，这些乐于研究、善于研究的教育人，迅速成为幼儿园课程改革的中坚力量，正因为他们敢为人先，才有了一代又一代的追梦人不断向前。

这一群人，有共同的价值取向，有共同的理想愿景，有共同的文化精神。他们曾在晴暖春日为满山盛开的樱花惊叹不已，也曾在炎炎夏日于翠绿树荫下倾听蝉鸣；他们曾在天清气爽的秋日欣赏层林尽染的美景，也曾在寒风萧瑟的冬日为枝头残留的一抹绿意而动容。在珞珈山水之间，他们在追逐属于他们的充满诗意的教育人生⋯⋯

第一章 柳绿 初绽

邂逅珞珈，品味四时更迭的韵味；遇见成长，遇见内心的蜕变与升华。珞珈山下，稚子园里，虫鸟鸣唱，草木欣欣；珞珈人的青葱岁月中，那抹柳绿初绽的瞬间最是让人回味，蕴含蓬勃希冀，带给人间葱郁。

本章"柳绿·初绽"记录了新入行的幼教新星，沐浴在事业启航的曙光中，那份初踏社会的新鲜与激动；收录了经验丰富的行业导师，回忆初入职场时的青涩与稚嫩；这些回忆如同悠扬的旋律，随着键盘的敲击声在心头泛起层层涟漪，带我们感受"绿柳才黄半未匀"的意气风发青年，初入职场的忐忑与期待，历经风雨后的坚韧与从容。像是一本珍贵的回忆录，编织了一个个充满温暖的"小确幸"，记录着珞珈人的成长与变迁，在岁月的长河中不断回味，汇聚成内心的宝藏。

1. 爱是解锁童心的魔法

回想起初涉教育行业的那一年，我的内心充满了紧张与期待。家人的告诫——无论何时，都不可违背教师的道德规范，如同一盏明灯照亮了我前行的道路。多年的教学生涯让我深刻体会到，"师德"不仅是对职业操守的坚守，更是对沉重责任与义务的担当。而在这份责任与义务中，我发现了一个能够收获孩子们信任的魔法秘诀，那就是"爱"。

时光倒流回十一年前，我以实习生的身份踏入了武汉大学幼儿园一分园。第一次走进班级，我就遇到了一个"熊孩子"。当我询问他的名字时，他冲我做了个鬼脸，大声宣称自己是"大魔王"，引得其他孩子哈哈大笑。我一时语塞，不知所措。就在这时，我的师傅徐晓莹老师走了过来，孩子们立刻安静下来，就连那个"大魔王"也全神贯注地盯着她。我满心敬佩，同时也纳闷：为什么孩子们对我的指令充耳不闻，却对徐老师言听计从？

我开始细心观察徐老师与孩子们的互动，发现她并不会试图去控制孩子们，而是用孩子们喜欢的方式去教育他们，有趣又不失威严，与孩子们相处的一点一滴都渗透着爱。控制只会带来短暂的顺从，而爱却能产生深远的影响。原来，"爱"比控制更能触及孩子们的心。

于是，我开始模仿徐老师的言行举止，每天清晨热情地迎接孩子们，给予他们温暖的拥抱，牵着他们的小手加入游戏。渐渐地，越来越多的孩子主动拥抱我，邀请我共享游戏的快乐，离园时也对我依依不舍。就这样，我将师傅传授的"爱"的诀窍内化为自己的教育方式。不久后，当我站在孩子们面前讲述故事、分享知识时，他们也会聚精会神地注视着我，我们之间形成了"爱"的默契。我用"爱"这个充满魔法的秘诀，悄悄解锁了孩子们的童心。

如今，每当回想起那些温馨的瞬间，我的心中便会涌起一股暖流。是孩子们纯真的笑容、对我的信任和依赖，让我更加坚定地走在教育的道路上。而"爱"这一解锁童心的魔法，也成为我教育生涯中最宝贵的经验之一。它让我明白，教育不仅仅是传授知识，更是用爱去滋养每一个幼小的心灵，让他们在爱与关怀中茁壮成长。

（作者：武汉大学幼儿园四分园　丁雯婕）

2. 不可复制的第一次

我们的一生，会经历许多的第一次，难忘而又宝贵，它意味着我们的成长。在这条人生道路上，正是许多不可复制的第一次让我们从昨天走到今天，走向未来。

一、第一次上公开课

第一次往往是需要勇气的，当清晨的第一缕阳光透过窗帘，轻柔地洒在孩子们纯真的笑脸上，我便知道，这将是充满奇迹和新发现的一天——我的首次公开教学展示。这是一次充满挑战的成长旅程。站在孩子们和同事面前，我心怀期待，却也不免紧张。随着教学活动的开始，活动中孩子们好奇的眼神，听众认可的微笑，我的紧张逐渐消散。活动结束时，同事们热烈的掌声和宝贵的建议，如春日暖风，温暖我心。第一次上公开课，我紧张得手心出汗，但我知道这是我专业成长的开始。

二、第一次开家长会

每一个"第一次"都是最难忘的。记得首次组织家长会，我渴望获得家长的认可，但我开口的那一刹那，全世界都安静了，只听得见自己的声音。家长们包容的态度、善意的笑容和信任的目光，成为我不断进步的动力。

三、第一次获奖

第一次往往会带来意想不到的收获。当我得知荣获 2023 年第二届全国幼儿教师征文评选一等奖时，我感到无比欣喜与激动。它告诉我，我的努力是有收获的，是对我专业素养的认可，是对我的肯定，更是我前进的动力。

第一次是探索，是挑战，是机遇，是升华。在幼儿园这片生机勃勃的土地上，我经历了教育生涯的多个"第一次"，每一次都是成长的蜕变。我深刻感受到，这份职业充满了挑战，却也让我收获了无尽的幸福与满足。

（作者：武汉大学幼儿园二分园　陈慧敏）

3. 初体验　"心"成长

有人说，教育是一场幸福的遇见，遇见孩子，遇见自己。在我幼教之路的起点，我成为武汉大学幼儿园四分园的一名"新手小白"教师，至今已走过五个年头，在孩子们的成长路上体验了幸福的酸甜苦辣。

还记得几年前的六月，我和班级老师们一起挥手告别了大班的小朋友们。当我还沉浸在离别的伤感时，被告知我这个新手老师新学期要带小班了。我回忆起在小班实习的经历，查询学前教育相关书籍中小班幼儿的年龄特点，带着期待和热情踏上了小班开学之路。

宝贝们入学的第一天，我免费欣赏了一场"大合唱"，我像八爪鱼一样，左边抱、右边哄，安抚小不点们的情绪。中午，这个以往对我来说难得清静的时候，这时却在一声声"老师，我想妈妈，我要回家！"中度过，好不容易哄睡这边的幼儿，那边又开始了"哭声合唱"，我第一次恨不得自己能多长几只手来哄睡他们；在无数次回答孩子"五点放学妈妈接"后，终于迎来了放学时间。结束了手忙脚乱的开学第一天后，我这才感受到主班老师在开学前跟我说的"小班孩子和大班孩子有很大的不同，你要做好心理准备"这句话的含义。

小班的分离焦虑还在我的意料之中，但没想到我遇到的第一个难题竟然是小班的孩子"听不懂"我说的话。大班的孩子已经形成了固有常规，而小班的孩子们，我一句话要重复很多遍同时配以动作，他们才能够理解。好在第一个月过去后，我们达成了默契，孩子们慢慢在适应环境，学习如何与同伴之间友好交往，对我也有了信任，常规也在逐步培养中。而我，也在不断适应着孩子们的节奏，学习怎样当一名小班老师。

回想起三年前的小班"初体验"，一切都还历历在目，如今，我也从雏樱老师成长为了稚樱老师。在给予孩子爱的同时，我也收获了快乐与幸福，我想带着这份爱一直走下去，收获更多的"心"成长。

（作者：武汉大学幼儿园四分园　盛佳莉）

4. 好好生活　好好工作

好好工作是好好生活的一个副产品。这是在花草园公众号看到的一句话，我看后感慨颇多。

记得刚踏入幼儿园的那天，我怀揣着一颗既激动又紧张的心，对未知的世界充满了好奇和期待。上班的新鲜感过去后，我也陷入了职业倦怠期。不知道从什么时候开始，享受生活的那部分被渐渐淡化，取而代之的是在杂乱无序的工作焦灼中连轴转。我常常发现自己为了备课、准备教具、环境创设、与家长沟通加班到很晚，明明疲于奔命，却未能发挥所能，明明忙忙碌碌，却总是效率低下。个人时间则被挤压得所剩无几，无法适时地放松自己，状态变得越来越差，心绪也愈加焦躁不安。

一次，我因准备教学活动，遗忘了与好友的约定，当我终于从忙碌的思绪中抽离出来，瞥见手机上的多个未接来电时，那一刻，愧疚与疲惫如潮水般涌上心头，仿佛被工作与生活之间的巨大鸿沟无情地吞噬。我开始深刻地反思自己的生活状态，意识到当下的生活早已背离了自己的理想生活。试想，如果连自己的日常生活都难以妥善安排，我又如何能全身心地去给予孩子们最真挚的关爱和最优质的教育呢？

于是，我开始尝试寻找工作与生活之间的平衡。我学会了合理安排时间，不再让工作占据我所有的时间。自此，无论我多忙，都会抽空与朋友小聚、把自己收拾得大方得体；一段时间后，我发现自己的精力变得充沛，工作也渐入佳境，小日子也过得有滋有味。如今的我，彻底摆脱了过去那个刚刚踏入职场毫无头绪、手忙脚乱的样子。

工作和生活，是生命里不同维度的事情。在日复一日的忙碌工作中，我逐渐找到了属于自己的节奏和步调，好好工作是好好生活的一个副产品，好好生活才能好好工作。工作的时候，不做工作以外的事情，生活的时候，不想着工作的事情。唯有如此，方能在不慌不忙、不急不躁中，体验生活的乐趣，让生活张弛有度，收放自如。

（作者：武汉大学幼儿园二分园　高雨随）

5. 嘿！"托老大"

不知道从什么时候起，自己多了一个"托老大"的称呼，或许是因为初到幼儿园时担任托班教师，又或许是担任托班教师积累了一定经验的原因。当然！我很喜欢这个称呼。

回忆初带托班时，班级其他老师闻之色变，而我却隐隐有些期待，想着凭借自己多年亲子班教师的经验，一定能和这些"小鬼"搞好关系！可事实并不像我想的那么容易。孩子的啼哭，要爸爸妈妈，要回家，照顾了这个，那个又哭了，不会自己吃饭，这样混乱的场面让我手忙脚乱、措手不及，同样年龄的托班小朋友怎么和亲子班里的小朋友不一样呢！原来，幼儿园是三个老师管一群孩子的吃喝拉撒睡，而亲子班里的孩子有父母一对一的陪同，交流上有"翻译"，生活上有"照顾"，当然与幼儿园的全托截然不同。

还记得，当时班里有一位小男孩，在班级里年龄最小，因不会自主如厕，每天都穿戴着尿不湿入园，因此，大家都叫他"毛毛"。为帮助"毛毛"像其他孩子一样脱离尿不湿，我尝试与家长沟通，可似乎在家长的心中，老师做好"保姆"的工作照顾好孩子就行。我认为幼儿园是教育场，孩子在这里不仅仅是被照顾，还应该学会照顾自己。于是，我从孩子入手，引导他自己吃饭、自主如厕、自己的事情自己做。渐渐地，孩子从需要大人一口一口喂饭到慢慢独立拿起勺子自己吃饭；从不会自主如厕到戒掉尿不湿再到自主如厕；从以自我为中心到与同伴一起参与活动……在此期间，我向家长传达了我的教育理念，寻求家长的协助。慢慢地，我、孩子、家长彼此相互信任，成为朋友，见证着毛毛的成长。转眼间，这个小人儿升班了，我又回到"新"的起点。

在短短几年的托班工作中，从懵懵懂懂到游刃有余，从蹒跚学步到自己摸索前行，每一步都烙下了深深的印记，而"托老大"这个称呼，见证着我披星戴月走过的路，记录了我与孩子在一起的温暖时光，承载了我职业生涯的一段美好回忆。

（作者：武汉大学幼儿园三分园　张凡）

6. 记录，为成长赋能

初入武汉大学幼儿园四分园，成为一名保育工作者，我的内心满怀憧憬，却也难掩忐忑。全新的工作领域犹如横亘在眼前的崇山峻岭，每一项任务都充满挑战。

教育笔记，这一概念于彼时的我而言十分陌生。我全然不知从何处着手，亦不晓应记录何物，更不明怎样记录才有价值。

这时，瞿园长递给我一本厚厚的教育杂志，让我先借鉴他人的教育笔记，并提醒我可以向其他保育老师虚心请教。教育笔记绝非简单的流水账，需用心观察孩子的每一处细微表现，捕捉那些极易被忽视的瞬间。无论是孩子的一个纯真微笑、一次伤心哭泣，还是他们在游戏中的合作与冲突，皆为值得记录的珍贵素材。

但忙碌的工作常令我忘却观察，我开始有意识地一心多用，一边忙着手头的事，一边观察着孩子们的生活。然而，新的问题又出现了，我找不到侧重点，也不知如何精准地描述与分析幼儿的行为。于是，我利用休息时间研读相关的教育书籍，积极参与园方组织的教育笔记专题学习活动，努力学习如何观察和剖析幼儿的行为。渐渐地，我开始有所顿悟……

关于一禾小朋友的教育笔记令我印象尤为深刻。一禾平素沉默寡言，社交能力欠佳。在我们的悉心引导与鼓励下，她有了显著进步。可一次感冒缺课归来，她又变得沉默不语。在一次游戏时，我见她呆呆地站了许久，便给她戴上商品区的兔子发卡，牵着她与其他小朋友一同游戏，最终她开心地与小伙伴交流起来。晚饭时，我惊喜地发现，她主动向我提出添饭的需求，并礼貌地说了谢谢，我对她主动表达自己想法的行为加以表扬。此后，她在吃饭方面进步明显。后来，无论是在教室里、还是在户外活动中，都能看到她活跃的身影和灿烂的笑容。当年的毕业照中，她笑得最为甜美。

在这持续尝试与探索的过程中，我逐渐明晰，教育笔记不单是工作的记录，更是自我反思与成长的有力工具。它使我更加关注孩子的个体差异，更加注重教育方法的选择与改进。通过撰写教育笔记，我深切领悟到保育工作的重要意义。我们不单是照料孩子的生活起居，更是他们成长路途上的引航者与陪伴者。每一个细微的举动，都可能为孩子带来深远的影响。

现今，撰写教育笔记已然成为我工作中的习惯。它见证了我的成长，也让我在保育之路上前行的决心愈发坚定。我坚信，只要用心去感受、去记录，每一篇教育笔记都将化作我职业生涯中的无价之宝。

（作者：武汉大学幼儿园四分园　王花蕾）

7. 寄往过去的一封信

年年岁岁花相似，岁岁年年人不同。时光，总在不经意间悄悄流逝，一封写给过去的信，带我回忆入职初体验。在找寻记忆的路上，不忘初心，方得始终。

嗨！亲爱的潘潘：

见字如晤，展信舒颜！

还记得初入职场的你吗？

2017 年 9 月，你正式离开校园成为一名幼儿教师，在武大三分园大二班和孩子们相遇。凭借着你专门打造的平等师幼关系和朋友般的相处模式，你迅速和孩子们"打成一片"。

还记得有个孩子叫小宝，她像明媚的小太阳，总是毫不吝啬地表达自己的爱意："潘老师，我好喜欢你，潘老师，你到我家去玩，潘老师，你当我妈妈。"她还会和你分享自己的快乐和烦恼。你觉得，这就是你理想中的师幼关系。当然，除了小美好，也有一些"小意外"。还记得有个性的晨晨吗？她有着自己的小世界和不同寻常的行事作风，植物角薅秃的盆栽、随处乱扔的纸屑、不同场合的"音量攻击"，都常常让你措手不及。不过，你发现她酷爱阅读，时常专注地沉浸在绘本的海洋中。于是，你决定从绘本入手，作为一个倾听者走近她。果然，她开始主动和你分享自己喜欢的绘本，讲讲自己去过的地方。当然，你也会积极分享你的想法和见解，通过故事、绘本、闲聊有意识地渗透规则意识。慢慢地，你们的关系也越来越亲近，晨晨的规则意识也逐渐加强。

记得 2021 年教师节，你收到一条特别的消息，是一位家长发来的祝福和问候，说这些年孩子还会时常回忆起和你一起相处的点滴时光……当时，你的心里暖暖的，想着："当老师的高光时刻，莫过于带过的孩子还惦记着你。"这些与孩子相处的小美好，抚平了你初入职时的紧张与焦虑，也更加坚定了你做幼儿教师的决心。

临颖依依，不尽欲白。现在的你，回头有一路的故事，低头有坚定的脚步，抬头有清晰的远方。愿你保持一颗乐观的心、拥有丰富的精神世界、对生活始终保持热爱，无论从教多久，始终有初心，能坚守。

未来的潘潘

（作者：武汉大学幼儿园三分园　潘雯萍）

8. 美育心语

一年前，我踏入了这所充满欢声笑语的幼儿园，满怀期待地开始了我的教育生涯。如今，回首往事，我感慨万千，收获满满。

初来乍到的我，工作任务是承担幼儿园的"玩美"课程，如何与孩子们更好地沟通和互动？如何在每节课中给予孩子们启发和体验？如何在作品中释放孩子们的童趣，让每幅作品都是独一无二的艺术品？这些问题让我困惑不已、倍感压力。我每天生活在自我否定中，情绪愈发焦虑。这时，刘老师看到了我的消极情绪，她悉心指导我，对我的问题提出更好的解答新思路。通过不断地学习和实践，我逐渐找到了解决的方法、技巧和途径，我学会了利用更多元化的方式引导幼儿体验绘画，学会了利用色彩和工具提升幼儿画面美感的能力。如今我上课的模样也与当初刚入园时大不相同了。在这个过程中，我见证了孩子们的成长和变化。他们从最初无法画出完整的线条和对绘画工具材料的陌生，逐渐变得能用不同的点线面装饰画面，并学会使用多种工具为画面添加层次和美感。他们的每一次进步都让我感到无比的惊喜和欣慰。我逐渐验证了书本上"每个孩子都是一个独特的个体，他们有着自己的性格、兴趣和梦想"；也同样验证了，"每个孩子心里都有一颗美的种子"。这些经历让我更加成熟，更加善于思考，也让我更加热爱这份工作。

回首过去，我感慨颇多。在未来的日子里，我会继续努力学习和提升自己的专业素养，让美的力量滋养孩子们的心灵。我期待着与孩子们一起成长、一起进步，共同书写美好的未来篇章！

（作者：武汉大学幼儿园一分园　程欣茹）

9. 青蓝同辉　育梦成光

陶行知先生说："要想做好教师，最好的是和好教师做朋友。"幼儿园"青蓝工程"为我这样的新手教师搭建了一个很好的学习平台，它不仅是一个学习平台，更是一个情感交流的港湾，让我与同事们在互助与支持中报团取暖，共同成长。

一年前，我满怀对教师身份的期待与对美好教师生涯的憧憬，兴奋地告别了校园，正式踏入教师这一行业，成为武汉大学幼儿园二分园大家庭的一员。还记得第一次组织活动，我既紧张又激动，提前把开场白和自我介绍在心里念了又念，相信一定能给小朋友们留下一个大方自信的第一印象。可是当我真正面对他们时，他们好奇的目光全都锁定在我身上，我突然胆怯且倍感尴尬，于是第一节集体教学活动成为我的一场独角戏，就这样以"不完美"结束。当天晚上我辗转反侧，懊恼地想着：第一次以教师的身份面对小朋友就失败了！我该怎么样才能做到在课堂上大方自如？

幼儿园师徒结对的培养方式解决了我的燃眉之急，我有幸与我的师傅结为师徒。我的师傅在工作中认真的态度，让我获得了很多学习、工作动力，她有扎实的专业知识、丰富的教学经验、深厚的教学理论，在教学方面以及科研方面都给了我许多指导和帮助。在我陷入自我怀疑的时候，她宽慰我："刚开始大家都是这样，你已经做得很好了！适应一段时间就好了。"这一年里，在教学上有困惑时，我就向师傅和优秀的前辈们请教。在平日中，我模仿师傅的一举一动，希望早日能成为像她一样的优秀教师，无论是开展集体活动或是面对幼儿都能从容不迫。如今，我也不负所望，在各方面都有了很大的提高。

青蓝工程，提灯引路；师徒结对，薪火相传。爱和温暖一直是教育的基调，工作不止幼儿园与家两点一线，还有一群志同道合的人，一起奔跑在理想的道路上，为爱同行，育梦成光。

（作者：武汉大学幼儿园二分园　朱明）

10. 请允许一朵花慢慢开

一次偶然，让我阅读到了《请允许一朵花慢慢开》这本书，这本书就像一缕清风，让我们的心灵得到片刻的宁静，让我在"一地鸡毛"中重新审视自己的生活，学会慢下来，去感受生活中的美好。

平时的生活中，我是一个急性子的人。做任何事情都有些爱着急，在教育孩子方面遇到困难也很容易干着急。有时，看见小班孩子慢吞吞地放书包、穿脱衣裤，我总是心急地去帮助他们去完成。《请允许一朵花慢慢开》这本书如同一盏明灯，照亮了我的教书育人道路。它让我明白，在教育上不能过多地干预孩子，要相信他们自己是能行的。教书育人不是一场竞赛，而是一段陪伴孩子成长的旅程。作为教师，要允许孩子慢慢来，要明白，每一朵花的花期都不一样，有的花一年能开多次，有的花则几年才开一次。孩子的成长也是如此，就像一场马拉松，我们没有必要在一开始就铆足干劲抢跑。我们应该允许孩子按照自己的节奏慢慢成长，给予他们足够的时间和空间去探索、去发现。

作为教师，自己也要慢下来，用心去感受孩子的每一次进步，用爱去包容他们的每一次失误。慢下来，你会发现身边众多小美好。在我做幼师的这几年里，每天我都是在孩子们"老师早，老师好。"稚嫩的问候中开始一天的幼教生活。静下心来回忆，我依旧能记起我带过的每一个孩子天真、单纯的模样，这纷繁的时光里流淌着的，是我对孩子源源不断的爱与生生不息的希望。让我们一起用自然的心态去接纳生活中的一切，陪伴孩子们慢慢成长，静待花开。

在这个快节奏的社会，它让我们学会放慢脚步，去享受生活的过程，去感受生活的美好。

（作者：武汉大学幼儿园三分园　宋世珍）

11. 特别的爱给特别的你

时光的齿轮，拉扯着四季，转眼在幼儿园已经工作了近八个年头。都说教育是幸福的遇见。确实！八年里我遇见了我的形形色色的孩子们，我庆幸自己成为一名幼儿教师，能够与每一个纯真的心灵相遇。播种下爱的种子，收获的不仅仅是爱，更多的是快乐、是感动。

这一年的小班，我遇见了浩浩。他非常与众不同，与我们交流时经常人称代词混淆，逗得我们哭笑不得，我们需要从他简短的语句中获得他的需求。此外，他的"领地"意识强烈，不喜欢不熟悉的人触碰他的玩具，一旦有人这样做，他就会用"武力"捍卫主权。后来发现他午休难以入睡时，还会突然喊叫，在集体活动时四处游走……这让我们意识到，他需要我们的特别关注以及更耐心、更用心的呵护。

在与家长进行深入沟通后，我与班上老师商量，只要班上有老师得空，就陪在浩浩身边单独引导他。让他产生安全感，慢慢融入集体。在陪伴浩浩的过程中，我逐渐领悟到"共情"的重要性。为了成为他的"盟友"，我每天都会花时间与他聊天，教他认识每一位老师，正确使用人称代词。渐渐地，浩浩能够在集体活动中安静地坐几分钟，在老师的单独引导下完成小操作。虽然持续时间不长，但这已经是一个很大的进步了。午休时，当我坐在他床边，轻轻抚摸着他的头，他便会安静地闭上眼睛。我想，我们的方法奏效了。

有一天，我惊喜地发现浩浩对数字特别敏感，能够轻松地从 1 数到 31 甚至 100。于是，我有意识让浩浩在数字游戏中担任领头羊，带领其他小朋友一起探索数学的奥秘。慢慢地，浩浩的笑容变多了，眼里的光芒熠熠生辉，这样的小举措让浩浩变得自信了，也让他在集体中找到了自己的位置。

在陪伴浩浩的成长过程中，我深刻体会到每个孩子都是独一无二的个体，他们有着不同的性格、兴趣和能力。作为教育者，我们需要用心去倾听每个孩子的心声，发现他们的闪光点，并为他们提供个性化的教育支持。只有这样，我们才能让每个孩子都能够在成长的道路上绽放出属于自己的光彩。

（作者：武汉大学幼儿园一分园　张楚韵）

12. 童梦织影

在那片被晨光轻抚的幼儿园里，命运的笔触不经意间勾勒出了我与视频制作的不解之缘。这不仅是一段旅程，更是一首流淌着童真与梦想的诗篇，每一帧画面，都是心灵深处最温柔的吟唱。

记得那个午后，我偶然翻阅孩子们的照片，心中涌动着无限的感慨。我渴望用一种更生动、更直观的方式，记录下这些小天使们成长的每一个瞬间。于是，一个念头在我心中悄然萌芽——我要用镜头捕捉他们的笑容，用画面讲述他们的故事。

起初，我对视频制作一窍不通，面对那些复杂的剪辑软件和烦琐的操作流程，我感到既兴奋又迷茫。像是站在一片未知的森林边缘，心中既有探索的渴望，也有对挑战的畏惧。但我知道，只有勇敢迈出第一步，才能揭开这片森林的神秘面纱。于是，我开始从最基本的视频拍摄技巧学起。我研究光线的运用，学习如何调整相机的参数以捕捉最清晰、最生动的画面。我观察孩子们的自然状态，尝试在不打扰他们的情况下，捕捉到他们最真实、最有趣的瞬间。

随着对拍摄技巧的逐渐掌握，我开始将目光投向了视频剪辑的世界，这是一个全新的领域，充满各种可能性。我利用业余时间自学专业的剪辑软件教程，向有经验的老师请教。在剪辑的过程中，我也遇到了许多难题和挑战。有时会因为找不到合适的素材而苦恼，有时会因为剪辑效果不理想而反复修改甚至重新开始。但正是这些困难和挑战让我不断成长。我学会了如何用剪辑技巧突出视频的重点，如何用配乐、配音和字幕来增强情感的表达。

当我第一次将自己制作的视频展示给孩子们和家长们看时，我看到了他们眼中的惊喜与感动；当我开始承担园内大大小小活动的视频制作时，我感受到了园长对我的信任，得到了满满的肯定和鼓励；当那些视频在幼儿园的每一个角落播放时，我仿佛听见时间轻轻的脚步。每一帧画面，都是一首无言的诗。它们不仅仅是记录，更是时光的见证，仿佛是编织的一个梦幻泡泡，轻轻触碰，便能感受到无尽的幸福与满足。

那些看似平凡无奇的瞬间，在视频的呈现下变得生动。那一刻，我深深地感受到了视频制作的意义——它不仅仅是一种记录方式，更是一种连接人心、传递爱与温暖的桥梁。此刻，我站在这个充满奇迹与可能性的起点上，继续在这条光影交错的道路上漫步，我期待着用视频讲述更多关于成长、关于梦想、关于爱的故事……

（作者：武汉大学幼儿园三分园　沈婧怡）

13. 遇见·成长　预见·美好

一朝一夕沐杏雨，一朝一夕念师恩，春风化雨尘不染，后浪便胜出于蓝。苦思许久，要如何来描述自己成为新教师的这几年经历，"一团麻中理出线头"。担任新教师的第一年就是在一团乱麻中逐渐找到出发点，逐渐理清落脚点的过程。

四年前，我怀着我的教育理念走进武大幼儿园，开启人生一个美好的起点。在这里，我深刻体会到教育的最大幸福是个人专业成长，是努力靠近光，追随光，成为光，散发光的过程，我想用三句话分享一名新教师的成长经历：

第一句话：感恩相遇不负遇见

仍然记得我第一次上课的情境，当时作为一名教师小白的我，还不能很好地驾驭课堂，面对小朋友的问题，可能会手足无措。平时在备课中也会遇到瓶颈，但幸运的是我有一个好的师傅，在磨课中各位小伙伴都会给予我帮助，也会给我提不少备课建议。

一路走来，一路芬芳，这一切离不开园长们的关怀，离不开小伙伴们的鼎力相助，正是这些温暖让我从面对问题手足无措的新手小白一路走到现在，也正是这些关爱与温暖，激励我不断前行，收获满满的感动与成长。

第二句话：路漫漫其修远兮，吾将上下而求索。

所谓师者，传道授业，虽微致远。俗话说"要给学生一杯水，老师不仅要有一桶水，还要有长流水"，长流水就是要不断持续学习。这两年来，我坚持充电学习，每周阅读、潜心研读教材、认真参与教研磨课，不断提高自己的业务能力。

第三句话：以情动人，俘获人心。

做孩子的工作，相信我们肯定也会遇到一些"无动于衷"的孩子，即便你说破了嘴，他也没有回应，对于这样的孩子，我们难道能就此放弃吗？他们之所以冷冰冰的，我想大多都是缺少温暖、缺少关怀，所以我们就要打开温室之门，温暖这些孩子。

作为一名资历尚浅的老师，我深感在教书育人的道路上，还有很多的路要走。今后，我要继续向身边经验丰富的老师学习，同时我也相信自己对教育的热爱，相信自己能坚守初心、砥砺前行，以我微弱的光，去照亮他人一程路。

遇见，是故事的开始；成长，是故事的延续；既遇见了成长，就能预见到美好。每一颗种子，都曾与黄土共壤，暗自汲取能量，终得岁物丰成。心之所向，素履以往。让我们以梦为马，一步一个脚印，一路前行，一路追光！

(作者：武汉大学幼儿园三分园　施子锐)

14. 在我身边，有一群温暖的人们

回首这两年的职业生涯，我深感自己是一个幸运的人。我遇到了这样一群可爱的孩子、优秀的同事和通情达理的家长，他们给予了我无尽的温暖和支持。正是这些温暖的力量，让我在教育的道路上越走越远、越走越坚定。同时，我也期待着自己能够不断学习和进步，成为一名更加优秀的幼儿教师。我将不断挑战自己，超越自己，让自己的教育之路更加宽广和光明。

记得刚踏入幼儿园的那一刻，我心中充满了对未知的期待和好奇。那时的我，还是一个对教育充满憧憬的初学者，对于即将面对的孩子们，我既紧张又兴奋。我憧憬着和孩子们一起探索世界的美好，陪伴他们度过快乐的童年时光。在幼儿园的这些时日，我时常会被孩子们的天真无邪和纯真善良所感动。他们会在不经意间带给我惊喜和快乐。我记得那是一个盛夏，阳光透过窗户洒在孩子们稚嫩的脸上，他们正开心地玩着游戏。突然，一个小女孩摇了摇我的手臂，递给我一张她自己画的画。画中是一个穿着飘逸公主裙、扎着高马尾、戴着钻石皇冠的老师，她的旁边还围绕着一群天真无邪的孩子们，她告诉我画上是我与同学们。那一刻，我的心被深深触动，或许，在孩子们的眼中，我不仅是他们的老师，更是他们的朋友和伙伴。

"柳绿初绽"，正是我们幼师初入职场时的写照。我们在春日的阳光下，怀揣着梦想和希望，开始了自己的教育之旅。在这条道路上我们或许会遇到各种挑战和困难，但只要我们保持初心和热爱，用心去感受每一个孩子的成长和变化，我们就能够收获属于自己的"小美满"。

最后，我想对每一位老师说：让我们一起用爱心和耐心去呵护每一个孩子的心灵吧！让我们一起在教育的道路上不断前行，为我们的孩子们创造更加美好的未来！同时，我也想对所有给予我温暖和支持的人说一声谢谢！是你们的陪伴和支持让我走过了这段美好的旅程，未来的路，我们一起携手同行。

（作者：武汉大学幼儿园二分园　王玉珏）

15. 做一颗微弱而有光的小星

要向一颗
微不足道的小星学习，
可以微弱，
但要有光。

——毕淑敏

当我第一次踏入幼教这片充满童真与希望的土地时，心中充满了对未来的憧憬与期待。我深知，作为一名幼儿教师，我肩负的不仅仅是教育的责任，更寄托了家长对孩子们成长的期望。我唯一能做的就是，不辱使命，将最好的自己呈现在孩子面前。

记得那是一个阳光明媚的早晨，刚入职的我怀着忐忑而又激动的心情，走进了幼儿园的大门。眼前的一切都是那么新鲜，那么陌生。孩子们天真无邪的笑脸，家长们充满期待的眼神，让我感受到了神圣的使命感。

孩子们是敏感的，他们能够感受到我们的爱和关心。一天下午，我正在教室里整理教具，突然听到一阵哭声。我走过去一看，原来是一个小女孩因为找不到自己的玩具而哭了起来。我蹲下身，轻轻地安慰她，帮她一起找玩具。在我的帮助下，小女孩很快找到了自己的玩具，她露出了开心的笑容，并紧紧地抱住了我。那一刻，我感受到了前所未有的满足和幸福。我突然明白，作为一名教师，我的职责不仅仅是传授知识，更重要的是要关心每一个孩子，让他们感受到温暖和爱。同时，也要注重与孩子们的心灵沟通，倾听他们的心声，了解他们的想法和感受，与他们建立起深厚的情感纽带。

随着时间的推移，我逐渐从一个"小白"成长为一名有经验的幼儿教师。当我看到孩子们在我的引导下快乐成长时，当我听到家长们对我工作的肯定和赞扬时，我感受到自己的价值和意义。我深知，这份幸福来自我对教育事业的热爱和对孩子们的关爱。或许，在未来的日子里，我会遇到更多的挑战和困难。但我相信，只要我保持一颗热爱教育事业的心，用心去关爱每一个孩子，就能够克服一切困难。

最后，我想说：无论是新入职的"小白"还是经验丰富的教师，都请珍惜与孩子们相处的时光，用心去关爱他们、陪伴他们成长。因为在这个过程中，你不仅会收获到满满的幸福和满足感，更会成就自己人生中的"小美满"。让我们做一颗微弱而有光的小星，用微小的光芒照亮孩子们前行的道路。

（作者：武汉大学幼儿园二分园　贾佳莹）

第二章　秧色　满园

秧色满园，是珞珈人以心为圃，灌溉满园珞珈儿童的真实写照；秧色满园，更是珞珈人奋发向前、蓬勃生长状态的生动描绘。

珞珈山下的小园，每一个珞珈人都如同一片嫩叶，每一片嫩叶都宛如一幅生动的画卷，诉说着它们从微小嫩芽到茂密绿叶的心路历程。可能是一次与孩子、同事的深入交谈，也可能是一次突如其来的教学挑战。这些关键人、事所带来的启发，那些曾经的挣扎与努力，都化作了它们身上独特的纹理和色泽。

这些成长中的小细节，蕴含着大启示，像是心灵地图上的坐标点，让我们在迷茫时找到方向，在挫折时坚定信念。正如那句古老的谚语所说："教育不是填满一桶水，而是点燃一把火。"而这火，正是由这些关键的启示所点燃的。这些启示能指引自己，能影响他人，更激励着珞珈人创造一个绿意盎然、色彩绚丽的教育净地。

1."拖拖"变身记

岁月变迁，时光如白驹过隙，一转眼，我来到武大二分园这个大家庭已有十二年。这十二年里，我一路成长，一路收获。从一名年轻、不成熟的年轻教师，慢慢成长为了一名骨干教师。从"拖延症、强迫症、时间观念不强"这些标签，慢慢变成了"有创意、悟性高、反应快、完美主义"的代名词。我是如何从一个"拖拖"进行大变身的呢？下面请听我娓娓道来……

工作几年后的我和所有人一样，开始进入了职业倦怠期，面对各项工作、文案，总觉得自己能够游刃有余，所以"不用着急"；面对大型活动、公开课需要准备教具等材料时，觉得自己能够高质量完成，所以"不用着急"。这种"不用着急"的态度，让园长们看得"很着急"。于是，园长开始明里暗里提点我，可年轻气盛的我依然觉得一切尽在掌握之中，根本"不用着急"。

直到有一天，一场我自认为准备充分、信心十足的大型活动现场，突然遇到了电脑故障，我懊恼不已！这种"拖拖"的心态，使得我完全没有准备应急方案——备用电脑。在这种关键时刻，看着园长铁青的脸，自己也被吓得一身冷汗，幸而在小伙伴的帮助下，最终顺利完成了任务。从此，我开始意识到"拖拖"的心态所带来的是思想的懈怠，而作为一名幼儿教师，思想的懈怠只会导致工作的不断失误，我能够凭着能力和运气逃过一次、两次、三次，但总有一天，我会因为我的"不用着急"影响自己的工作。于是，我开始改变，但同时我也深知，站起来靠领导和同事，但向前走靠的是自身的内驱力。知不足而奋进，望远山而前行！在接下来的工作和职业生涯中，我也开始对以下几个方面进行自我调整：端正思想态度，提高思想认识；有目标地规划未来发展；将特长与工作结合，创造新的火花。

慢慢地，我开始提升自驱力与专业进取的动力，撕掉那些固有的标签，从一名"拖拖"大变身，我也在这个过程中与真实的自我和解，在创造性的工作中奔赴未来。

（作者：武汉大学幼儿园二分园　刘璐）

2. 扎根幼教享成长之乐

小时候，我特别喜欢鞠萍姐姐，她开朗爱笑、亲切温柔的样子，给我的童年留下了极其深刻的印象。二十三年前，我走进了湖北省实验幼儿师范学校，决定长大以后成为一名幼儿教师。

离开学校之后，我有幸进入武汉大学幼儿园工作。在这个平凡的岗位上，我与幼儿朝夕相处了十六年的光阴，我成为一名幸福的幼教人。《幼儿园教育指导纲要》中指出："要增强幼儿的自尊自信，培养幼儿关心友好的态度和行为，促进幼儿个性健康发展。"工作中，我尝试组织幼儿开展经典诵读活动、举行美好童心画展等，身体力行把爱国思想融入幼儿的教育活动中。

随着新课改的调整与实施，作为工作多年的教师，我对当下的教育形势也有了自己的看法和认识：与时俱进和顺应发展，才是教师在教育孩子时所应该保有的初心。渐渐地，我有了自己的一些感悟。

一、灵活教学尝试创新，悉心育儿获家长好评

我会在春天带领幼儿观察万物的变化，在夏天让幼儿感受多彩服装的绚丽，秋天

感受果实成熟的秋华之美，冬天让幼儿感受堆雪人的快乐。武昌区新课改之后，我结合园所特点和班级情况，开展适宜幼儿的自主游戏活动。创设室内外游戏一体化的环境，助力幼儿在游戏中获得成长。在家长开放日活动中，我尝试阶段性教学，让幼儿感受融合式教学的益处，让家长感受到多元化教育的意义。

通过园所给予我多方面、多渠道的学习机会，我结合新背景开展特色活动，将我们园所特有的文化内涵向幼教专家和家长孩子们——展现，赢得了众多的好评。

二、积极加快个人成长，幸福体会收获的快乐

当阅读成为一种习惯，从书中找寻教育哲理并运用到教育实践中，可以更好地提高教学效果。我深知加强班级管理和教研组织能力的重要性：担任班主任时，我与班组老师积极配合协商，定期开展班务会议，解决和反思班级工作情况。担任教研组长时，组织教师开展专业研讨会，帮助新手教师研课说课，让其加强专业知识学习，发挥自身优势学会成长。

常言道："十年磨一剑。"光阴对于我的成长具有里程碑意义。今后我会继续坚持求真的教育思想，守护幼儿健康成长！

（作者：武汉大学幼儿园三分园　杨滢）

3. 沉默的背后

假期快结束的时候，一通来自园长的电话打乱了我内心的平静，我被任命为教研组长。

那是我当教研组长带领团队的第一年。带着忐忑的心情，我尝试着组织教研活动。这学期的教研主题是"幼儿园生活活动环节的优化策略与实施"。为了让新手教师能顺利地独立完成带班任务，我们在开展生活环节的指导与培训后，进行了观摩评析活动。活动的目的是让新手教师通过观摩找出同伴的组织指导优点，或者针对同伴的指导过程提出更好的指导建议。

观摩活动结束后，老师们对观摩的活动发表了自己的看法，但对于优化建议与活动中出现的问题，老师们面面相觑，没人说话，场面一度陷入尴尬。第一次的教研以大家的沉默收尾。作为组长，我开始思考：为什么会出现这样的现象？怎样才能让老

师们放下戒备畅所欲言呢？我开始私下找老师们聊天，了解到老师们不敢说、不想说的原因有以下几点：第一，没有底气，怕提出的意见与人相左。第二，研讨过程里没有理解其他人的想法，所以在评论建议环节没有发表自己见解。第三，部分新手教师的语言表达能力欠佳，不能很好地组织语言表述清楚自己的见解。一个好的教研活动，需要大家思维的碰撞和灵感的互动，针对老师们的这些顾虑，向刘园长取经以后，我们尝试着调整了教研活动的方式。我们先从小组交流开始，采用头脑风暴的方式收集同伴的想法。遇到观摩类型的活动就采用"圆桌会议"和"六顶思考帽"的方式来帮助老师们从不同的角度分析与思考。老师们的专业能力不足，我们就定期组织不同类型的理论学习、理论比赛等活动促进大家专业能力的提升。老师们的语言能力弱，我们会鼓励新手老师们在教研活动前组织小游戏和小互动来锻炼大家的组织和表达能力。

经过一个学期的努力，大家从沉默不语到有效沟通，教研活动终于"活"了起来，也让身为组长的我身上的担子重了起来，我深刻领悟到教研之路的艰辛与深远。一个团队的共同成长才能遇见更好的未来。勤反思，常请教，多沟通，相信我们都能在成长的路上每天进步一小点。

（作者：武汉大学幼儿园一分园　张思玉）

4. 从幕后到台前
——我和我的保育师们

自 2021 年以来，在武汉大学幼儿园总园具有前瞻性的指引下，幼儿园保教融合探寻之路有了更明确的方向和目标，以保教融合的方式，着力打造和谐进取的育人环境，建设一支乐学、好学、勤学、善学的保教队伍，持续开展多形式、多层面、多角度、多渠道、多领域、多维度、多视角的岗位练兵及研训活动，努力推进和拓展保教融合之举措，实现教养一体化的教育目标，共筑师幼"养成教育"的专业成长平台，作为保育师领头羊的我，今天以这样回顾的方式来说说这三年我和我的保育师们的那些事吧！

学前教育理念及模式随形势的发展不断快速更新，各项工作规范与检查评估标准也在形势的推进下日趋完善，显现出更科学、更规范、更加体现以儿童为中心的教育理念，对保教队伍的专业度要求也越来越高。我们现有的保育师团队还没有完全达到要求。我深知，要改变现状就要先改变人，要改变人就要先改变思想，而思想的武装是日积月累的熏陶、是知识的浸润。熟知这个团队的特点才能找到问题的根源，在深入了解、摸底、沟通之后，我将保育师培训计划作为我着手的第一个举措，计划的制定以不变应万变，在不改变内容的前提下，用另外一种模式让保育师们被动接受理论知识。这一举措得益于魏莹园长的建议，2021年春季开学季，也是我接任后勤园长半年之后，当时的我带着一腔热情，却空有一番作为，迷茫之际受益于魏莹园长几句话的点拨："放慢脚步，反复翻炒才会食味均匀，创建固定的学习模式强化理论知识的学习，一月一回顾、一学期一考核，你会看到不一样的保育师团队！"

于是，基于保育师团队特点，我对"保育师培训计划"加以完善，注重在每次活动的设计中将研训主角推向每一位保育师，哪怕是一句建议、一个问题、一个反馈、一个操作。他们腼腆、质朴，不愿面向群体，不敢走上舞台，不肯表达想法……迈出第一步必然艰难，可是每一次的艰难都给了他们力量、欣慰和惊喜，每一次活动过后我和我的团队不以活动的结束而结束，而是在反思中对下次活动内容进行精准把控，因为我坚信只有适宜的培训内容才能促进成长，努力成长为一支善于反思和积累的保教队伍。

初见成效的我们，似乎也能苦中作乐，通过梯队互助的方式完成了一次次的不可能，在循序渐进中成为活动的主角，如：承担一次读书分享、主持一次游戏活动、分享一次专业发言、开展一次实操展示……当然，他们也会抱怨，怪我把他们逼得太紧！是啊，我又何尝不知道这些挑战对于他们的不容易和煎熬，我选择聆听、记录和他们一起面对所有的一切。时代的变迁，刷新了多年来对保育师工作性质、内容和角色印象的惯性认知模式，从幕后到台前就是历史最好的见证，以终为始，方行更远，渐渐地他们习惯了站在台前的自己、闪闪发光的自己。

三年不长也不短，曾经以为只有远方才会有诗，而经历了这些过往才发现，我和我的保育师们走过的那些经历犹如一幅幅画卷，入眼的是风景，而入心的感悟成了人生的诗篇。

"道阻且长，行则将至；行而不辍，未来可期"，心怀对保育工作美好未来的期望，我和我的保育师们依然在路上！

（作者：武汉大学幼儿园三分园　许敬林）

5. 从小学教师到幼儿园教师

教育，是一盏指引人生航向的明灯；教师，则是手握灯绳，引领学子们迈向光明未来的导航者。我，曾是一名小学教师，如今，成为一名幼儿园教师。转变的过程，是专注教育的延续，也是个人成熟的磨砺。从一名小学教师转变为幼儿园教师，无疑是我人生中最宝贵的一段成长历程。这是一个既充满挑战又富有希望的过程，也是一个从理解儿童到深入理解幼儿的过程。

记得刚踏入小学教室的那一刻，看到那些充满好奇、渴望知识的眼睛，我第一次感受到了"教师"这份职业的神圣。我尽自己最大的努力，将一滴滴知识的甘霖，洒向那些等待生长的种子。然而，随着时间的推移，我常常在思考，生命的本真是什么？没有经过太多所谓"规矩"束缚的孩子又会是什么样子的？

于是，我选择了成为一名幼儿园教师。当我第一次走进幼儿园的教室，看到这一张张稚嫩的脸，我深知，我所肩负的责任有多么重大。然而，隔行如隔山，学前教育与小学教育的方式有着天壤之别，我所面对的，不仅仅是教学内容的改变，更是教育理念的升华。教学形式的跨度之大，让我在幼儿园组织的第一节集体教学活动中流下了泪水。一天的工作下来，除了满满的委屈与心酸，还有无尽的挫败感。尽管如此，我从未怀疑自己对"教师"这份职业的初心。我迅速调整心态，开始学习如何通过游戏让孩子们学习知识，如何通过故事让孩子们理解世界，如何通过陪伴让孩子们感受到爱。我开始理解，并不是所有理论知识考试合格的教师都会是一个好的教育工作者，真正适合做幼儿教师的人应该是人群中那些童心未泯、活泼有趣、充满爱心的人。而对于勇敢走进幼教领域的我来说，能够在工作实践中不断培养自己的童心和童趣成为一门必修的功课。

从小学教师到幼儿园教师的转变，再从幼教"新手"到"成熟"教师的磨砺，让我更加深入地理解了教育的本质，也让我更加深入地理解了成长的规律。教育不仅仅是传授知识，更为重要的是在尊重孩子个性的基础上，帮助他们树立自信，建立正确的是非观、价值观，使他们心存善念，用积极乐观的态度来面对今后漫长的人生道路。我相信，无论我身处何处，我都将以一名教育者的身份，用爱和智慧，陪伴每一个孩子成长。因为我知道，每一个孩子都是一颗等待生长的种子，他们需要的是阳光和雨露，是爱和关怀。而我，愿意成为他们成长路上的那一缕阳光，那一滴雨露，那一份爱，那一份关怀。

（作者：武汉大学幼儿园三分园　王乐羚）

6. 静待花开

与群雁飞翔一样，我身为学科带头人，并兼任韵樱组指导老师，犹如"头雁"一样，带领着组里的组员相互协作。我希望每一次的小组活动都能集思广益、群策群力，让老师们在思维的相互碰撞中产生灵感，在相互启发中萌生更多的想法，从而提高大家解决问题的能力。可每次的讨论交流，有一位老师总是静静地听着、默默地看着，我开始探索这一现象的原因。

一次活动结束，我利用休息时间和她进行了沟通。"你在创设班级环境中，能将图标合理地运用到每个细节中，有很多创新的想法，为什么在小组讨论中不愿意说出你的想法呢?"她胆怯地说："我感觉自己很年轻，经验比较少，说话也没有条理性，组内很多老师已经说得很好了，我怕说错话。"通过聊天，我发现她其实是一位有想法、很努力的年轻老师，对教学中的现象和问题有着自己独特的见解与思考，她光听不说的主要原因是缺乏自信。

为了让她冲破心理障碍，获得自信，我在每次小组交流前，总是先将研讨的内容提前告诉她，让她收集相关信息，理清思路，我与她进行交流，鼓励她大胆表述。经过充分的准备，她在小组教研活动中能够慢慢表达自己的观点了! 开始时，她能说一两句，渐渐地，能说出一小段，到最后，能完整地表达她的想法与见解。每一次，她的发言都会得到组内教师的认可，同伴们的鼓励和肯定让她在活动中不再沉默。现在，不需要我的"提示"，她也能主动积极地发表自己的看法，慢慢地她在小组中找到了属于自己的成长平台，体验到参与活动的快乐。

每个人的成长过程中，都会经历各种各样的历程。每一个过程都是等待花开的过程。每个组员在我眼里都是一朵待放的花儿，我相信只要用心，就可以让花儿尽情绽放；用心，就可以收获意外的惊喜。

（作者：武汉大学幼儿园四分园　瞿丽）

7. 努力！必有回响

"故不积跬步，无以至千里；不积小流，无以成江海。"成功都是一点一点累积出来的，路都是一步一步走出来的。坚持下去，积少成多，才是成功的关键。

机会永远只会留给有准备的人，成长也不是一蹴而就，很多所谓的好运气，其实是好机会遇到了努力。记忆回到 2023 年 12 月，我得知我撰写的《闪闪的红星》在 2022 年"湖北省幼儿学习与发展课程"优秀成果评选活动中荣获活动设计组特等奖。本以为这是一个没什么含金量的奖项，然而，过了几天，园长找到我，非常正式地告诉我这是一个省级大奖，获得特等奖的人屈指可数，而且我还受邀去领奖，并参加为期三天的学习。

站上领奖台的那一刻，我心中百转千回，回想起我的工作常态。在工作生活中我是一个较认真的人，在学期初，我会根据班级幼儿实际情况、园所的办园目标及理念制定相应的计划；在日常的教学活动中，我会及时总结教学中的经验和教训；在遇到难题时，我会主动思考，向有经验的老师请教；与孩子们相处的每一个时刻我都会认真地观察他们，工作之余将他们的这些行为转化成我书中的文字进行分析，让我更加地了解他们；平常我也会积极与家长进行沟通交流，共同探讨制定适合不同幼儿的教育方法；做好自己的本职工作，在完成工作之余去帮助同事；积极参与各项学习活动，活动后记录自己的所思所想，并将学习中总结的经验灵活运用在一日教学活动中。在领奖的这一刻，我的较真、我的细致、我的付出在这一刻得到了回应。

短暂的三天学习，为我打开了一扇扇认知的窗和思想的门，开阔了我的视野。学习之后我发现老家仙桃的幼儿园发展得非常好。独具仙桃地域特色的课程、多样且富有的创造力的自主游戏、多彩的园所环境，每一处都可圈可点，值得学习。

一段学习的结束，是总结也是新的起点。我将在今后的工作中不断学习、积累经验。我坚信只要努力，必有回响！

（作者：武汉大学幼儿园三分园　刘青）

8. 始于模仿　终于成长

回顾自己的成长历程，常常有一些看似微小的事件和关键人物，在我的成长道路上起到了至关重要的作用。它们如同一把钥匙打开了我成长的大门，让我在不断地思考和实践中获得了深刻的启示和领悟，这些启示不仅帮助我解决了眼前的困惑，更引导我走向了更加广阔和深远的未来。

在一次语言活动中，我用心准备了教案和教具，希望能给孩子们带来一次难忘的学习体验。然而，当我开始讲述时，却发现孩子们对我准备的内容并不感兴趣。他们有的东张西望，有的窃窃私语，完全不理会我的引导。那一刻，我感到了前所未有的挫败感。

这时，给予我帮助的是我在工作岗位上遇到的一位重要的导师——侯老师。她是一位经验丰富的骨干教师，在教学上十分有经验。侯老师开展了一节语言活动，让我仔细观察她的活动过程。通过观察，我发现侯老师在表达时，语气语调发生了变化，讲究抑扬顿挫，活动内容丰富有趣，孩子们在参与活动时，都能全神贯注地看着她。我仔细观察后，对自己的活动进行了反思和总结。在那之后的工作中，我也总会时不时地去观摩侯老师的教学活动，并积极向侯老师请教经验。在侯老师的帮助和指导下，我逐渐克服了初入行业的困惑，也在不断地学习和实践中获得了成长和进步。我尝试运用不同的教学方法和策略来激发孩子们的学习兴趣，同时我也积极参加各种培训和学习活动，不断提升自己的专业素养和综合能力。

未来，我将继续关注幼教行业的发展动态和教育理念的创新趋势，不断更新自己的教育观念和教学方法。同时我也希望能够在未来的工作中继续成长，无愧于大家对我的指导和帮助！

（作者：武汉大学幼儿园二分园　王玉珏）

9. 葳蕤生香　岁月缱绻
——教研组长成长记

吾志所向，一往无前

很喜欢这样一句话："教育的本质，不是要把篮子装满，而是要把心点亮。"幼儿园教师就是这样一种心中有光的职业。随着时间的推移，我在工作中慢慢成长起来。直到 2017 下半年，我担任了教研组长。

学其所用，用其所学

我的内心非常激动，这离我的理想又近了一步。但同时我也充满不安和彷徨，对自己不够自信，不确定是否能够胜任这份重任。当我带着紧张的心情和张园长说出自己心中的顾虑时，张园长温柔地笑着对我说："我相信你可以做到!"她给了我具体的、可操作的建议，还送了一本关于教研的书籍让我学习，拓宽思路。

那时我刚好开始制定本学期教研计划，在开展计划前我认真研读了那本教研书，之后我划分了小、中、大班不同年龄段所需的目标及内容。在研讨会中，我和组员们通过研讨定下不同年龄段的目标。会议结束后，我内心充满踏实感。经过这次会议，我似乎找到力量，开始想办法做好每一件事。每当我遇到困难时，张园长鼓励的言语就像一把打开能量之门的钥匙。在写教研方案找不到方向时，在开完教研活动反思自己还有哪些问题时，在反思自己的组织工作时，我都会想想园长那信任的目光和那本温暖的书，想想心中理想信念。就这样，在信念的支撑下，我一路走了下来。

作为一名教研组长，我的感悟是：勤奋、创新、坚持。勤奋，对教研的钻研，对专业的专注；创新，让教师成为教研活动的主人；坚持，相信办法总比困难多，只有行动才能收获成长。其实，那些我原本以为不可能做到的事情没有想象的那么难。而且，每次的活动都能取得较好的效果，圆满地完成教研组的工作。在努力的过程中，我的工作得到了领导和同事的一致好评，我的内心也像湖水那样波光粼粼地荡漾着。

慷慨以任气，磊落以使才

在担任教研组长的这学期里，我深刻领悟到教研之路的艰巨和深远。也明白只有拓宽知识视野，深耕课题研究，坚定信念，保持积极心态，不断突破自我，才能"教"以致远，"研"路花开!

（作者：武汉大学幼儿园二分园　黎娜）

10. 榜　样

子曰："三人行，必有我师焉。"在成长的道路上，我们常常需要寻找一种力量，一种能够激发我们内在潜能、引领我们前行的力量。这股力量，或许来自某个伟人的传记，或许来自某位名人的事迹。而我所收获的成长，则来自我每日相伴、共同奋斗的同事们。

如何成为一个更好的教育者？如何为孩子们的成长贡献自己的力量？为我解答这

些问题的是园内的业务园长和教学园长。在教研活动中，他们不仅提出了许多具有针对性的问题，更给出了一系列切实可行的解决方案。他们时刻关注着园所的发展方向，对每一个环节都严格把关，确保幼儿园能够稳定、有序地发展。他们深入浅出的讲解、独到的见解，都是我成长的宝贵财富。每一次与他们的交流，都能让我有所收获、有所成长。在日常工作中，他们不仅关心每一个孩子的成长，更关心每一个员工的进步。他们为我提供了许多宝贵的建议和指导，帮助我更好地应对工作中的挑战、更好地与孩子们沟通交流。

另外一股引领我成长的"力量"是幼儿园的教研组长张老师，她无疑是我们幼儿园中的一颗璀璨之星。她具有深厚的专业素养，每一次与她深入交谈，都能感受到她对幼儿教育的深深热爱与执着追求。她不仅拥有丰富的专业知识，更有一颗愿意为孩子们付出的心。她用自己的真心将孩子引领到新世界的大门前，帮助他们稳步前行。让孩子们在玩乐中学习，在学习中成长。她撰写的游戏案例，不仅仅是简单的游戏，更是她用心观察孩子们的兴趣、需求后，精心设计的课程方案。

榜样之所以是榜样，因为他们身上有让人信服的力量。我愿跟随他们的脚步，去攀登那一座座高峰，去探寻更广阔的世界，去体验更丰富的人生。未来，我将带着他们的力量与智慧继续前行。无论遇到何种困难与挑战，我都会坚定信念，勇往直前。因为我知道，有这些榜样的力量支撑着我，我将无惧任何风雨。

(作者：武汉大学幼儿园一分园　熊莺)

11. 我是一名保健医

在幼儿园里，保健医的岗位很特殊，既不算是一线教育工作者，又不能与救死扶伤的"白衣天使"相媲美。保健医日常工作烦琐，为了便于操作，我把工作计划分成日计划、周计划、月计划，将晨检把关、日常巡查、卫生消毒、营养膳食、安全检查、安全护理、健康检查等工作做到细致、严谨、踏实。越是烦琐的事情，越能展现工作能力，越是细微的事情，越能显现责任感。我在这个特殊的岗位上一干便是十余年。

这一路走来，我从初入职的不知所措，到工作中的游刃有余。每天开心地和孩子问着好、聊着天，对孩子而言，多一份熟悉，就少一份抗拒，让他们对幼儿园更有归属感！

2011年3月，我来到幼儿园，一年半后从保育岗位转到保健岗位。刚到保健岗位的时候，因为缺乏工作经验，我经常手忙脚乱，尤其是早上的入园高峰期，有些家长会抱怨我动作不够快，虽然自己尽量做到笑容满面，但心里的五味瓶还是会被打翻。记得有一次晨检，我发现一名幼儿手上有颗小红疹子，我怀疑是手足口病，就建议家长带孩子回家观察或去医院检查，家长很不情愿，觉得我大惊小怪，气呼呼地带着孩子走了。一小时后，她带着病例返回幼儿园说医生判断没事，质疑我不够专业。我心里很不是滋味，一方面是觉得耽误了家长的时间，很是抱歉；另一方面是为自己的专业知识不够扎实而感到难为情。谁知第二天早上，班级老师告诉我，这个孩子晚上发烧了，手上和口腔里疹子都发出来了，家长表示谢谢我的提醒，让她回家有留意孩子的情况。

通过这件事，我深知自己的护理知识远远不够。幼儿保健是一门与时俱进的学科，为了把工作做得更好，我抓住每一次学习机会，不断更新保健护理知识，用我严谨的专业态度和对孩子们的爱为幼儿的健康保驾护航。

（作者：武汉大学幼儿园一分园　唐亚琴）

12. 心　旅
——《马上见·附近的生活》成长启示

清晨的第一缕阳光悄悄洒进幼儿园，我站在武汉大学幼儿园三分园的门口，心中既充满期待又略带紧张。今天，我将成为《马上见·附近的生活》栏目的生活导师，陪伴一位特别的"老师"——武汉大学艺术学院的一名大学生，大家口中的"梦梦老师"，共同经历她人生中第一次的幼师岗位体验。

随着摄像机的缓缓开启，我们的故事也随之展开。我带领梦梦老师穿梭在幼儿园的每一个角落，从晨光中的入园检查到充满活力的晨间活动，每一个细节都显得那么真实而生动。我注意到，梦梦老师在初次面对孩子们时，眼中闪烁着既期待又紧张的光芒。我知道，这份体验对她来说，既是挑战也是成长。

户外运动后，孩子们纷纷回到教室更换衣服和隔汗巾，当他们准备将书包放入自己的储物柜时，一个小插曲悄然上演。两个小朋友都想将自己的书包放进"最佳位置"，不经意间发生了轻微的争抢。气氛瞬间变得紧张，孩子们的脸上露出了焦急和不满。这时，我注意到梦梦老师的眼神中既有惊讶也有困惑，她似乎不太确定该如何处理。我微笑着走近孩子们，蹲下身子，用温柔而坚定的声音引导孩子们："看，我们都是好朋友，对不对？柜子里的每一个位置都是我们的家，我们可以轮流选择柜子，或者一起想个办法，让每个书包都有它的小窝。"在我的引导下，孩子们开始尝试沟通，有的提出轮流使用柜子，有的则建议将书包叠放以节省空间。最终，他们找到了一个大家都能接受的解决方案，脸上再次洋溢起了笑容。梦梦老师也露出了欣慰的笑容，她似乎从中学到了关于分享、理解和合作的重要一课。

这次争抢柜子的小插曲，深刻地体现了幼师工作的重要性。我们要关注孩子们生活中的每一个细节，敏锐地捕捉并及时介入，因为每一个细微之处都可能蕴含着教育的契机。我们还要教会孩子们如何与人相处、如何面对冲突，引导他们通过沟通和协商解决问题。在这个过程中，爱的种子会在孩子们的心中悄然生根，他们学会了关爱、理解和尊重他人。这是一段播种与收获并行的旅程，也是一幅温馨、生动的幼教画卷。

回忆当时的感受，在得知自己将作为导师参与这个节目时，我的内心充满了激动与期待。我渴望通过这个节目，让更多人了解幼师这一职业的真实面貌，感受我们与孩子之间那份纯真而深厚的情感。同时，我也期待着在这次体验中，能够遇见不同的灵魂，碰撞出新的火花，为自己的教育理念注入新的活力。随着节目的深入，我逐渐发现，这次经历远比我最初设想的要丰富和深刻得多。通过《马上见·附近的生活》这个栏目，我渴望将这份爱与责任传递给更多的人。我希望观众能够透过镜头，看到幼师工作的真实与不易，感受那份隐藏在平凡背后的伟大与崇高。

（作者：武汉大学幼儿园三分园　丁璇）

13. 一束暖阳渐斑斓

在幼儿园中，孩子们亲切地称我为"太阳丁老师"，说我像红彤彤的太阳，散发着热情与活力。红彤彤的太阳，不仅代表我的个性，更体现了我对教育事业深沉的热爱与执着的追求。也正是因为热爱散发出的光芒，照亮了我与孩子们共同成长的道路。

每个清晨，我都满怀热情迎接踏入幼儿园的小天使们，用微笑和拥抱开启我们崭新的一天。我深知教育的重要性，因此会全身心地投入到与孩子们的互动中，引导着他们参与各种趣味盎然的游戏，精心策划小惊喜，及时与家长们分享孩子们成长的每一个精彩瞬间，让孩子和家长都因热情互动而感到暖心欢喜。

我的热情并不仅限于与孩子们的互动，更源于对每个孩子的细心观察和深入了解。我时刻关注他们的需求和兴趣，通过细心观察他们的举止，洞察他们的内心世界。下班后，我沉浸在专业书籍的海洋中，不断探寻科学的教育理念，用贴合孩子的教育策略来引导他们成长。

在教育的道路上，我以热情为动力，不断追求和尝试新的教育方法。我热衷于探索各种教育策略，力求为孩子们找到最佳成长路径。我密切关注孩子们的成长动态，记录他们的点滴进步，并用科学严谨的态度进行教育实践。

正是这份始终如一的热情与追求，让我在教育的道路上取得了一定的成就。我不仅肩负起班主任的重任，还荣任幼儿园教研组长。这些荣誉的背后，是我对教育事业的热爱和对孩子们的关怀。

我的热情好似一簇火花，不仅助燃了自己的专业成长，更点亮了孩子们的五彩童年。我坚信，只要我们怀揣着对教育的热情，武汉大学幼儿园的教育之光必将照耀四方，熠熠生辉。

（作者：武汉大学幼儿园四分园　丁雯婕）

第三章　青青　破竹

"青青破竹"的原意是指春天里嫩绿的竹子被砍伐，比喻新生事物或年轻人才的崭露头角，也象征着生命力的旺盛和希望的萌发。翻开这一章的故事，我们仿佛能听见竹林间清脆的响声，那是孩子们笑声的回响，也是教师们心中最温柔的旋律。它记录了教师们幼教事业中的各种"第一次"——第一次站在聚光灯下，面对同行审视的目光，上公开课的紧张与激动；第一次与家长们面对面，构建信任桥梁时的诚恳与忐忑；第一次担起班主任的重责，引领幼儿心灵成长的自豪与责任……每一个"第一次"，都是教师成长过程中的里程碑，它们交织成一幅幅生动的画面，展现出了"青"舟不惧万重山的豪迈气概！

1. 成长的笔尖

——记第一次撰写游戏案例

还记得刚入职时，面对撰写游戏案例的任务我总是手足无措。每当坐在电脑前，脑海中虽然有许多与孩子们互动的画面，却不知从何下笔。我深知游戏案例的重要性，它不仅是记录孩子们成长的见证，更是我们教学反思和提升的重要工具。可是，该如何将那些欢声笑语、童真烂漫的瞬间，转化为文字呢？

带着这份迷茫，我开始了自己的"游戏案例进化之旅"。首先，我翻阅了大量优秀的游戏案例。那些生动有趣、富有教育意义的案例，仿佛为我打开了一扇窗。我惊叹于前辈们的智慧，他们不仅能准确捕捉孩子们的需求，还能巧妙地设计游戏情境，引导孩子们在快乐中学习。

学习的过程并非一帆风顺。有时，我会觉得自己的文字太过干瘪，缺乏生气；有时，又会觉得案例结构混乱，重点不突出。但我没有放弃，而是选择了"边写边学"的策略。每写完一个案例，我都会仔细审视，找出不足之处，然后在下一次创作中加以改进。

慢慢地，我开始有了一些小小的心得。比如，在案例开头要简洁明了地交代游戏的背景和目的；在描述游戏过程时，要注意捕捉孩子们的表情、动作和对话，让案例更加生动；在总结部分，不仅要反思游戏的效果，还要提出改进建议。这些小技巧，让我的案例逐渐有了"模样"。

随着经验的积累，我发现自己对游戏案例的理解也在不断深化。我开始意识到，一个好的游戏案例不仅仅是对游戏过程的简单记录，更应该体现出教师的专业思考。于是，我开始在案例中加入更多关于儿童心理、教育理论的分析，让案例不仅有"形"，更有"神"。

记得有一次，我设计了一个"小小建筑师"的游戏。在撰写游戏案例时，我不仅详细描述了孩子们如何用积木搭建各种建筑，还分析了这个游戏如何促进孩子们的空间认知能力、团队协作精神，以及如何培养他们的创造力。这个案例获得了园长的高度赞赏，也让我更加坚定了追求专业化撰写游戏案例的决心。

现在，每当我坐下来写游戏案例时，从前的茫然已经消失不见。取而代之的，是从容和自信。我知道，一个优秀的游戏案例应该是什么样子：它应该像一面镜子，既能清晰地映照出孩子们的成长轨迹，又能折射出教师的专业素养。

回首这段成长历程，我深感欣慰。从最初的手足无措到现在的得心应手，每一步都凝聚着我的汗水和思考。慢慢地，由我撰写的游戏案例，已经可以被推送到区里、市里参赛了。我明白，撰写游戏案例的成长过程是永无止境的。每撰写一个游戏案例，都是一次新的挑战，也是一次新的学习机会。

作为一名幼儿教师，能够通过文字记录下孩子们成长的点点滴滴，是一件幸福而有意义的事。能够在这个过程中不断提升自己，更是一种莫大的收获。我相信，只要保持学习的热情和进步的决心，我的撰写游戏案例之路一定会越走越宽，越走越远。

（作者：武汉大学幼儿园四分园　王靖雯）

2. 保育之星初闪耀
——记第一次参加保育技能大赛

2023 年下学期期末，我有幸参加了人生中的第一次保育技能大赛，这次保育技能大赛让我真真切切地体会到"穷理以致其知，反躬以践其实"这句话的重要性。

一、准备篇：匠心独运，初赛即锋芒

距离保育技能大赛还剩一周的时间，方园长公布了本次保育技能考试的操作试题：以年级组为单位，在 15 分钟内做一个水果拼盘与扎两个漂亮的辫子。

在方园长公布操作试题后，我的师傅李老师给我和小二班保育老师布置了一个任务：熟练掌握两个简单好看辫子的扎法和熟练制作一个好看的水果拼盘。

从园长公布保育技能大赛操作试题后，我每天晚上坚持睡前半小时复习保育保健知识，在网络上学习幼儿辫子的扎法，并在班级工作中利用幼儿午睡起床后的时间，给班级中的女孩子梳头。

"有没有小朋友想扎漂亮小辫子呀？"班上的小女孩们全都搬好小凳子，围到我的身边排队。"老师我想扎艾莎公主的小辫子""老师我想扎小哪吒的辫子"……小朋友们七嘴八舌地讲述着自己对辫子的要求，我一个一个地给她们扎好辫子。"妈妈，你看这是王老师给我扎的辫子，好看吧！"放学的时候，班上的小女孩们自信地和爸爸妈妈炫耀我给她们扎的小辫子。家长们看着我给宝贝们扎的小辫子，止不住地夸赞好看。

比赛前一天的中午，李老师来检查我们的学习成果。在制作水果拼盘时，我能够快速地将水果去皮，但却不能在水果上做出完美的雕刻。下班后，我去水果店买了五个苹果在宿舍练习雕刻，经过一晚上的努力练习，我终于可以在苹果上进行简单的雕刻。

二、比赛篇：心慌意乱，终得见真章

比赛的第一个环节是理论知识问答，我们抽到的是一号试题。开始的两道题我可以准确说出答案，但是在遇到概念题时我却犯了难，随着考官的倒计时响起，我的答题时间结束了，我的第一环节只得了 20 分。第二个环节是抢答环节，我在抢答环节中能够快速地按响抢答铃，但我不能快速准确说出正确答案。很快我们到了最后一个环节实操考核。以年级组为单位，在十五分钟内共同为两名幼儿扎辫子和制作一个漂亮的水果拼盘。分给我的幼儿是一个长头发的小女生，她的头发又长又多还有很多打结的地方，所以我用了很多时间在梳头上，我在最后五分钟的时候完成了扎辫子，然后加入李老师的水果拼盘的制作中，最后我们一起用苹果、番茄、橘子等水果制作了一个八方来财的水果拼盘。

比赛的过程中，我和我的队友李老师互相激励、共同合作，最后获得了第二名的好成绩。在这次比赛中，我感受到了师徒结对的温暖与高效，也看到了我们武大幼儿园二分园保育老师们的多才多艺。在比赛中我们有慌张过、有胆怯过，但我们最终克服并战胜了这些困难。

三、反思篇：静水流深，砥砺前行

通过这次保育技能大赛，让我认识到自己的不足之处。首先，我对保育理论知识没有理解透彻，只是通过死记硬背的方式将知识装入大脑，没有理解知识并运用到日常实践中，所以我才会在比赛时忘记答案。其次，我的实践能力很差，我在比赛时光想着如何更完美，却忽略了时间的问题。在班级工作中，我要面对的不只是一个幼儿，而是许多的幼儿，在给她们梳辫子时，我既要保证幼儿辫子的美观度，还有对时间的把控度，要做到又快又好。

在今后的工作中，我要提高自己的理解能力与动手能力，从实际出发，保质保量地完成日常保育保健工作，经常与保健医交流班级幼儿状况，精确了解幼儿保健知识，并将自己学到的幼儿保育保健知识融入日常工作中，做好班级幼儿的保育保健工作，将每次操作都当成比赛进行。

成为一名优秀的保育老师的路还很长，我需要多学，多做，多理解，多思考，把理论知识牢记于心，理论联系实际。我相信不久的将来，我一定可以成为一名优秀的保育老师。

（作者：武汉大学幼儿园二分园　王玉珏）

3. 护苗守初心，静待花开处
——记第一次带小班

在教育生涯中，总会面临着各种各样的挑战与考验，令我印象最深刻的是我第一次带小班的经历。

萌娃初至心迷茫

那时我刚参加工作不久，当我第一次踏入这个充满活力与未知的新生班级时，眼前的景象令我焦虑不安。在入园不久后，孩子们的眼泪如同夏日午后突如其来的暴雨，瞬间淹没教室的每一个角落，我好不容易将萌萌哄好，悦悦又哭了，悦悦还没哄好，奇奇又哭了，哭声此起彼伏，交织成一首交响乐，让人的心弦随之颤动。更糟糕的是，有的孩子哭着哭着就尿裤子了，有的孩子在地上打滚，还有的孩子往教室外面冲。到了吃饭的时候，有部分孩子不能独立吃饭，需要老师们一个一个地喂他们吃饭。哄孩子们午睡也是一大难题，有的要老师陪，有的老师要哄，有的要老师不停"挠痒痒"和抚摸……一天的工作结束后，"我要我的妈妈"这句被孩子们重复了一天的话就像着了魔一样不停地在我的耳边盘旋着。

面对小班孩子的"入园焦虑"，我感到了前所未有的压力与疲惫。我虽然迷茫，但我深知，孩子们对环境的不适应、对家人的思念、对新规则的抗拒，是他们对安全感的渴望、对未知的恐惧以及自我表达能力的局限。看着那一张张稚嫩的小脸，我深知自己肩负着重大的责任，我要想办法让他们尽快克服入园焦虑，尽快适应幼儿园的生活。

常规建立路漫漫

看着那一张张稚嫩的小脸，我既期待能给予他们最好的教育和关爱，又担心自己经验不足，无法帮助他们尽快建立良好的生活与学习习惯。这种矛盾的心情让我在最初的日子里时常感到焦虑不安。于是，我决定与班上的另外两位老师共同商讨对策，制定详细的班级管理方案。我们潜移默化地引导孩子们排队、洗手、吃饭、午睡，一点点地培养他们的秩序感。这个过程并不容易，孩子们常常会忘记规则，或者因为不适应而哭闹。每当这时，我的心都会揪起来感到无比的心疼和着急。但我不断告诉自己，不能放弃，要坚持下去。

巧思妙法抚童心

为了更好地稳定孩子们的情绪，让他们更快地适应幼儿园生活，我们设立了"顶呱呱"点赞榜。每当看到孩子们因为"顶呱呱"点赞榜而努力表现时，我内心的担忧便会减少一分，每当听到家长们在"阳光播报"和"夸夸谈"家访中表达对孩子进步的欣喜时，我的焦虑便会转化为动力。在每周 QQ 群上传活动照片和周小结，我既紧张又期待，担心无法完美呈现孩子们的精彩瞬间。当看到家长们花式的赞美和满满的感激，那种被认可的喜悦让我充满力量。

守望成长待芬芳

在家园共同的努力下，孩子们有了明显的变化。他们开始懂得遵守规则，有秩序、有计划、有规则地进行一日活动。看到孩子们的进步，我感到无比的欣慰和自豪。在班级管理的经历中，我经历了无数的内心起伏，但也收获了满满的成长。我深知，只要保持初心，用爱与责任陪伴孩子们，未来的路定会充满阳光，绽放出属于自己的光彩。

（作者：武汉大学幼儿园一分园　邢桂颖）

4. 凝心绘"彩虹"　合力护成长

——记第一次带过敏儿童

开学时，我注意到我们班一名叫作小磁的女孩嘴角长时间发炎溃烂，为了寻找原因，我们班的老师们联合保健医生和小磁的家长共同凝心绘制了一道"彩虹"，为她开启了一段特别的班级护理之旅。

一、家园共筑"安全桥"

在数次发现小磁嘴角发炎溃烂后，我尝试与小磁的妈妈沟通。起初孩子妈妈总是不以为然，认为是气候的原因导致小磁的嘴角发炎，但经过我们多次沟通后，她终于肯带孩子前往医院检查。不检查不知道，一检查吓一跳，原来小磁长期嘴巴发炎溃烂是过敏所致，而且食物过敏原有四种——牛奶、番茄、坚果、花生，严重过敏还会引起哮喘。为了防止小磁的病情进一步恶化，我们共同绘制了一张"安全食材清单"，为小磁构建起一道坚实的安全桥梁。这一经历，不仅让我意识到及时与家长沟通，共同关注孩子健康的重要性，更坚定了我作为教师的责任感。

二、医教共研"彩虹谱"

面对小磁的特殊情况，我们积极寻求护理方法。我和保育员尹晓霜老师还有保健医生经过多次研讨，共同为小磁设计了一份特别的"彩虹食谱"。这份食谱中，每一种食材都被赋予了不同的颜色代码，巧妙地运用各种食物的颜色，让每一餐都像彩虹一样美丽诱人。小磁在享用美食的同时，也逐渐学会了识别哪些食物是安全的，哪些食物是需要远离的。与此同时，食堂的师傅们还用豆奶代替牛奶，番茄、坚果、花生用其他食物替代，并单独盛放，保证小磁的营养均衡。

三、师幼共绘"彩虹墙"

为了让我们和小磁一起牢牢记住她过敏的食材，我们制定了一套富有班级特色的过敏幼儿护理方案，与小磁一起打造一块"过敏彩虹墙"。小磁用图画表征的形式画出她过敏的食物，我们将其布置在她的餐桌旁，不仅加深了小磁对自己食物过敏的认识，更是为孩子们营造了一个温馨、有趣的班级氛围，成为班级中一道亮丽的风景线。

在这个过程中，我们每个人都成为小磁的守护者，用行动证明了，只要心中有爱，就能跨越任何障碍，共同编织出属于孩子们的彩虹梦。

（作者：武汉大学幼儿园四分园　丁雯婕）

5. "青"舟不惧万重山

——记第一次公开教学展示

回忆起自己第一次走上公开教学展示的讲台，至今仍历历在目，紧张与期待交织。作为一名幼儿园老师，许多工作中的"第一次"在我的职业生涯中留下了深刻的印记。而最难忘的，莫过于我第一次公开教学展示——一个关于礼仪教育的活动"大巴开动了"。

在确定了课程主题后，我开始了详细的课程设计。然而，仅有创意和热情是不够的，真正的挑战在于如何将这些想法落实到课堂上，确保每个孩子都能积极参与并有所收获。幸运的是，我的师傅和几位骨干教师给予我极大的帮助和支持。

磨课的过程是艰辛而充实的。我们一遍又一遍地推敲课程内容，从活动流程到细节安排，力求做到最好。每次磨课，师傅都会提出中肯的建议："这部分的互动可以再增加一些。""这里的提问方式要更有趣。""要注意孩子们的情绪变化，适时调整节奏。"骨干教师们也不吝赐教，用他们丰富的教学经验帮助我优化课程设计。

经过数周的努力，我们终于将课程定稿。公开课的前一天，我在家里模拟了多次课程流程，在镜子前练习了每一个细节。那一晚，我几乎彻夜未眠，心中既有期待，也有担忧——期待孩子们在活动中的表现，担忧自己是否能完美地呈现这一切。

终于，公开课的日子到了。当我站在大礼堂的讲台上时，看着孩子们一双双充满好奇的眼睛，我深吸了一口气，努力让自己平静下来。课堂上，我用生动的语言和夸张的表情吸引孩子们的注意力，通过模拟乘坐大巴的情景，引导他们学习礼仪知识。

"孩子们，当我们排队上车时，要注意什么呢？""不能推挤，要排好队！"孩子们争先恐后地回答。看到他们积极参与互动，我心中的紧张渐渐化为喜悦。课堂的每一个环节都进行得非常顺利，孩子们在欢笑中学到了知识。

公开课结束后，幼儿园的老师和领导们都给予我高度的评价。师傅拍拍我的肩膀，笑着说："做得很好，你已经是一名合格的幼儿园老师了。"骨干教师们也纷纷夸奖我，认为我的课程设计新颖，孩子们的参与度很高。

这次公开课让我收获了很多，不仅是教学技能的提升，更重要的是，我学会了如何在压力下保持冷静，如何通过团队合作不断改进自我。通过这次经历，我更加坚定了自己在幼教事业上的信心，也明白了在教育路上，创新与坚持同样重要。

第一次公开课的经历如同破竹一般，让我在成长的道路上迈出了坚实的一步。那一天，孩子们的笑脸和掌声，以及同事们的鼓励，成为我职业生涯中最珍贵的回忆。在未来的日子里，我将带着这份"不惧"的勇气，如同一叶扁舟，在教育的海洋中乘风破浪。"青"舟不惧万重山，是对自我成长的最好诠释，我会继续努力、不断学习，力争为每一个孩子带来更多的欢乐和成长的机会。正如那破竹之声，锐意进取，不忘初心。

（作者：武汉大学幼儿园二分园　许雨馨）

6. 智慧空间　"创"想乐园

——记第一次班级环境创设

在那个阳光洒满窗台的春日清晨，我怀着激动的心情步入武汉大学幼儿园，开启了我的职业生涯。作为一名新手教师，我面对即将展开的幼儿教育画卷，心中充满了激动与忐忑。新学期，我接到的第一个任务就是班级环境创设，接到这个任务我有些犯难，因为之前在私立幼儿园里工作时并不重视环境的创设与打造。到底应该怎样创设幼儿园班级环境呢？我被这个问题困扰着。

一、园长的金钥匙

温文尔雅的"园长妈妈"仿佛能洞察我内心最深处的渴望。她察觉到了我的迷茫，便轻声安慰："别担心，每一步尝试都是成长的机会。记住，我们的目标是为孩子们创造一个既安全又能激发他们好奇心，还可以支持他们全面发展的环境。多看看书，查查资料，也可以向有经验的老师请教，你一定可以做到的。"园长的言语如同春日的暖风，吹散了我心中的迷雾，为我指引了方向。

二、创想的导航仪

首先，我结合我们班幼儿"爱提问、爱探究"的特点，翻开了《3—6岁儿童学习与发展指南》一书，重点了解小班幼儿的认知发展目标："刺激幼儿的好奇心，鼓励他们通过观察、触摸、提问等方式探索周围环境。要引导幼儿进行简单的科学实验，如种植角实验，以培养观察力和对自然现象的理解。"准备以此作为我班环境创设的核心。

然后，我在网上找了许多相关的图片，并找到幼儿园里经验丰富的同事交流自己的设想。他们不仅给予我许多建议，还给了我一个在班级环境创设中至关重要的"法宝"：让孩子们成为参与的主体，鼓励孩子们参与到环境的布置中来。

三、创意的小主人

听了大家的建议，我终于开启了我的环境创设之旅。我组织了一次"我是小小设计师"的活动，鼓励孩子们描述自己心目中的理想活动室，然后根据孩子们的想法进行实际布置。我们鼓励孩子们与我一起收集环境创设需要用到的材料，有低结构的纸筒、纸盒、树叶、石头、贝壳等材料，也有奶瓶、奶粉罐、勺子、娃娃等高结构材料。除此之外，我还让每个人带一粒种子。就这样，经过了三天准备，所有的材料全部备齐。

随后，我们利用这些材料开展了多次"美术创作"活动。用纸筒做了小鸟，用纸盒做了其他可爱的动物，并将其布置在活动室中，每一幅作品都是孩子们心灵的窗户，透射出他们对世界的无限遐想。我们用收集的奶瓶、奶粉罐、勺子、娃娃等高结构材料与孩子们一起布置了娃娃的家。用收集的树叶、石头、贝壳等材料设计了一面"发现墙"，旁边配备有放大镜和记录本，鼓励孩子们去触摸、去观察、去记录他们的每一次发现。我还鼓励孩子们在老师的协助下，亲手种下自己喜欢的种子。孩子们的小手虽沾满了泥土，但他们的脸上洋溢着自豪和喜悦。他们在整个过程中，不仅加深了对环境的归属感，更锻炼了他们的动手能力和责任感。

当环境创设的帷幕缓缓落下，小班的教室已然焕发出勃勃生机的样子，教室里充满了孩子们的欢声笑语和探索的足迹。我静静地站在教室的一角，目睹着孩子们在新环境中快乐地学习和玩耍，我的心中涌动着满满的成就感。我领悟到，环境创设远不止是美化空间那样简单，它是一种教育理念的映照，是对孩子们成长需求的深刻理解和回应。这不仅是一次环境创设的过程，更是一场关于梦想、合作与成长的美丽旅程。在这个过程中，每一个孩子、每一位老师，都成为创造美好未来的参与者和见证者。前方的道路依然漫长，但我已准备就绪，怀揣着对孩子们的深情和对教育的热忱，勇敢地迈向未来！

（作者：武汉大学幼儿园一四分园　胡文林）

7. 一路成长　一路芬芳
——记第一次参加考编考核

在秋高气爽的季节，我接到了考编考试的通知。首先，我从内心里非常感谢领导给予我这次难得的机会，让我能够参加考试，还能与来自其他三所分园的老师们一起观摩学习、交流研讨。其次，我也非常珍惜这来之不易的机会，在接到通知以及准备的一个多月里，我每天感到幸福而充实，许多疑问也在准备的过程中迎刃而解。在这个过程中，我感受到：教育的勇气来自自身内在的力量，只有当我自己清楚了自己是谁，要做什么以及为什么要这样做的时候，行动才会变得有方向。一分耕耘，一分收获，非常感谢自己的坚持与领导以及其他教师对我的关怀与照顾。

在教师基本素养考核的当天，利用等待的空隙我看到了其他园所的老师们的精彩才艺表演，看到了同行老师们的优秀和努力，更看到了自己需要进步和提升的地方。

这次的考核学习像一缕阳光，指引着我在教育领域上摸索前行。通过这次的考核学习我发现：首先，自身必须树立敬业、乐业的教育观。其次，关爱儿童，认可儿童，与儿童平等对话，与儿童形成学习的合作共同体，善于接住儿童抛过来的"球"。最后，具备扎实的艺术才能，掌握多元的教育方法，善于合理地策划、组织、实施活动。不断地学习，善于总结，勇于创新，才能成为一名专业的幼儿教师。

虽然我已经顺利通过考核了，但我相信这不是终点，而是新的起点。在今后的工作中，我要把此次考核中的感悟运用到日常的工作和生活中，多向有经验的前辈们学习，提升自我，为幼儿教育事业奉献自己的全部力量。努力做一个受家长欢迎，受幼儿喜爱的教师！

最后，我要衷心地感谢园长以及幼儿园全体职工，他们给予我很多的帮助和指导，让我学到了很多，同时我也会为幼儿的全面发展，为幼儿园的美好明天不断努力。用谦虚的态度和饱满的热情做好我的本职工作，为园所创造价值，同园所一起展望美好的未来。

（作者：武汉大学幼儿园二分园　汪曼）

8. 倾听成长的拔节声
——让我难忘的第一次公开教学

人生中有很多的第一次，第一次在《学前教育》杂志上发表教育笔记，第一次申报教科研课题，第一次教科研论文获奖，第一次在全市家庭教育大会上进行经验交流……这么多的"第一次"里，让我记忆最深刻的还是我从教第二年的第一次公开教学活动。

记得那是 1988 年的 10 月，我参加工作的第二年，当时的幼儿园正处在创建武汉市示范园的阶段，为迎接检查验收工作，园长要求我们青年教师做好公开教学活动的准备，让我上一节大班美术课。接到任务后，我既欣喜又担心，欣喜的是园长对我的肯定，并给予我展示交流的机会，担心的是第一次接待这么高规格的公开教学活动，我害怕上不好，得不到领导的认可。

接到任务后，我认真学习了中大班孩子美术活动发展水平和目标，分析了我们班孩子美术绘画的基础现状，借阅了幼儿园订购的学前教育杂志及各类参考书，制定出美术活动方案《小鸡和小鸭》。我制作好教具，在班级教师面前第一次试教，当时和我一起搭班的是一位实际操作经验丰富的老教师胡老师，她充分肯定了我的设计方案，在试教中给我提出了很多语言上的规范要求，她告诉我公开教学活动自己需要准备一份详细的教案，将自己所说的每一句话详细地写下来，活动中要预估孩子们的反应，才能及时做出调整。胡老师的方法很有效，让我充满信心，下班后我详细地写下教学活动中每个流程要说的每一句话，并进行反复试讲，做到了心中有数，临阵不慌。

第二天，园长组织我们试教，对我的美术活动方案的设计给予充分的肯定，说我用动画故事的方式引导幼儿进行绘画，形式新颖，教具制作用心，活动流程清晰。园长在幼儿作品展示评价环节等方面提出了很多的改进意见。在多次修改完善后，我的教学方案更加成熟。我深深地感受到"台上一分钟，台下十年功"的深刻道理。

在示范幼儿园检查验收中，我的教学活动得到了专家的充分肯定，认为我的美术活动《小鸡和小鸭》突破了传统示范临摹的方式，用磁铁制作的手动教具充分发挥了孩子们的创造力和表现力，幼儿的作品通过故事的发展表现得形态各异，很好地完成了教学目标。同时，专家也提出了不足的地方，如没有很好地回应孩子的提问，没有很好地抓住教育契机，绘画材料还不够丰富等。

人生的第一次公开教学活动，让我领悟到很多的道理，突破了自我，激发了我的工作热情，对我的教师专业成长有很大的影响，使我深深地感受到作为一名教师不但要备好课，在教学活动中更要因材施教，用多种游戏的方式改进自己的教学方法，让幼儿在玩中学、在学中玩。要提高自己的教学水平，就要不断地向他人虚心学习请教，"三人行必有我师焉"，要不断地向身边的同志学习，要在书本中寻找智慧的源泉、知识的力量，要善思考、勤研究，用心、用情、用爱去对待工作中的每一件事。

随着岁月的成长，我逐步褪去了稚嫩和羞涩，工作六年的我，从一名一线的教师走上了管理岗位。回听这些成长的拔节声，让我深深地感受到，是武汉大学幼儿园这样一个有爱、有情、有伴的大家庭成就了我。教育的路上只有不断地学习提高，才能与时俱进，我将牢记：教育的初心一定要绽放在孩子们的笑脸上；教育的激情一定要撒播在孩子们的心田中；教育的追求一定要铭刻在孩子们的快乐成长中。

（作者：武汉大学幼儿园四分园　王兰平）

9. 学步镜中影，"会"绽镜中花

——记第一次家长会

在我的工作之中有很多令人难忘的"第一次"，令我印象最深的要数我召开职业生涯中的第一次家长会。说起那场家长会，还要从我的师傅程晓丽说起……

一、镜前徘徊：学步镜中影

2015年，我从一分园转到四分园，有幸与程晓丽老师同班，成为她的配班教师。每次看到程老师在开家长会时气定神闲、妙语连珠的样子，我的心中便充满了仰慕之情。然而，当我尝试站在讲台前时，却半天说不出所以然。"为什么我就讲不出来？难道我不适合这份工作吗？"这些问题在脑袋里不停地徘徊并困扰着我。

在与家中长辈闲聊时，她的一席话，如当头棒喝，令我幡然醒悟。我开始意识到，原来程老师的每一次得心应手，都是她勤学好问和学习探究的结果。于是，我开始关注她的一举一动，她的每一场家长会我都参与其中，细心观察每一个细节。很快我发现了一些奥秘。

程老师总是会提前准备好详细的家长会计划，包括会议的主题、内容、流程和时间安排。她还会针对不同年龄段和背景的家长，准备不同的讲解内容和沟通方式，以确保每位家长都能得到他们需要的信息和帮助。家长会上，程老师总是能够保持亲切、温和的态度，用简单易懂的语言向家长们传达孩子们的学习生活情况。会议结束后，她还会鼓励家长们提问和分享他们的想法和建议，以便更好地了解家长们的需求和关注点。这一切都让我深受启发，我心里想着："如果我来组织这场家长会会成功吗？"我心中充满了对成长的渴望和对未知的期待。

二、镜中成像："会"绽镜中花

不久后，我也踏上了班主任的岗位。然而，新手班主任迎来的第一个挑战就是召开我的第一场家长会，我的内心充满了紧张和期待，担心自己做得不够好，但又期待能够展现出自己的能力和成果。

受到程老师的启发，我开始着手准备我的第一次家长会。我认真制定了详细的计划，并针对不同年龄段和背景的家长准备了不同的讲解内容和沟通方式。我还特别注重了会议的流程和时间安排，以确保会议的顺利进行。

终于，到了我第一次组织家长会的时候，我早早来到幼儿园，再次检查每一个细节，确保一切万无一失。随着家长们陆续到达，我站在教室门口，用最温暖的笑容迎接他们，我模仿师傅的语气，用平易近人的语言，让每位家长感受到被尊重和理解。我用视频的方式分享了孩子们在学校的表现，深受家长们的欢迎。在互动环节，我引导家长们提出了自己的问题和建议，而我则用心聆听，给予细致的解答和反馈。那一刻，我仿佛感到自己好似程老师那般发光，在家长们的掌声中我也感到一种前所未有的成就感和满足感。

那天晚上，当我静静地坐在空荡荡的教室里，回味着家长会上的每一个瞬间，我深知这只是我幼教生涯中的一个小小的开始，未来我还将面临更多的挑战。

这次家长会的成功组织，让我崭露头角。慢慢地，我发现自己越来越得心应手。我能够与家长们建立良好的沟通关系，有效地处理家园矛盾，解答家长的困惑。我的发言也越来越多，越来越自信，我知道，这一切的改变都源于我的学习和实践。我坚信，只要我继续保持着对教育的理想与追求，继续向优秀的幼教前辈们学习，我一定能够在未来的道路上走得更远、更稳、更精彩，让教育的花朵更加灿烂绽放！

（作者：武汉大学幼儿园四分园　丁雯婕）

10. 青春无畏　破竹追梦
——记录难忘的第一次文章发表

在我来到武大幼儿园近五年的工作中，有许多个难忘的"第一次"。第一次半日活动展示、第一次组织家长会、第一次主持特色活动……每一个"第一次"都像一颗璀璨的星星，闪耀着独特的光芒。而对我来说，第一次文章发表的经历，无疑是其中最为耀眼的一颗星星。

一、灵感的萌芽

还记得那是一个阳光温暖的午后，我打开了一本《幼儿教育》，准备阅读其他幼教工作者撰写的文章。其中一篇活动案例吸引了我的目光，因为那篇案例的主题和我刚刚结束的活动主题内容相似。刹那间我的脑海里蹦出了一个大胆的想法：我是不是也可以将自己撰写的主题案例发表呢？不一会儿，我又打消了这个念头。人家撰写的文章主题脉络清晰，内容层层递进，活动丰富有趣，而我的似乎还差那么点儿意思，要不就算了吧！随后，我找到我的师傅诉说了自己的想法，没想到我的师傅十分支持我，她说："这是一个非常好的锻炼自己的机会，你把案例内容进行修改、丰富与提升，再去投稿，这一次你先尝试一下，说不定有意外的收获呢？"听了师傅的话，最终我将自己修改完善后的主题案例《我的光影朋友》一文投稿给《教育实践》期刊。

二、投稿的期待

当我把稿件投出去之后，内心既充满了期待，又夹杂着一丝忐忑。等待的日子漫长而煎熬，我每天都会无数次地查看邮箱，期待着能够收到邮件回复。然而，随着时间的流逝，那份期待渐渐被失望所取代。然而，在一个平凡的周四下午，一封陌生的邮件却吸引了我的目光。邮件的主题是"您的文章已被录用发表"，看到这几个字的瞬间，我的心跳陡然加速，一种难以言喻的激动和喜悦涌上心头。没想到，在我几乎快要放弃的时候，竟然收到了文章被录用的通知。那一刻，我仿佛看到自己的努力终于开出了绚丽的花朵，所有的付出都得到了回报。

三、收获的喜悦

文章发表后，我迫不及待地将这个好消息分享给家人和朋友。他们纷纷向我表示祝贺，给予我鼓励和支持。看着他们脸上洋溢的笑容和赞许的目光，我的心中充满了自豪和满足。第一次文章被刊登，看着自己的文字变成铅字，那种成就感无法用言语形容。每一个字，每一句话，都是心血的凝结，能够被更多的人看到、认可，让我觉得自己所做的一切都是值得的。

四、未来的展望

第一次文章发表的经历，让我深刻地体会到坚持和努力的意义。它不仅让我收获了自信和荣誉，更让我坚定了在写作道路上继续前行的决心。我知道，未来的路还很长，还会有更多的挑战和困难等待着我，但我相信，只要我坚持不懈地努力，就一定能够创造出更多的精彩！

这么多工作中的"第一次"，构成了我职业生涯中最宝贵的财富。它们让我明白，每一次挑战都是成长的机遇，每一次突破都是自我的升华。这些"第一次"，见证了我的努力与坚持，也让我更加坚定地在工作的道路上勇往直前。青春无畏，破竹追梦，期待着未来更多的"第一次"，更多的精彩与收获！

（作者：武汉大学幼儿园一分园　杜雅琪）

11. 勇敢的第一次呼唤
——记孩子喊我的第一声老师

在众多园丁中，我觉得我是毫不起眼的那一个，当我沿着前人走过的路前行都会走错时，我曾怀疑自己天资愚笨，怀疑自己是否真的适合教书育人，直到遇见辰辰，听到她喊我老师时，又让我重新拾回做老师的信心。

辰辰是一个十分安静的小朋友，其他小朋友做游戏时，她总是默默地蹲在角落里，几乎从不和别人交谈。我蹲下身来，轻声询问："宝贝，你怎么一个人在这呢，不跟其他人一起玩吗？"她环顾了四周，抬头看了我一眼，又把头低了下去，没有选择和我说话。

　　遇到这种情况，作为新手老师，我和大多数人一样，第一反应就是继续尝试和辰辰沟通，但她一直没有开口，只是低着头，摆弄着自己的手指。之后，我从网上搜集了很多资料，从书中学习了各种方法，也私下请教园内有资质的老师，但是依旧成效甚微。

　　直到有一天，我看到她蹲在角落里，拿着一支笔在画着什么，我悄悄地凑过去，只见白色的纸上，是一棵开满粉色花朵的树和一群翩翩起舞的蝴蝶。察觉到我的到来，她慌张地收起手中的纸和笔，放在自己的背后，像做错了什么事一样，低头看着自己的脚尖。我摸了摸她的头，表扬了她的画，那一瞬间，她的眼睛好像亮了起来。我觉察到了这一点，于是我拿起她的画，鼓励她向大家展示自己的画作。我胸有成竹地等待她的同意，可结果却给我泼了一盆冷水，她只是摇摇头，坐在座位上把自己的画抓得很死，生怕被别人抢走。我听见旁边的小朋友在不停地催促，她紧张地揉搓着自己的手，面对这种情况，我笑了笑，走到她身边，轻轻抚摸着她的头说："你很棒，老师和小朋友都很喜欢你画的作品，这次我们还没有准备好，下次再来请你说好吗？"随后，我用一个微笑和一个拥抱安慰了她。

　　本以为这件事情就这样结束了，可在第二天我收到了辰辰的礼物，一幅画满了粉色花朵和蝴蝶，以及一大一小两个人的画作。辰辰小心翼翼把画递到我面前，我询问她画的是什么花，她沉默了一会，用稚嫩的嗓音回答："樱花。"那是她第一次与我对话，我感到十分意外与惊喜。我又指了指画上的一大一小两个人问道："这是谁？"辰辰依旧用很小的声音说："辰辰和柴老师。"我顿时感动极了，因为那是她第一次开口喊我"柴老师"，我高兴地说："辰宝，可以大一点声音吗？"她声音大了一点："柴老师！"我也高兴地回应她说："我好喜欢辰辰的声音呀，再喊一声好吗？"她当时的反应令我至今难忘，她笑意中带着一点调皮，不停地喊："柴老师、柴老师……"声音特别洪亮，我高兴得不知所措，那时我感觉自己是世界上最幸福的老师！我紧紧抱住她，并给了她一个吻，她害羞地笑了起来。

　　在接下来的日子里，我不停地鼓励她开口讲话，终于她愿意在大家面前讲话了。辰辰的转变让我意识到每一个孩子都需要鼓励，每一个孩子都需要等待。而我也找到了身为幼儿园老师的意义，给孩子多一些时间，让他们用自己的方式慢慢学习、慢慢成长，只要我耐心地守护，总有一天细嫩的幼苗会开出最美的花朵！

（作者：武汉大学幼儿园三分园　柴心悦）

遇见珞珈　悦成长

12. 从青涩走向成熟，我还在路上

——记我第一次当班主任

我们的一生，会经历许多的"第一次"，难忘而又宝贵，正是许多不可复制的"第一次"让我从青涩走向成熟，从昨天走到今天，走向未来。

清晨，我向来园的孩子微微一笑，孩子们欢天喜地地进来，家长放心地离去；傍晚，我向离园的孩子微微一笑，孩子挥动小手依依不舍地再见，家长满意地带孩子离去。来不及感叹时间匆匆，我在主班这个工作岗位上已经有 12 个年头了，从蹒跚学步到自己摸索前行，每一步都烙下了深深的印记，经历一个又一个的阶段让我化茧成蝶。

还记得第一次当主班教师，站在新的岗位上，心里虽然很高兴但却多了一份担忧与害怕，不知道自己能否做好本职工作，不知道自己能否被大家接受，对于一个刚入职两年的新手教师，这是一个不小的挑战。

记得第一次签下责任书的时候，让我更加深切了解到主班教师的责任，他不仅仅负责幼儿的教学工作，更是班级工作的组织者、服务者，是沟通家长做好家园联系的文明使者。每天面临幼儿园出现的新情况、新问题、新挑战，都要勇敢地面对，这些磨炼成为我工作的宝贵经验。

记得第一次以主班教师的身份与家长一起开家长会，心里既紧张又忐忑，害怕活动中有所疏忽，害怕自己说错话，害怕因为自己年轻得不到家长的信任和支持。开会时，眼神不敢与家长对视，手中紧握主持稿，害怕说错一句话、漏说一项内容，手心不停地冒汗，汗水浸湿了纸张，说话有时也会结巴，看着家长的眼神，心中更加害怕。我努力让自己的内心平静下来，把家长当作孩子，用讲故事的方式与家长诉说孩子的成长和进步。话音刚落，掌声连连，家长似乎意犹未尽，我能感到掌声是一种赞许，目光是一种肯定与信任，让我坚信我会做得更好。

无数的第一次，构成了我成长的珍贵记忆，第一次往往是需要勇气的，但第一次也往往会带来意想不到的收获，第一次是探索、是挑战、是机遇。

（作者：武汉大学幼儿园三分园　张凡）

13. 一束微光

——记第一次"师徒结对"

一束微光照亮夜空,星光逐渐汇聚成一片璀璨,正如我在教育领域的成长之旅。作为一名已有二十年教龄的教育工作者,我时常思考:我们能否成为那一束束微光,引领新教师绽放出属于自己的光芒?

一、追随光——初次为徒,心怀忐忑

回想起刚担任教师时,我就像一颗迷失的星,不知道如何在这个浩瀚的宇宙中找到自己的位置。幸运的是,我遇到了我的师傅邓芳静老师,她就是那颗指引我方向的星星,带我走进了幼儿教育的世界,让我明白了教育的真谛。

记得有一天离园,我正忙碌地帮孩子们整理衣物,准备送他们回家。突然,一阵尖锐的哭声扑面而来,我急忙寻找声音的来源,发现是甜甜在哭泣。经过了解,我得知是程程不小心推倒了她,使她撞上了椅子。我心中五味杂陈,既担忧甜甜的伤势,又害怕面对家长的责备,一时间手足无措,试图安慰甜甜却显得力不从心。

正当我陷入慌乱之际,我的师傅邓芳静老师及时出现。她温柔地抱起甜甜,细致检查她的头部,确认没有明显伤口后,迅速将她带到保健医生那里做进一步检查。师傅对甜甜的关怀之情溢于言表,她不仅向甜甜的爷爷道歉,还详细解释了事故发生的原因、我们的应急处理以及今后加强监护的计划,以此来消除家长的疑虑。

甜甜的爷爷看到师傅如此周到的处理,脸上露出了宽慰的笑容,他安慰我说:"肖老师,别太紧张了,孩子没事就好,以后大家多留心就是了。"这份理解和温暖让我紧绷的心渐渐平复。

事情发生之后,师傅没有责怪我,反而耐心地与我交谈,分享她处理此类事件的经验。她强调,在面对突发状况时,保持冷静和专业至关重要。师傅的指导如同一盏明灯照亮了我前行的道路,让我意识到,作为老师,不仅要用心照顾孩子的安全,还要学会与家长进行有效沟通。这次经历虽然短暂,却成为我职业生涯中难忘的一课,教会了我如何以更成熟的心态面对未来的每一个瞬间。

二、成为光——首次为师,责任与挑战

随着时间的流逝,我也坐上了师父的位置,迎来了我的第一位徒弟。那一刻,我

心中涌动着复杂的情绪。一方面，我为能够传承邓芳静师傅的教诲而自豪；另一方面，我也感受到了前所未有的压力。我开始回想起自己初为徒弟时的青涩与迷茫，我意识到要成为一名合格的师父，需要做的不仅仅是传授知识，更要给予徒弟心理上的支持与鼓励。

一次，我的徒弟向我求助，她困惑于如何与家长建立信任。为了帮助她消除困惑，我采用一种创新的带教方法——角色扮演。我让他扮演家长，通过换位思考的方式，与她深入探讨了为什么家长可能会对新教师缺乏信心，以及教师应该如何有效地与家长沟通。她表达了自己的看法："作为家长，我渴望老师更多地关注我的孩子，关注他的成长和进步。"这样的换位思考激发了她对家长心态的深刻理解，也让她开始思考如何更好地满足家长的需求。

我顺势抛出问题："那么，我们应该采取哪些措施呢?"她积极响应："我们可以用照片和视频记录孩子们的成长瞬间，让家长直观感受孩子的变化。分享优质的幼儿教育文章，与家长沟通我们的教育理念，增进彼此的了解。"通过互动，让她分享自己的见解和策略，讨论气氛十分热烈，效果显著。

那一刻，我仿佛在她身上看到自己年轻时的影子。我也深深地感受到，师徒之间的关系，不仅仅是知识的传授，更是一种精神的传承。

在师徒结对的旅程中，我们彼此照亮、共同成长。想要成为影响他人的一束光，我们首先需要自身发光。照亮同伴是一种幸福，我愿成为同行者成长道路上的一束光芒，照亮他们未来的方向，为他们的教育之路增添独特的光彩！

（作者：武汉大学幼儿园四分园　肖丽娟）

14. 修竹满庭生雅趣，诗书万卷有奇香

——遇见"读书社团"

一、初遇——读书社团

自从我踏入幼教行业以来，始终坚信那句"书中自有黄金屋，书中自有颜如玉"。在 2021 年丹桂飘香的 9 月，我有幸被选为我们幼儿园读书社团的团长，这既是对我过去努力的肯定，也是对我未来工作的期望。最终，在惊喜、忐忑中开始了我的读书社团之旅。

二、嘉遇——社团故事

担任团长后，我改进了之前的会议模式，提供更多书香场景，营造书香氛围。活动内容上增添了成长之旅、放松身心、诗词朗诵和重塑身心四个环节，阅读模式从千篇一律到沉浸式阅读，在阅读过程中锻炼教师们的表达能力。特别是那一期《琅琅书声弦不绝，代代薪火永相传》读书分享会，那是我第一次组织关于武大珞珈文化的读书分享会，内心惊喜又焦虑，惊喜的是我可以近距离地探索武大的历史，焦虑的是我怎么把武大的历史用老师们喜欢的方式呈现出来。为了在视觉和听觉上感受武大珞珈文化，我不断查询各种资料。为了让老师们了解那段武大校训背后的故事，我跑了很多的图书馆，突破重重困难找到并借阅了《当乐山遇上珞珈山》一书。我们在活动中一起阅读这本书，品味书中前辈们的故事。

在读、思、悟、学的过程中，我们感受武大珞珈文化，领悟老武大人"弦歌不绝"的精神，这次读书分享会受到了老师们的一致好评！

三、美遇——成果与收获

经过一学期的努力，我们读书社团取得了显著的成果。老师们提高了自己的语文表达能力，这种进步离不开每次活动的感悟交流环节。同时，教师对阅读的兴趣明显增加，在社团感悟分享会上更加活跃，愿意主动分享自己的阅读体会，并积极参与其中。作为团长，我在组织活动、协调成员关系和提高阅读兴趣等方面也取得了宝贵的经验。

四、光遇——未来展望

担任读书社团团长是我职业生涯中的一个重要里程碑。在这个过程中，我不仅提升了自己的专业能力，也为教师们的成长带来了积极影响。我深感责任重大，但也充满了信心和期待。未来，我将继续担任读书社团团长，在今后的工作中，更加关注教师的阅读所需，同时用更多方法提高园所年轻教师的文化底蕴。愿我们以书润心，与智同行，以书为友，构建书香团队。

（作者：武汉大学幼儿园二分园　黎娜）

15. "研"途花开，共成长

——记第一次当教研组长

第一次担任教研组长，是我教育生涯的一次重大转折，它不仅意味着要承担起班主任的日常职责，更要成为教研团队的领航者。这是一条充满挑战的道路，唯有亲历其中，方能体会其漫长与艰辛。回首这段经历，我深感每一次教研活动都是对自我能力的磨砺与提升，是团队共同成长的宝贵历程。

一、悟·发现问题——从实践中汲取灵感

教研活动的核心在于解决教育实践中的真实问题。记得初任组长时，我便着手收集老师们在教学中遇到的难点与疑惑。一次，一位年轻教师向我诉说她在制定教学目标时的困扰，她感到目标设定模糊，难以衡量成效。这个问题立即引起了我的注意，成为我们教研活动的首个主题。我带领团队深入讨论，从目标设定原则到评估方法，一步步解构，最终形成了实用的教学目标制定指南，有效提升了教师们的教学设计能力。

二、思·聚焦问题——明确主题，有的放矢

每次教研活动，我都致力于设定一个清晰的主题，确保讨论的深度与广度。比如，我们曾将"活动中互动的有效策略"设为主题，邀请了一位经验丰富的教师分享他的成功案例。通过观摩他的示范课，教师们直观地学习到了如何通过提问、小组合作等方式增进师生互动，从而提高课堂教学成效。这种聚焦式的学习，让老师们在实践中找到了答案，增强了教学信心。

三、研·解决问题——引导与调控的艺术

对教研过程中的提问设计，要设计由易到难，由具体到规律，由特殊到一般，由情境到总结递进式的问题链，来帮助教师把问题一步一步地推进，逐一解决问题，慢慢让每位教师学会思考、研究问题。

在讨论中，我发现老师们有时会偏离主题，这时，我会适时引导他们，保持讨论的焦点。例如，当话题开始散漫时，我会提醒大家回归主题，或请发言者用一句话总结观点，确保讨论的效率。对于老师们在讨论中偏离主题这一情况，我会灵活应对，

或是通过案例分析加深理解，或是适时调整方向，确保讨论紧扣主题。

四、行·学而再思——持续优化，共创未来

教研活动的成功，离不开组长的调控与组员的积极参与。我努力创造一个开放、包容的讨论环境，鼓励每一位教师发表见解，无论资历深浅。在讨论中，我学会了倾听，学会了从教师的话语中提炼关键点，使讨论更加聚焦且富有成效。同时，我也注重营造轻松愉悦的氛围，通过团建活动、轻松的话题引入，缓解教师的工作压力，增进团队的凝聚力。

如今，看到我们的教研活动呈现出勃勃生机的景象，看到教师们在教学上的显著进步，我倍感欣慰。这段经历，不仅是个人成长的见证，更是团队协作与创新精神的体现。它教会了我，作为教研组长，不仅要有深厚的教育情怀，更要有持之以恒的探索精神，以及对教育事业的无限热爱。

（作者：武汉大学幼儿园二分园　卞丹丹）

第四章　雀莹　成锦

　　"雀莹　成锦"寓意着每一个人都能像雀鸟般闪耀着独特的光芒，坚韧成长，最终成就如锦缎般美好的未来。幼儿园每天发生的故事如同一针一线，将平凡的工作编织成一幅幅绚丽多彩的锦图。从一线教师走向管理岗位，每一个角色的转换，都是他们践行教育初心、追求专业卓越的足迹。对于教育者的成长而言，并非仅仅是教育技能的提升，更为关键的是对教育思想的领悟和对教育精神的理解，尤其是教师对于自身教育行为的审视与反思。让我们珍惜每一段经历，使之成为我们生命中最绚丽的底色，在教育的征途中不断迈进，让雀莹之光照亮我们前行的方向。

1. 学习赋能　管理增效

　　在教育改革的春风吹拂下，面对不断更新的教育理念，如何创办与武汉大学相匹配的高品质幼儿园，给身为管理者的我们提出了全新的课题。经过精心的设计以及多次研讨，武汉大学幼儿园的办园理念"享珞珈之灵秀，育书香之稚子"应运而生。作为分园园长，如何践行园所文化，打造出四分园独有的特色，给我和我的团队提出了新的前行方向。我们订购大量有关文化建设的书籍，组织全体教职工进行了学习讨论，厘清文化相关的概念，并达成了共识。我们一致认为，依托武大医学部独特的资源环境，以培养有"健康的体魄，智慧的头脑，健全的人格"的新时代儿童为目标来构建园所文化体系，以"健身健心、悦享童年"为课程特色，让"书香、健康"这一特色教育观念贯穿于我们的日常生活中，让书香浸润孩子的幼小心灵，充分利用得天独厚的社区资源，挖掘课程中大健康领域的教育价值，让我们的孩子康健同乐、悦享童年。

一、用心打造"书香、健康"的文化环境

我们走进武汉大学校史馆，研读武汉大学的发展历程，深入探究这所极具深厚人文底蕴的最美大学，致力于打造以书香为载体，具有浓郁"书香、健康"气息的幼儿园环境。以珞珈元素为主的大厅、户外场地的木质小屋书吧、散落在长椅上装有绘本的布袋、充满人文气息的教师教研室、主题鲜明且富有雅趣的"我是珞珈小主人"楼梯走道，记录着孩子课程活动轨迹的"四季文化"长廊……小小的院落承载着幼儿园的教育理想，小小的场地搭建起每一名幼儿的健康成长空间，让环境逐渐展现出"宁静适中的书香、灵动活泼的健康"之美。培育这样的文化环境，幼儿园的每一个人都亲身经历、积极参与并共同分享，同时通过组织一系列活动将"文化内涵"充分展现，做到内化于心、外化于行，发挥"环境文化"的隐性作用，引领教师开展富有文化内涵的教育，让书香环境滋润童心。

二、用情建设学习型的"珞樱"团队

作为一名园长，我深深明白园长就是这所幼儿园的灵魂，要办好一所幼儿园，师资队伍的建设是关键。一棵树只有根深，才能叶茂、花盛、果甜；一个团队只有追求共同的理想才能保持旺盛的生命力。如何建设学习型的教师专业队伍，我们将珞樱团队划分为"韵樱组""乐樱组""稚樱组""雏樱组"四个梯队，构建"队伍发展规划——年度计划——个性发展——评价交流"教师专业发展管理的长效机制程。共同设置了"育魂、育行、育能"教师专业发展课程，基础课程培训面向全体教职工，专业课程培训面向教师。有的放矢地将各类人员分类培训，多途径提高员工的专业水平，课程的设置围绕不同的专题开展研讨，实行轮流主持制，让每位教师都能成为讲坛的主讲，大家互相学习、共同进步。珞樱团队通过抱团研学、共同阅读专业书籍、定期举办读书分享交流会、观摩研讨教学实践中出现的问题等活动，扎扎实实提升了教师的专业能力，成就了教师团队共同成长之路，打造了教师学习发展的共同体。一支具有"珞樱"文化底蕴的教师队伍日趋成熟，让每一位教师都能够在武大四分园这个"珞樱缤纷"的温暖氛围中收获个人专业成长的幸福。

三、用爱创造多彩的美好教育

有了良好的师资团队，践行园所文化，创造美好教育，培养优秀的珞珈稚子，办高质量的幼儿园，实现从"幼有所育"到"幼有优育"的美好期盼，就是我们共同的奋斗目标。我和我的团队小伙伴们一起在书中找寻前行的动力，我们规划园所发展目标，制订丰富多彩的四季课程活动："春之悦——书香文化季""夏之炫——多彩艺术季""秋之趣——趣味运动季""冬之乐——快乐感恩季"。幼儿园的每一个角落、每一个具有创意的活动，都让这所幼儿园充满了无限的生机。草地上一顶顶爸妈故事屋帐篷、孩子们共绘的一本本长卷书，开展"阅读之星""好故事一周一讲""游学湖北省博物馆"等一系列活动，让我们的"书香、健康"特色日益彰显。岁月留痕，孩子们咿咿呀呀的读书声，是那么悦耳、那么美。这样的一群人在一起，相伴共生共长，共育珞珈稚子，共创美好的教育，就是我们的幸福生活。

岁月安然，夕阳璀璨，多年的管理工作使我深切领悟到，唯有持续学习，方能使我紧跟时代步伐，不断提升管理水平，积累经验，丰富人生阅历。在生活的闲暇时刻，让每一次学习都成为最美好的相遇，让学习化作我们的一种生活常态，让学习成为我最优质的修行之旅。

（作者：武汉大学幼儿园四分园　王兰平）

2. 我的"闲逛"管理之道

作为幼儿园的后勤园长，我始终坚信，真正的管理不是坐在办公室里对着电脑，而是需要扎根于幼儿园的每一个现场，用心去感受、去观察、去倾听。我自称为一个"闲逛"的管理者，因为我喜欢在园区内漫步，与孩子们互动，与老师们交流，与后勤人员攀谈。

每天清晨，当第一缕阳光洒进幼儿园，我便开始了我的"闲逛"之旅。我走进每一个班级，看着孩子们天真无邪的笑脸，听着他们欢快的笑声，感受着他们纯真的气息。我会与孩子们互动，问问他们今天的心情如何，有没有遇到什么有趣的事情。这样的交流让我更加了解孩子们的需求和想法，也让我更加热爱这份工作。

在闲逛的过程中，我也会与老师们交流。我会认真倾听他们的困惑和想法，了解他们在工作中遇到的问题。有时候，我会发现一些老师正在为如何引导某个孩子而犯愁，或者为如何与家长沟通而苦恼。这时，我会与他们一起探讨，分享我的经验和建议。这样的交流不仅让老师们感到被重视和支持，也让我更加了解他们的需求和想法，从而更好地为他们提供支持和帮助。

除了关注老师和孩子，我也会细心留意幼儿园的每一处设施。有一次，我在闲逛的过程中发现操场上的滑梯有些松动，存在安全隐患。于是，我立即召集后勤人员，详细说明了这一问题，并要求他们尽快采取措施。维修后，我第一时间前往检查维修结果，直至确认滑梯已恢复安全性和稳定性，这才放心下来。这样的细致入微与迅速行动，不仅加深了我对幼儿园每一个角落的关怀，也让我更加坚信自己的工作使命，给孩子们提供一个安全、舒适、有趣的成长环境。

在"闲逛"的过程中，我发现了许多问题。有时候，我会发现某个班级的活动区域需要更多的玩具和书籍；有时候，我会发现某个角落的卫生状况需要改善；有时候，我会发现某个老师需要支持和帮助。这些发现让我更加明确了我的工作方向和目标，也让我更加努力地为幼儿园的发展贡献自己的力量。

作为一个"闲逛"的管理者，我深深地感受到了自己的责任和使命。我知道，我的工作不仅仅是为了管理幼儿园的日常运营，更是为了给孩子们提供一个更好的成长环境，让他们在这里快乐地学习、健康地成长。因此，我会继续"闲逛"下去，用心去感受、去观察、去倾听，为幼儿园的美好未来不懈努力。

（作者：武汉大学幼儿园四分园　瞿丽）

3. 后勤不"后"　前行有理

后勤保障是后勤工作的代名词。做好后勤工作就是后勤不"后"，保障先行，预防前置，服务为先。武大幼儿园二分园的后勤团队将"唯实惟先、善作善成"的服务目标牢记在心，发动更多力量参与保障管理，变一人操心为大家操心，形成责任分担、责任共担的后勤格局。为了达成目标，我们打破思维定式，拓宽思维路径，用智慧管理后勤，用实效体现新变化。

上门服务强保障：思想先行才有服务随行

我们常说思想决定行为。平日里门卫师傅的常规事务繁杂，包括安全防护、校园卫生、小修小补、临时公务等，大多时候能按照布置落实，但有时候会出现被动落实的情况。教职工反馈设施需要小修小补时，师傅们叫不动或慢悠悠的现象频出，让我十分关注。于是我及时与师傅们进行交流岗位职责与服务认知，阶段工作与评价反馈，主动作为与善作善成等相关话题，结合服务评价谈服务质量问题。

接下来，为了改善门卫师傅的服务"中下评"，我请他们思考：被动服务与主动服务的区别在哪里？咱们如何破局？我提出了新思路：变"听叫服务"为"上门服务"，安排每周二为上门服务日。边巡查边主动询问各班级各部门的维修需求，检查设备故障，做到能解决的问题及时解决，不能解决的问题及时上报。师傅们抱着试试看的态度同意了。

刚开始的时候，每到周二，我会在大群里发出宣传话语，实质是隐性地提醒师傅们上门服务日到了。服务日当天，我也会"随机"去拍照、去鼓励。随着时间的推移，"上门服务日"逐渐形成了定势，他们的主动行为也得到了老师们的一片赞誉，服务保障上去了，后顾之忧减少了，教职工们自然对师傅们的评分也是"四星"以上。上门服务日体现的不仅是服务前置的意识，更是改变被动习惯，彰显主动作为的行动。

现今服务前置，保障前行，我们看到了更多元素在后勤岗位中彰显。比如：他们主动合理规划巡逻时间，做到板块落实不疏漏。主动询问工作安排，提前筹谋分工落实等，真正看到了思想先行带来服务随行的实效。

保教合研促强师：岗位强能才会服务善成

在幼儿园里，保教结合是教育的基本。保教融合是一种教育观，也是一种教育的行为。结合园情我们狠抓保育师专业素养的提升，充分践行保中有教，教中固保的理念，同时还设立了保教合研专题日。为了凸显研究实效，促进教师、保育师的专业发展，我们采取了三研三评的方式，增进岗位专能，提高服务善成。

所谓三研：一是研保健知识，二是研保育技能，三是研保教方法。

专题日的保教合研活动，教学组、保育组从问题入手精心选定主题，用心设计方案，在保与教的思维碰撞中，围绕着孩子需要我做什么，我可以为孩子做什么，找到保教同频促发展的策略与方法，建立师者专业上的自信。

所谓三评：一是理论笔试，二是实操展示，三是保教行为评价。

致广大尽精微，在严格规范、知行合一的研究性学习中，保教人员的专业成长水平显著提升。护幼成长，育健先行已成为教育者的深耕认知。引领保育师的专业"前"行，正是体现在把幼儿的生命健康放在教育保障的首位，让优质的教育成为滋润幼儿美好心田的暖流。

"互联网+"助排查：创新作为才显服务品质

幼儿园新的一天开始了，安全巡查又将启动。作为管理者的我，安全预防的督导与落实是我的首要任务，也是园所稳定发展的重要前线保障。门卫人员的早巡查是否落实，我打开了手机，查看网络上报信息，看到了一条亟待解决的维修信息。查看其他各部门、各班级的巡检和上报，及时部署解决或去现场查看。月底，各部门的网络安全月报收到后及时进行信息统计，发现本月的亮点和不足，在月安全会议上反馈共性问题，关注核心问题，解决个性问题，通过鼓励和完善，不断筑牢安全堡垒。

海恩法则告诉我们：每一起严重事故的背后，必然是事故隐患堆积量变而致。为了落实安全排查，我们将"互联网+"元素渗透校园安全巡查中，在校园分区域、分功能定点定位张贴安全巡查二维码，相关人员依据安全任务扫码落实相关工作。信息化的管理，不仅让巡查"落了地"，也让管理者"看得见"。弥补了以往安全巡查是否执行到位的盲区，解决了以往巡而不查，查而不见，见而不报的安全管理漏洞。

创新安全管理举措后，进一步加强了全园教职工的安全预防意识。人人有责的安全前行，提升了校园安全指数。身处后勤战线的我们，其实一直就在前线。后保不"后"，人人在"前"。只有这样，才能真正达到后勤稳教育，教育促发展，同频双奔赴，遇见更美好。

（作者：武汉大学幼儿园二分园　方丽文）

4. 育心·育能·育才
——我与教师共成长的三十年

在这片孕育梦想的土壤上，我作为一位走过三十年教育岁月的幼儿园教师，体验了一段既漫长又富有成果的旅程，旅程中充满了无数的挑战与喜悦。在这期间，我见证了无数教师从青涩到成熟，从平凡到卓越的蜕变。每一次回眸，都是一段关于成长与超越的故事，它们如同散落在我心中的珍珠，串联起了一条名为"教师成长"的璀璨项链。

一、育心之旅，播撒爱的种子

故事的开始，总是令人心动。我还清晰地记得，那年初秋，一群满怀憧憬的新教师们带着期待踏入了我们的园地。他们的眼眸中，既闪耀着对未来的憧憬，也流露出对未知的惴惴不安。对于他们，我的首要任务便是"育心"——培养一颗热爱教育、关爱孩子的赤子之心。曾有一位新教师在入职初期因为无法很好地与孩子沟通而备感挫败。但在我们的指导和鼓励下，她开始学习如何用心倾听孩子，如何用爱去理解他们。不久后，她便与孩子们建立起深厚的友谊，教学也变得得心应手。我带领他们走进孩子们的世界，让他们亲身体验与孩子们互动的乐趣，感受那份纯真的喜悦。记得有一次，我们组织了一场"小小科学家"主题活动，新教师们和孩子们一起动手做实验，观察植物生长，那一刻，我看到了他们眼中闪烁的光芒，他们被孩子们的天真无邪所感染，被教育的魔力所打动。从那一刻起，他们开始真正理解，作为一名教师，最重要的不仅仅是传授知识，更是要用爱去滋养每一颗幼小的心灵。在新教师的入职培训中，我始终强调"以爱为本"的教育理念。通过组织新教师与资深教师的交流分享会，让他们了解教育的真谛在于对每一个孩子的真心关爱。我们鼓励新教师主动与孩子建立深厚的情感联系，通过日常的亲密接触和真诚交流，去理解每一个孩子的独特性格和需求。

二、育能之路，磨砺教学之剑

随着岁月的流转，那些曾经的新教师逐渐成长为园中的中坚力量。对他们而言，"育能"成为新的关键词。我深知，教师的成长，是一个不断学习、不断突破自我的过程。于是，我们定期组织内部和外部的培训课程，为他们量身定制一系列的培训计划，从前沿的教育理论到实战技能，从课堂管理艺术到个性化教学策略，涵盖教学方法、课堂管理、课程设计等多个方面，每一次培训，都旨在帮助他们打磨教学技艺，提升教育智慧。我们还鼓励教师之间进行同课异构、观摩评课等活动，让他们在实践中不断提高自己的教学能力。此外，记得有一次，我们邀请了一位资深的教育专家，为成熟教师们开展了一次"游戏化教学"的工作坊。在那个充满欢声笑语的下午，教师们不仅学会了如何将游戏元素融入教学，更重要的是，他们重新找回了教育的初衷——让学习成为一种乐趣，让孩子们在快乐中成长。那一刻，我看到了他们眼中的自信与热情，那是一种对教育事业的深深热爱，是对孩子们未来的无限期待。

三、育才之巅，引领教育未来

时光荏苒，一些教师逐渐崭露头角，成为我们团队中的佼佼者。对于他们，我的目标转向了"育才"——不仅要培养他们的专业才能，更要提升他们的领导能力，使他们成为教育领域的领航者。我鼓励他们参与各类教育论坛，发表自己的见解，承担起培训新教师的任务，让他们在实践中不断提升自我，同时也为整个团队注入新鲜血液。有一次，我们组织了一场"未来教育趋势"的研讨会，邀请了几位教育专家与骨干教师们进行面对面交流。在思维的碰撞中，我看到了骨干教师们展现出的深度思考与前瞻视野，他们不仅对当前教育现状有着独到的见解，更对未来教育的发展趋势有着敏锐的洞察。我看到了他们眼中的坚毅与远见，那是对未来教育的无限憧憬与坚定信念。那一刻，我深刻地意识到，他们已经不仅仅是教师，而是教育的创新者，是引领未来教育潮流的先锋。

三十年的光阴，如同白驹过隙，但那些与教师们共度的日子，却成为镌刻在心底的永恒记忆。我自豪，因为我见证了一代代教师的成长；我感动，因为他们用行动诠释了教育的真谛。而我，也将继续在这片充满希望的田野上，播撒爱的种子，磨砺教学之剑，与教师们一起，共绘教育的美好蓝图。

（作者：武汉大学幼儿园一分园　刘蓉）

5. 品悟《指南》　"变"中求进

"惟进取也，故日新"，这是梁启超在《少年中国说》里对时代变革的理解和渴望。学前教育改革发展在 2022 年迎来了重要的里程碑，国家颁布了《幼儿园保育教育质量评估指南》。初次通览全文，我由衷地发出感慨，这样有"人情味"的评估在我的从业生涯中还是第一次遇到。再读时，我看到每一句话都在指向着"生长"，儿童的生长、教师的生长、幼儿园的生长，是一种蕴含着自我生命力量的发展。

一所幼儿园如何落实好"评估指南"，是对管理者管理思维的挑战。记得有一位园长曾说过：如果老师出现了问题，那么鞭子要打在管理者的身上；如果孩子出了问题，那么责任在教育他们的成人身上。当我们要求老师用儿童视角去看待儿童的行为，尊重每一个独立的人格，允许他们重复、试错、挑战。那么，对待老师也应如此，我们用怎样的视角看待教师的行为，就决定了我们会用怎样的策略去管理教师。作为一名教学管理者，我对管理的理解是把"理"放在前，先厘清自己和教师团队的思路，才是实施"管"的基础，"评估指南"让我和我的团队有了"理"的抓手，把指标和要点落实到计划中，转化成实践指引，努力消除管与被管之间的屏障。

初读《指南》带来的"改变"

新学期的计划下达后，我将评估指南与老师们分享，强调了《幼儿园保育教育质量评估指南》的重要性，勾勒出高质量的幼儿园保教工作的基本样态，明确了指南在儿童立场、教育过程、师幼互动、科学评估等方面指引的方向。然而，初次的理论培训，教师并没有真正领会指南的精神，如何践行指南，用指南的精神指导我们实践，成为最大的困惑。于是，我们保教团队决定再次启动"学指南"行动计划，将教师熟悉的《3—6岁儿童学习发展指南》与《幼儿园保育教育质量评估指南》中教育过程的版块进行分析对比，梳理出两者之间的共同点及不同点，让教师在理论学习中，更好地理解指南的精神。然后，我们利用教研活动开展深入的进阶式学习和研讨，用读、研、析的方式，运用思维导图梳理了指南中的关键指标和考查要点。结合教育过程中的案例进行深度剖析，让教师清晰认识理解指南精神。在不断地学习、解读、内化中，我感受到了指南带给教师的变化，教师们渐渐地将指南的精神渗透到每日活动中。

再读《指南》带来的"转变"

新老师的"预约课"是我们的常规活动，在一次教师的"预约课"活动中，教师分别开展了三节针对不同年龄段的语言、社会、科学活动课。在研讨互动中，教师们提出了共同的困惑：如何提升幼儿的原有经验？活动中如何给孩子适宜的支持？教师们的困惑也正是年轻教师们活动组织中经常遇到的问题。利用"预约课"活动的契机，我们再次分析了指南中对教师活动组织提出的明确要点，"发现和支持幼儿有意义的学习，采用小组或集体的形式讨论幼儿感兴趣的话题，鼓励幼儿表达自己的观点，提出问题、分析解读问题，拓展提升幼儿日常生活和游戏中的经验。"带上这份《指南》，我们开始重新审视自己的活动组织情况。每次活动实施前，我都会向老师提出这样的问题：①这个活动适合本班孩子吗？孩子们的已有经验有哪些？②如何从幼儿兴趣点出发，把握他们的成长点？③需要运用什么样的手段提高孩子的学习能力？结合实践解决问题，帮助教师们明晰孩子学习的意义，也让教师在课程的实践中遇见更精彩的自己。

熟读《指南》带来的"蜕变"

新课改背景下，幼儿每天的户外自主游戏已成为一项重要的课程，教师需要从游戏中发现"生长点"，挖掘教育的价值。每天户外自主游戏后，教师会与幼儿开展游戏故事的互动分享。我常常看到这样的场景，教师："你今天玩了什么游戏？和谁玩？"孩子们往往会很简单地回答教师的问题，可以看出这些封闭性的提问无法激发幼儿想象力、创造力的表达。《指南》中指出，"尊重并回应幼儿的想法与问题，通过开放性提问、推测、讨论等方式，支持和拓展每一个幼儿的学习"。那么，到底什么样的提问是有效的？怎样的师幼互动又是有效的呢？我们研读指标，从指标中教师们领悟："尊重"是师幼互动时应具备的观念，"回应"是师幼互动背后教师智慧的教育策略。基于教师的问题，在观察幼儿时，我们需要厘清四问："幼儿的想法是什么？幼儿的经验是什么？我对幼儿的什么行为感到好奇？我的判断是什么？"教师只有尊

第二部分 珞珞如玉 绿生长

213

重孩子、看懂孩子才能有针对性地与幼儿进行有效互动。运用指南并结合自己的教育实践，就会发现一直困扰我们的"如何高质量地与幼儿互动"已然成为一件水到渠成的事情。

《指南》引领着幼儿教育的变革，幼儿园管理者及教师都面临着新的挑战，这就需要我们打破以往的思维习惯和行为习惯，在"变"中求进，把对幼儿教育的认识和实践提高到新的层面，把高质量的幼儿教育回归到每一天的日常教育中。

（作者：武汉大学幼儿园二分园　陈怡）

6. 变与不变

有人说，教师是太阳底下最光辉的职业，也有人用"春蚕到死丝方尽，蜡炬成灰泪始干"来赞美老师。无论是气势恢宏的评价还是朴实无华的形容，我想说：教师是最平凡的岗位，而幼儿园老师也是最基础的教育岗位，从教二十五年，无论是在一线教师岗位还是在教学园长岗位，我就是最平凡的一员。在变与不变之间找寻对职业最大的幸福感。

岗位在变，初心不变

在十一年的一线教师工作后，我走上了管理的岗位，但无论职责怎么变，岗位要求怎么变，我都始终不忘初心。坚持在生活工作中严于律己、宽以待人。热爱幼儿教育事业，将最大的激情投入到工作中去。无论身处顺境还是逆境都能调整好自己的情绪心态，努力践行着一名共产党人的德与行。

方法在变，原则不变

管理中，想老师之所想，急老师之所急，随时随地能以大局为重。在一线教师岗位上工作的十一年中，我能够在教师中起到模范带头作用，积极参加各级各类评比活动，获得了大大小小的荣誉和奖项；在从事保教干事和教学园长的工作中，热心帮助老师们做好专业上的传帮带，提高老师们的业务能力的同时，不断学习和提升自己。对带教团队也能针对个人情况不同运用不同的指导方法，因人而异、量体裁衣，有统一的要求也有分层的目标。不论面对孩子还是老师，我在不断探索中找到最适宜的方法，保持基本原则不变。

创意在变，宗旨不变

回首一路走来，我深深感受到幼儿园的教学园长需要常常学习、常常反思、不断求新求变，每次活动都要有新意，每次培训都要有新的要点。教学园长是一个要时刻保持无限激情和创意的岗位。无论是带领老师做教学研究还是实施园本课程，都需要把握好当前学前教育的动态和最新精神，把最先进的理念渗透给老师们，老师们才能在对孩子的教育中有着正确的思想和理念。当然一味地创新还不够，有些东西还需要传承和坚守，求大同存小异。

从教二十年，岗位在变，从一线教师到教学园长，初心不变；方法在变，不论面对孩子还是老师，因人而异，量体裁衣，带领教师不断向前，原则不变；创意在变，常学习、常反思、不断求新求变，但宗旨不变。以儿童为本，构建适宜的三分园园本课程体系；以教师为本，发挥各自所长；以家长为本，构建和谐的家园共同体。做最"善变"的教学园长，在变与不变中探寻教育的平衡和真谛！

文末附上 2021 年被评为武汉大学幼儿园"身边的榜样"的推荐词。

榜　　样

榜样是什么？
其实就是身边的你、我、他。
每一个人、每一件事，
都能去积极影响到我们的时候，
你就成为榜样。

当今天，
我被"界定"为榜样时，
其实是大家先成为我学习的榜样，
才成就了我。

感谢这些榜样的人，
感谢这些榜样的事！

（作者：武汉大学幼儿园三分园　陈晶）

7. 骨干也曾是"菜鸟"

在工作的旅程中，我们常常仰望那些经验丰富、能力卓越的骨干，他们似乎总是游刃有余地应对各种挑战，散发着令人钦佩的光芒。然而，当我们深入思考便会发现，每一位骨干都曾经历过"菜鸟"的阶段。

2007年那个平凡的夏天，我带着青春的风采，带着绿色的梦想，走进了武汉大学幼儿园，开始了我不平凡的事业。虽然只是从一个校园走进了另一个校园，但身份却发生了质的改变，从学生转化为老师，这样的角色转变难免让我有些紧张。起初上课时，我常常显得手足无措，孩子们七嘴八舌好不热闹，课堂毫无规则可言。于是我有些急了，开始命令孩子们遵守规则、束缚孩子们的自由表达。显然，孩子们并不喜欢这种方式，带着这种苦恼，我来到了园长办公室。园长听完我的求助后并未多言，只是转身从书架上拿了本书给我——《窗边的小豆豆》。我怔怔地翻开书，于是，我看到了《窗边的小豆豆》里面循循善诱的小林校长，开始明白每一个孩子都是一棵小幼苗，都是独立的个体，需要不一样的呵护。渐渐地，我像小林校长那般努力去认识孩子、理解孩子，尽力给孩子创造可以自由探索的环境。

在担任教研组长之后，我更是如饥似渴地钻研求索，常常向身边的老师们请教，使自己有更充足的能力来组织青年教师们开展教研活动。学在前，思在前，行在前。在教研活动中，我喜欢和老师们在一起探讨教学，想倾其所有地让大家站在我的经验上获得更快的提高。我们会就一个共同感兴趣的学习活动展开讨论，从方案的设计到教具的准备，从过程的实施到活动后的反思，进行不断的推敲、交流。季节性传染病来袭，我会从幼儿的症状表现到如何预防，从晨检观察到班级卫生消毒工作的加强与其他老师进行细致的沟通并达成共识……解读幼儿行为，提升保教工作专业水平是我不懈的追求。我还根据组内教师的情况，采用不同的方法帮助老师们：对于新教师，进行听课、评课、帮助他们独立设计活动；对于年轻教师，平等交流，共同研究实践。在帮助老师们的过程中，我深深感受到，帮助别人实质上是一个自我提高的过程，也是一个深奥的、值得研究的过程。这些方法解决了大家工作中的实际问题，真正促进了老师们的发展和成长。

走上保教干事的岗位后，我从一线教师跨越到管理层。面对新的环境，新的起点，新的工作任务，我倍感压力：要整理资料、要组织教研活动……所有的事情都堆在一起，无从下手。在经过一个多星期的忙乱与不知所措之后，我毅然选择从零开始学习。工作中，我向有经验的园长学习，向其他分园的保教干事了解工作职责，学习资料整理的方法，学习与人沟通的技巧；闲暇时，我向书本学习、向网络学习，学习如何做培训、如何带队伍、如何开展大型活动等，并养成随身携带笔和本子的习惯，将事情按照轻重缓急的顺序逐一完成，从而实现了我在新岗位中的无数个第一次：第一次做教师培训，第一次整理资料接待检查，第一次做大型活动的策划与主持……每一个第一次对我来说，都弥足珍贵，这是我积累宝贵经验的重要阶段，是我成长过程中留下的珍贵足迹。慢慢地，我工作的计划性更强了，思考问题更全面了，做起事来更加得心应手。

如今，当自己也被视为团队中的骨干时，我更加明白，所谓的骨干并非天生如此，是在无数次的尝试和失败中，不断总结、不断进步，才逐渐拥有了如今的能力和自信。

骨干也曾是"菜鸟"，这让我明白，在成长的道路上，不必因暂时的弱小而自卑，也不必因眼前的困难而退缩。只要保持学习的热情、坚定的信念和不懈的努力，"菜鸟"终有一天会成为骨干，绽放出属于自己的光芒。让我们以"菜鸟"时的初心为动力，以骨干的标准为目标，不断前行，书写属于自己的精彩篇章。

（作者：武汉大学幼儿园二分园　许贝）

8. 从教师到干事的"跨界"

《跨界歌王》真人秀节目汇集了影视、娱乐等领域的非专业歌手们，他们挑战自我，展现音乐方面的才能。除了音乐表演外，节目还会挖掘每位参赛选手背后的故事，分享他们与音乐的不解之缘，增强节目的情感深度。在我的成长过程中也有一次"跨界"，2022年下半年，在领导和同事的帮助与支持下，我从一名带班教师转岗为幼儿园保教干事，我从一名"执行者"跨界成为一名"管理者"。在这个"跨界舞台"上，原本我想唱一首《华丽转身》，可最终唱出的是：他说风雨中这点痛算什么，擦干泪不要怕，至少我们还有梦……

一、歌曲《追光者》——青春不惧岁月长

刚转岗到保教干事的时候我的工作并不顺利，出现的问题让我感到焦虑不安、身心疲惫。幼儿园礼堂买了一套先进的舞台设备和一套全新的户外音箱，当老板来跟我

们讲解如何使用时，我就像"听天书"一样，完全听不懂他在说什么，面对复杂的操作界面和专业术语，让我感到无所适从。面对经验丰富且有个性的老师出现问题时，"不敢管、不敢说"成了我的一道心理屏障。那时的我非常沮丧，怀疑自己的能力，甚至一度想要退缩。

设备不会用时，张园长安慰我说："没关系，这很正常，设备多用几次就会了。"还专门将幼儿园读书节灯光、音响设备的调控，幼儿园晨会活动户外音响的控制这些交给我负责，我明白了园长的良苦用心。当我不善于管理人员时，张园长鼓励我："要想当好管理者就不要怕得罪人。你以前可以很好地管理班级、年级组，现在只是人数变多了而已，管理方法其实也是一样的，你一定可以的。"

园长和其他老师的鼓励与引导仿佛就像一束光照亮了我、温暖了我，使我勇敢地唱出了那首《追光者》："某一刻你的光照亮了我，如果说是遥远的星河，耀眼得让人想哭，我是追逐着你的眼眸……"

二、歌曲《破晓》——成长有声梦有光

在接下来的时间里，我正如歌曲《破晓》中所唱："破晓时分天空渐渐明亮，我微笑着迎接新的一天，因为你给了我勇气和希望，让我不再害怕任何挑战……"我朝着"光的方向"追逐着，我经常会利用下班的时间埋头在设备的讲解资料中，反复观看视频和实践训练，并将心得梳理成自己看得懂的笔记。终于，礼堂灯光音响设备、LED 显示屏、户外音响区域的控制……每一个按键、每一项功能我都能了然于胸。

我反思了我不敢管、胆怯的原因，那就是——专业底气不足。因自己从教师岗才转入管理岗，在我眼里，或者说在有经验的老师眼里，我的专业能力与他们相比似乎也高不了多少。认识到自己的不足，我更加刻苦地钻研学前教育专业知识，通过一些网站、书籍拓宽视野，学习一些前沿的教育理念。在研讨前做好资料的收集与准备，从带教年轻老师开始，只要老师有需要，我就尽自己所能提供帮助。经常会利用下班、周末的时间指导青年教师们修改方案和参赛稿件。2023 年我指导的青年教师吕琪撰写的案例，经过层层选拔，获得了武昌区教培中心"一等奖"，武汉市教科院"三等奖"的好成绩。当年轻的老师们在各项活动中纷纷获奖时，我为那些"披星戴月"实干苦干的日子感到值得与兴奋。

虽然从教师到干事的"跨界"中仍"欠火候"，但我相信：青春不惧岁月长，成长有声梦有光。在梦开始的地方追着光，期待着我的未来不是梦。

（作者：武汉大学幼儿园二分园　程晓丽）

9. 食品安全，从源头筑起防线

清晨，阳光透过明亮的窗户，洒在忙碌的厨房内。作为幼儿园的保管，工作职责之一是每日对幼儿食材进行验收。我深知每一份食材都关系到孩子们的健康，因此，我对于每日的食品验收工作都格外重视。

今天，武商超市像往常一样准时送来了新鲜的食材。我拿起清单，与食堂管理员一起逐一核对，从蔬菜到肉类、从水果到海鲜，每一样都不能马虎。当打开装着草鱼的袋子时，一股不寻常的气味扑鼻而来，不是鱼应有的新鲜味道，而是一种令人不悦的臭味。

我立刻警觉起来，戴上手套，仔细检查每一条草鱼。眼观，有几块鱼肉颜色发暗；手摸，鱼肉肉质稀软；鼻嗅，一股刺鼻的腐烂臭味。这显然是草鱼不新鲜的迹象。我皱起眉头，心里明白，这样的草鱼是坚决不能给孩子们食用的。为了保险起见，我让食堂有经验的大厨师傅进行查看。大家一致认为这些草鱼里，混有几条不新鲜的死鱼。

与食堂管理员商议后，我立即拿起电话，拨通了武商超市送货员的电话号码。他显然对我的反馈感到惊讶，表示送的草鱼都是今早新鲜宰杀的。我告诉他，孩子们的健康是第一位的，我们不能有丝毫的马虎，必须马上换货。

同时，食堂管理员向幼儿园后勤园长报告了这一突发情况。方园长非常重视，立刻与武商超市负责人沟通尽快退换货，将这批草鱼带回超市，并调查原因。方园长对我们的食材查验工作点赞，并提醒我们今后的食品验收工作要更加细致，不要让任何有问题的食材影响到孩子们的健康，时刻要将食品安全放在首位。

事后，武商超市的负责人亲自来到幼儿园，向我们道歉，并承诺会加强送货前的检查，确保食材的新鲜度。同时，他们还带来了新鲜的草鱼。我仔细检查了新的草鱼，确认没有问题后才放心地让食堂师傅们开始准备午餐，并将此次退换货事件进行了详细记录。

在幼儿食品安全领域，每一个细节都关乎着孩子们的健康与成长。这次事件让我深刻领悟到食品验收工作的重要性，食品验收是确保食品安全的第一道防线，从源头关注，意味着我们必须将食品安全管理的触角延伸至食材采购、验收的最初环节。食品验收对确保食品安全、预防食源性疾病、维护幼儿权益、提高食品质量有着重要的意义。作为幼儿园保管员，面对每日的幼儿食材查验工作，我要确保每一份进入幼儿园厨房的食材都是安全、新鲜、符合标准的，它不仅关系到孩子们的健康，也体现了我对工作的认真和负责。

"民以食为天，食以安为先"，在未来的工作中，我会更加细心，以高度的责任心确保每一份食材都符合标准，从源头筑起防线，为孩子们的健康保驾护航！

（作者：武汉大学幼儿园二分园　蒋曾晶）

10. 一位保健医的成长故事

我是一名教师转岗的保健医，记得刚入职时，每每想到自己不是医学专业出身，而幼儿园的孩子天性活泼好动、自我保护能力弱，随时都可能突发各种意外状况，经常害怕自己处置不当而满心担忧。所以只要有时间，我就会学习各种意外伤害应急处置技能。2016年11月当我得知儿子班级组织学习"心肺复苏"急救时，我立即报名，利用周末休息时间参与学习，也正是那次学习，让我在转岗后不久成功拯救了一位因午睡咳嗽导致"食物回流"而窒息的幼儿的生命！这次的及时救治增强了我的信心，让我认识到学习的重要性！同时，我也意识到必须将"意外伤害应急处置"纳入日常培训中，有效减少幼儿生命安全隐患！

每天清晨，我的第一件工作就是晨检。做好晨检就是守护健康的第一道防线。我会观察孩子的口腔、体温、皮肤和精神状态，每一个细节都不放过。在一次晨检时，我发现有个孩子的口腔上颌有3个红色斑疹，考虑到正值春季传染病高发期，孩子有疑似"疱疹性咽峡炎"的症状，我立即与家长沟通，建议孩子暂缓入园，及时就医。当时家长不理解，说："昨天孩子有一点低烧，我就带她去了医院，医生没说是疱疹性咽峡炎！"我耐心地解释："患有这个疾病，每个孩子的症状表现不一样，有的低热、有的高热；有的出症迅速，有的出症缓慢；有的初期斑疹并不明显，加上孩子年龄小，不会表达，很多家长就会忽视病情而耽误治疗。所以，我们建议您去医院复查一下，这样更放心！"听完我的解释，家长同意带孩子去医院复查，下午医院出示诊断结果即为"疱疹性咽峡炎"。这个事件让我明白：作为保健医既要有丰富的专业知识，还要会巧妙地做好家长沟通工作。如果直接对家长说：您的孩子入园会把病传染给别的孩子，势必会引起家长的反感，不能获得有效的支持与配合。

为了有效监测孩子的健康状况，每年3—4月武昌区妇幼都会组织儿童在园进行健康体检。通过观察，我发现小班的孩子都比较害怕涂氟护齿。因此，每年体检前，我会提早和班级老师沟通，配合老师一起组织"体检我不怕""做个护牙好宝宝""我是勇敢的好孩子"等教学活动，帮助孩子克服恐惧心理。同时通过对比多年的体检数据，我发现儿童龋齿率越来越高。特别是当我看到中大班的孩子开始进入换牙期，保护乳牙及新萌出的恒牙尤为重要，于是我在总园及二分园领导的指导下开展了大班健康教育活动——刷牙小能手。本次活动我通过游戏操作体验，让孩子们学习了"圆弧刷牙法"，取得了良好的效果。

为了推进幼儿园食育文化理念，我和后勤团队一起指导食堂的师傅坚持研发新菜品，增强孩子食欲，丰富膳食品种。记得有一次研发的新品"葵花馍"色泽明艳诱人、造型生动美观，想必孩子们一定爱吃。当我进班询查时，发现孩子们刚开始都非常喜欢，有个孩子吃了几口就面露难色，拿着"葵花馍"把玩起来。我问他："怎么了？不好吃吗？"他说："没味道。"孩子的话引起了我的反思，于是我便向白案师傅提出研发有馅的面点！随后指导师傅收集学习相关的制作素材，通过微信、抖音、小红书等途径来学习面点新的做法，经园务会讨论确定后，再指导师傅们反复试做，调整食材比例，直至成功。最近研发的新品"奶香蘑趣"——选用紫薯、南瓜和面调色，蘑菇造型生动形象、色泽诱人、奶黄香味扑鼻，深受孩子们欢迎，并在学期末面点评价中荣登榜首！

随着高质量教育的推进，幼教工作有了新的挑战。2022年4月武昌区教育局组织开展了首届"幼儿园保健医技能大赛"，全区102所幼儿园162名保健医通过笔试筛选，最终32名选手入围，我有幸成为其中一员。通过层层角逐，我最终获得了团体三等奖和个人"最佳合作奖"。在2023年的幼儿园保育师技能大赛中，我协助园长研究方案，全力以赴！首先，我收集各种资料，提炼出模拟考卷，组织两位参赛老师进行理论答题训练。然后，我利用业余时间指导两位保育师进行实操训练，在园内开展模拟比赛答题训练活动、无领导小组情景演练排演。最后，在全园老师们共同努力下，两位保育师均获得一等奖的优异成绩！通过比赛让我明白，现代幼儿园教育对保健医、保育师的要求更专业、更系统，保教融合更紧密。

教育是一项伟大的事业，无论是在课堂中传授知识，还是在保健室守护健康，都是为了孩子们的成长和发展贡献力量。步履不停、成长不息，不论在哪个岗位上，我都将充分发挥自身的优势，为幼教事业贡献自己的全部力量。

（作者：武汉大学幼儿园二分园　朱海英）

11. 我的"食"光之旅

　　在武汉大学幼儿园的绿意盎然中，我开始了与孩子们一同成长的旅程。三年前，当我踏上这片充满童声笑语的土地，成为武大二分园的一名保育员时，我的内心充满了对未来的憧憬与对这份职业的敬畏。岗位虽小，却如一粒种子，在爱的浇灌下，我期待它能长成参天大树，为孩子们遮风挡雨。

　　每天清晨，当第一缕阳光穿透树梢，我便开始了紧张而有序的工作。晨检时，我轻柔地为每个孩子量体温、查看口腔，确保他们的健康状况良好，这是预防疾病的第一道防线。在孩子们的眼中，我既是守护者，也是朋友，一个温暖的拥抱，一句鼓励的话语，都是我传递爱的方式。

　　记得有一次，班上一名小朋友突然在游戏时跌倒，膝盖擦伤，泪水瞬间盈满了她的眼眶。我立即抱起她，轻声安慰，迅速熟练地进行了对伤口的初步处理，并及时将孩子送往保健医那里。同时讲给她听，让她明白受伤不可怕，重要的是学会勇敢和保护自己。她含泪点头，那一刻，我看到了她的坚强，也更加坚信，保育工作中的每一个细节，都是在孩子心中种下勇气与自信的种子。

　　为了给孩子们创造一个更加安全、卫生的生活环境，我参与了多次环境消毒和清洁工作，包括在流感季节，增加消毒频率，确保教室、玩具和餐具的卫生无死角。特别是在处理孩子们的突发情况时，比如呕吐物的迅速清理与消毒，我总是第一个冲上前，因为我知道，这些看似不起眼的日常，正是保护孩子们免受病菌侵害的关键。

　　我的成长，离不开武汉大学幼儿园给予的广阔舞台。在园领导的引领下，我参加了多次专业培训，其中一次紧急救护模拟演练让我至今难忘。面对模拟的突发状况，我迅速启动应急预案，准确实施心肺复苏，那一刻，理论与实践的结合让我深切体会到，作为一名保育员，我们的专业能力关乎每一个孩子的安危，容不得半点马虎。转眼间，我不仅在保育工作中取得了实质性的进步，还获得了代表幼儿园参加保育师技能大赛的机会，并荣获一等奖。这份荣誉，不仅仅是对我个人能力的认可，更是对我日日夜夜辛勤付出的最好证明。它像一束光，照亮了我前行的道路，让我更加坚定地相信，即便是最平凡的岗位，也能绽放出不平凡的光彩。

　　时光荏苒，如今我已从保育员的岗位转变为食堂管理员，回忆起初来乍到的那一刻，心中满是忐忑与不安。作为一个毫无管理经验的新人，我仿佛踏入了一个陌生而又充满挑战的新世界。性格内敛，不善言辞的我，面对这份重大的职责，内心不禁泛起了涟漪——我，真的能胜任吗？面对这份责任重大的工作，内心充满了不确定与畏缩。然而，正是这份不甘平庸的热血以及心中对孩子们那份爱与责任感，推动我踏出了尝试与挑战的第一步。

每一天，我像一名孜孜不倦的学生，用心记录下食堂日常的每一分每一秒。从黎明破晓时分的食材验收，到夜幕低垂时的清点整理，我亲力亲为，誓要将食堂的每一个角落、每一项流程都刻印在心。我深知，唯有深入理解每一个岗位的辛劳与价值，方能更好地指引与协调，让这份平凡的工作绽放不凡的光芒。

在与食堂师傅们的相处中，我收获了比预期更多的感动与启发。他们对待孩子们的细心与关怀，远远超乎我的想象。冬天，为了让孩子们能喝上热腾腾的饮品，师傅们不惜牺牲自己的休息时间，坚持等到老师们来取，才亲手从热气腾腾的锅中舀出饮品，那份细致与周到，让我深刻体会到"责任"二字的分量。这份新工作也赋予了我更广阔的舞台去实践我的教育理念。我深知，营养均衡的膳食是孩子们健康成长的基石。于是，我与保健医还有食堂团队一起，精心设计每周菜单，确保每一道菜既符合营养需求，又兼顾孩子们的口味偏好。特别是针对过敏体质的孩子，我们会特别定制专属餐食，让每一个孩子都能在享受美食的同时，感受到被尊重与爱护。

在幼儿园的每一天，我都在见证和参与着孩子们的成长故事，这些故事如同一针一线，将我平凡的工作编织成一幅幅绚丽多彩的锦图。从保育员到食堂管理员，每一个角色的转换，都是我践行教育初心、追求专业卓越的足迹。在未来的日子里，我将继续在珞珈山下，用爱与责任，为孩子们的成长撑起一片蓝天，让雀莹之光，照亮他们前行的道路。

（作者：武汉大学幼儿园二分园　戴丹）

后　记
遇见珞珈　悦成长

巍峨珞珈，繁花似锦。
清风微拂，美好如斯。
忆，
历史绵延传千古，景色如画意境浓，
樱丛绕径香四溢，梦想翩翩舞云端。

寒冬悄蕴，春露滋养。
古木参天，时光映照。
看，
春意盎然吐新枝，琉砖碧瓦映笑颜。
树下欢歌稚子趣，书香氤氲谱诗篇。

心怀珞珈，向阳而行。
时光静美，蓄势待发。
叹！
素心涤尘感恩泽，生命绚烂赤子心。
育美大爱花开时，蓄积力量见未来。

　　文化之美，不仅仅在于笔尖翩跹凝聚生辉，更在于如涓涓溪流般化水为姿的融合速度。作为一名园长，我亲身感受到了文化所带来的巨大影响，也深刻体会到文化在推动园所进步中所发挥的作用。让文化融入我们的育人机制，营造良好的育人文化环境，筑牢优质学前教育根基，是我们一直以来笃信和追求的方向。
　　2016 年，我们凝聚多方协同育人合力，群策群力积极建构适合幼儿园个性化的、自然生态发展的绿色园所文化，提炼了与武汉大学品牌和园所发展相适宜的办园理念"享珞珈之灵，秀育书香之稚子"，确立了"办教职工满意的幼儿园"的办园宗旨，以及"培养幼儿、服务大学、奉献社会"的使命，明确了"享自然，蕴书香，促健康、润童心，育美行，乐成长"的课程特色文化，形成了"教学育人、管理育人、生活育人、环境育人"的团队育人文化。我们开展了"厨艺大比拼""食育稚子情蕴珞珈""奋进幼教新征程　筑梦珞珈向未来""歌语心声""培训赋能蓄新力　奋楫扬帆再起航""我的珞珈　我的书香""十里春风　健康有你""我与园所文化之艺术赏析"等系列职工文化活动，激励全体教职员工知行合一，将对文化的理解融入日常，化为平常，把"要我成长"变为"我要成长"，体味珞珈山下鲜明的文化特质，感受园所文化独有的意蕴魅力。

水清则能见底，心清则能见理。近十年的文化育人探究之路，如同光影生辉化为潜移默化的精神力量。继 2023 年 11 月出版专著《珞珈灵秀书香稚子——武汉大学幼儿园文化建设理念与实践》之后，我们萌生了记录大家在践行文化中的成长故事的想法，希望用一本一线幼教人的工作手记向读者勾画出一所有书香气、有灵趣、有大美的幼儿园概貌，呈现出有梦想、有实践、有大爱的武大幼教人形象。当我看到教职员工在工作中的成长经历和教育故事时，我欣喜于十年来我们坚持的以文化为种子，向下扎根向上生长的耕作之力；惊叹于文化铸魂带来的价值观与工作态度，生活方式的提升和精进；折服于文化育人所产生的团队和合凝聚、崇德向善的内驱发展之力。这一个个小故事，都是一篇篇大文章，抒发了幼教工作者的情怀与大爱，全面展现了"以德树人、以爱润心，以美育人、以文化人"的队伍发展画卷。

"追求本真，以文化人"是我作为幼教工作者一直以来坚守的信念和目标。自从我们的文化建构体系诞生之后，我就不断在对文化体系的"生""长""思"进行深入探索，在实践中不断激活、应用、反思、创新、前行，并逐步取得了教师、幼儿、家长共同提高的育人效果。园所文化伴随我的工作、见证我的奋斗，成为我事业路上的精神标志，是我始终矢志追逐的那一束光亮。如果说我们的文化是彩虹，是雨后的一道风景，那么，这一道道风景中蕴含着的教育故事，就是一种源于热爱的信仰，是大家一生执着展现的一种思想，一生坚持呈现的一种力量，一生奋斗撰写的一种追求，更是饱含着教育情怀的一种精神。

笔墨传情，启智润心，赋能成长，文化践行。本书的撰稿与出版，要感谢我团队的好伙伴曹晓梅、张甜、陈晶、邓芳静、许贝、程晓丽、邢美婷的参与。他们对来自一线员工的教育故事认真梳理、字斟句酌、细致研判，力求用精准的文字表达出大家深植于心的教育感悟。通读全篇，字里行间无不体现了大家对文化精髓在实际工作中的理解与践行，表达了对美好教育生活的向往，传递着与幼儿、与家长、与同伴间的深情厚谊。

在未来的岁月里，我将不断发挥文化引领、内涵强基的作用，执着追求我们的教育梦想，深化园所文化体系构建，探索共识、共进、共融的育人新路径，用"玩、做、用、创、新"的科学方法，做有趣味、重启发、强实践、乐创新的新时代学前教育，以教育家精神为引领，在文化内涵领域开辟新的赛道，让更多的教职员工领略文化之韵，用一生的坚守塑造好幼儿教师这个"小人物"，用对事业的满怀热爱与赤子情怀托起幼儿的未来，一步一个脚印，打造珞珈山下幼儿园特有的育人品牌，实现文化与环境，教育与成长的双向奔赴。

邓惠颖

2024 年仲夏于珞珈山